煤炭高等教育“十四五”规划教材

绿色低碳循环发展导论

主　编　刘转年
副主编　荆秀艳　程爱华

中国矿业大学出版社
· 徐州 ·

内 容 简 介

绿色低碳循环发展是融合绿色发展、低碳发展和循环发展原则与特征的经济社会发展战略及模式。本书依据国家和政府关于绿色低碳发展的最新规划、方案、工作重点及相关标准、指南、导则，系统介绍了绿色发展、低碳发展、循环经济、清洁生产审核、可再生能源与节能评估等核心内容。

本书适用于高等学校工科相关专业师生，也可供从事绿色低碳循环发展领域的科研人员、企业技术人员，以及相关领域行政与事业单位的工作人员参考使用。

图书在版编目(CIP)数据

绿色低碳循环发展导论/刘转年主编. —徐州：中国矿业大学出版社，2025. 4.—ISBN 978 - 7 - 5646 - 6813 - 6

Ⅰ. F124.5

中国国家版本馆 CIP 数据核字第 2025KG4660 号

书　　名　绿色低碳循环发展导论
主　　编　刘转年
责任编辑　周　红
出版发行　中国矿业大学出版社有限责任公司
（江苏省徐州市解放南路　邮编 221008）
营销热线　(0516)83885370　83884103
出版服务　(0516)83995789　83884920
网　　址　http://www.cumtp.com　**E-mail**:cumtpvip@cumtp.com
印　　刷　苏州市古得堡数码印刷有限公司
开　　本　787 mm×1092 mm　1/16　**印张** 12.5　**字数** 320 千字
版次印次　2025 年 4 月第 1 版　2025 年 4 月第 1 次印刷
定　　价　38.00 元

前　言

习近平总书记在党的二十大报告中指出："中国式现代化是人与自然和谐共生的现代化"，"必须牢固树立和践行绿水青山就是金山银山的理念，站在人与自然和谐共生的高度谋划发展"，"推动经济社会发展绿色化、低碳化是实现高质量发展的关键环节"。这是基于中国式现代化本质要求以及加快发展方式、绿色转型作出的重大判断和战略部署。要以习近平生态文明思想为根本遵循和行动指南，立足全面建成社会主义现代化强国、实现第二个百年奋斗目标，坚持不懈推进生态优先、节约集约、绿色低碳发展，不断开创社会主义现代化建设新局面。

绿色低碳循环发展是融合了绿色发展、低碳发展和循环发展原则、规律及特征的一种经济社会发展战略或发展模式，从发展方式视角，基于人与自然之间关系的维度，定义了全新经济体系类型。绿色发展强调生态环境是一种无可替代的生产力，它要求人类发展活动必须尊重自然、顺应自然、保护自然。低碳发展主要是应对气候变化的一种发展战略。循环发展是以资源消耗的减量化、废旧产品的再利用、废弃物的再循环为基本原则，以低消耗、高效率、低排放为特征的一项重大经济社会发展战略。

当前，绿色低碳循环发展领域的工科教材数量有限，可参考资料稀缺。为此，编者凭借多年在绿色低碳循环与清洁生产领域的教学、科研及实践经验，系统梳理了该领域的最新政策要求与发展动态，涵盖国家和地方政府的规划方案、重点工作部署，以及相关技术标准、指南和导则，编写了本教材。在编写过程中，力求做到资料前沿、内容详实，深度结合生产实际，突出行业特性，强化可操作性，全面呈现实用化、具体化、系统化的内容体系。

全书共 5 章，其中第 1 章绿色发展、第 2 章低碳发展和第 5 章可再生能源与节能评估由刘转年教授编写,第3章循环经济由荆秀艳副教授编写,第4章清洁生产审核由程爱华副教授编写。全书由刘转年教授负责组织和最终统稿。

本书在编写过程中参考的专家学者的研究文献及资料,已在参考文献中列出。若仍存在疏漏,实属难免,在此向所有资料作者致以诚挚谢意。同时,感谢西安科技大学为本书的出版提供的资助。

本书编写时力求内容准确无误,但因涉及内容广泛、学科众多,加之编者水平有限且时间紧迫,书中难免存在错误或疏漏之处,恳请各位读者不吝批评指正。

编　者

2025年1月

目　录

第1章 绿色发展

1.1 绿色发展概述

1.1.1 绿色发展内涵

绿色发展是以效率、和谐、持续为目标的经济增长和社会发展方式。当今世界，绿色发展已经成为一个重要趋势，许多国家把发展绿色产业作为推动经济结构调整的重要举措，注重突出绿色的理念和内涵。绿色发展与可持续发展在思想上一脉相承。它既是对可持续发展的继承和可持续发展中国化的理论创新，也是中国特色社会主义针对全球生态环境恶化客观现实所作出的重大理论贡献，符合历史潮流的演进规律。

从内涵看，绿色发展是在传统发展基础上的一种模式创新，是在生态环境容量和资源承载力的约束条件下，将环境保护作为实现可持续发展重要支柱的一种新型发展模式。具体包括以下几个要点：

① 要将环境资源作为社会经济发展的内在要素；

② 要把实现经济、社会和环境的可持续发展作为绿色发展的目标；

③ 要把经济活动过程和结果的绿色化、生态化作为绿色发展的主要内容和途径。

绿色发展理念以人与自然和谐为价值取向，以绿色低碳循环为主要原则，以生态文明建设为基本抓手。

1.1.2 绿色发展、低碳发展和循环发展之间的联系与区别

1. 绿色发展、低碳发展和循环发展之间的联系

首先，理论基础相同。绿色发展、低碳发展和循环发展的理论基础都是生态经济理论和系统理论，立足于追求经济、社会和生态系统的有机统一、协调和平衡，以三大系统协调发展为核心，以包括人类在内的生态大系统为研究对象，借鉴生态学的物质循环和能量转化原理，考虑资源和环境的可持续发展问题，探索人类经济活动和自然生态之间的关系。这几种发展模式都强调把经济系统与生态系统的多种组成要素联系起来进行综合考察与实施，追求经济社会与生态发展全面协调，达到生态经济的最优目标。

其次,依靠的技术手段相同。绿色发展、低碳发展和循环发展都是以生态技术为基础的。生态技术主要是针对科学技术的功能及社会作用而言的,涉及科技伦理和科技价值问题。生态技术是指遵循生态学原理和生态经济规律,能够保护环境,维持生态平衡,节约能源资源,促进人类与自然和谐发展的一切有效的手段和方法。生态技术将经济活动和生态环境作为一个有机整体,追求的是自然生态环境承载能力下的经济持续增长。

第三,追求的目的相同。绿色发展、低碳发展和循环发展追求的目的都是保护、改善自然环境,追求人类的可持续发展和环境友好型社会的实现。要求人类在考虑生产和消费时不能把自身置于自然这个大系统之外,而是将自己作为这个大系统的子系统来研究符合客观规律的经济原则,考虑自然生态系统的承载能力,尽可能地节约自然资源,不断提高自然资源的利用效率。对物质转化的全过程采取战略性、综合性、预防性措施,降低经济活动对资源环境的过度使用及对人类所造成的负面影响,促进人与自然的和谐发展。

2. 绿色发展、低碳发展和循环发展的区别

(1) 研究的角度不同。绿色发展针对的是环境危机,是指以促进生态修复、环境改善为前提的发展模式,强调经济与生态系统的协调,注重两大系统的有机结合,突出以科技进步为手段实现绿色生产、绿色流通、绿色分配,强调经济发展模式的转变。低碳发展针对的是气候危机,主要面向能源领域和全球气候变暖问题,重点是从建立低碳经济结构、减少碳能源消费入手,进而建立起在较高的经济发展水平上碳排放量比较低的经济发展模式。循环发展针对的是资源危机,是以各种资源的减量化、再使用、再循环为基本特征的发展模式;侧重于整个社会物质循环应用,强调的是循环和生态效率,资源被多次重复利用,提倡在生产、流通、消费全过程的资源节约和充分利用。

(2) 实施控制的环节不同。从经济系统和自然系统相互作用的过程来看,绿色发展更多关注的是经济活动的整个过程,重点在于环境保护,改善生态环境质量。低碳发展强调的是经济活动的能源输入端,通过减少碳排放量,使得地球大气层中的温室气体浓度不再发生深刻的变化,保护人类生存的自然生态系统和气候条件。循环发展分别从资源的输入端和废弃物的输出端来研究经济活动与自然系统的相互作用,同时还关注资源,特别是不可再生资源的枯竭对经济发展的影响。

(3) 核心内容不同。绿色发展强调以人为本,以发展经济、全面提高人民生活福利水平为核心,保障人与自然、人与环境的和谐共存,促进社会系统公平运行。低碳发展是一种以低耗能、低污染、低排放为特征的可持续发展模式,其核心是能源技术创新和人类能源消费观念的根本性转变。循环发展的核心是物质的循环,使各种物质循环利用起来,以提高资源效率和环境效率。

1.1.3 绿色发展评价

2016 年国家发展和改革委会员(下文简称国家发展改革委)、国家统计局、环境保护部(现生态环境部)、中央组织部等部门制定印发了《绿色发展指标体系》和《生态文明建设考核目标体系》(发改环资〔2016〕2635 号),作为生态文明建设评价考核的依据。其中《绿色发展指标体系》见表 1-1。

表 1-1　绿色发展指标体系

一级指标	序号	二级指标	计量单位	权数/%
一、资源利用（权数=29.3%）	1	能源消费总量	万 t 标准煤	1.83
	2	单位 GDP 能源消耗降低	%	2.75
	3	单位 GDP 二氧化碳排放降低	%	2.75
	4	非化石能源占一次能源消费比重	%	2.75
	5	用水总量	亿 m^3	1.83
	6	万元 GDP 用水量下降	%	2.75
	7	单位工业增加值用水量降低率	%	1.83
	8	农田灌溉水有效利用系数	—	1.83
	9	耕地保有量	亿亩	2.75
	10	新增建设用地规模	万亩	2.75
	11	单位 GDP 建设用地面积降低率	%	1.83
	12	资源产出率	万元/t	1.83
	13	一般工业固体废物综合利用率	%	0.92
	14	农作物秸秆综合利用率	%	0.92
二、环境治理（权数=16.5%）	15	化学需氧量排放总量减少	%	2.75
	16	氨氮排放总量减少	%	2.75
	17	二氧化硫排放总量减少	%	2.75
	18	氮氧化物排放总量减少	%	2.75
	19	危险废物处置利用率	%	0.92
	20	生活垃圾无害化处理率	%	1.83
	21	污水集中处理率	%	1.83
	22	环境污染治理投资占 GDP 比重	%	0.92
三、环境质量（权数=19.3%）	23	地级及以上城市空气质量优良天数比率	%	2.75
	24	细颗粒物（$PM_{2.5}$）未达标地级及以上城市浓度下降	%	2.75
	25	地表水达到或好于Ⅲ类水体比例	%	2.75
	26	地表水劣Ⅴ类水体比例	%	2.75
	27	重要江河湖泊水功能区水质达标率	%	1.83
	28	地级及以上城市集中式饮用水水源水质达到或优于Ⅲ类比例	%	1.83
	29	近岸海域水质优良（一、二类）比例	%	1.83
	30	受污染耕地安全利用率	%	0.92
	31	单位耕地面积化肥使用量	kg/hm^2	0.92
	32	单位耕地面积农药使用量	kg/hm^2	0.92
四、生态保护（权数=16.5%）	33	森林覆盖率	%	2.75
	34	森林蓄积量	亿 m^3	2.75
	35	草原综合植被覆盖度	%	1.83

表 1-1(续)

一级指标	序号	二级指标	计量单位	权数/%
四、生态保护 (权数=16.5%)	36	自然岸线保有率	%	1.83
	37	湿地保护率	%	1.83
	38	陆域自然保护区面积	万 hm^2	0.92
	39	海洋保护区面积	万 hm^2	0.92
	40	新增水土流失治理面积	万 hm^2	0.92
	41	可治理沙化土地治理率	%	1.83
	42	新增矿山恢复治理面积	hm^2	0.92
五、增长质量 (权数=9.2%)	43	人均 GDP 增长率	%	1.83
	44	居民人均可支配收入	元/人	1.83
	45	第三产业增加值占 GDP 比重	%	1.83
	46	战略性新兴产业增加值占 GDP 比重	%	1.83
	47	研究与试验发展经费支出占 GDP 比重	%	1.83
六、绿色生活 (权数=9.2%)	48	公共机构人均能耗降低率	%	0.92
	49	绿色产品市场占有率(高效节能产品市场占有率)	%	0.92
	50	新能源汽车保有量增长率	%	1.83
	51	绿色出行(城镇每万人口公共交通客运量)	万人次/万人	0.92
	52	城镇绿色建筑占新建建筑比重	%	0.92
	53	城市建成区绿地率	%	0.92
	54	农村自来水普及率	%	1.83
	55	农村卫生厕所普及率	%	0.92
七、公众满意程度	56	公众对生态环境质量满意程度	%	—

1.2 绿色发展现状和目标

1.2.1 绿色发展现状

“十三五”时期,我国全面促进资源循环高效利用,加快推动形成绿色生产生活方式,绿色发展在各领域取得显著成效。具体如下:

(1) 绿色产业蓬勃发展。节能环保产业快速发展,2020 年产值达 7.5 万亿元左右。新能源汽车产业蓬勃发展,2020 年新能源汽车产销量超过 130 万辆,产销量已连续五年居世界首位。绿色技术不断进步,在新能源、燃煤机组超低排放、煤炭清洁高效加工及利用等方面取得重大突破。绿色金融发展迅速,绿色贷款余额超过 11 万亿元,居世界第一;绿色债券余额 1 万多亿元,居世界第二。

(2) 绿色生活方式逐步推广。绿色生活创建行动全面推进,一系列涵盖机关、家庭、学校、社区、出行、商场、建筑等领域的创新方案相继印发实施。因地制宜推行生活垃圾分类,推进塑料污染全链条防治，开展节约粮食反对浪费行动，反对商品过度包装，简约适度、绿色低碳、文明健康的生活方式正在成为更多人的自觉选择。

(3) 资源利用效率大幅提升。实施能源消费总量和强度双控，强化责任目标评价考核，推进工业、建筑、交通运输、公共机构等重点领域节能，推广先进节能技术和产品。实施国家节水行动，推动非常规水源利用，推行合同节水管理、水效标识等制度。加强土地使用标准制定、审核及监管，开展建设用地节约集约利用状况评价，提高存量土地资源利用效率，推广节地技术和模式，土地资源利用效率大幅提升。

(4) 绿色制度体系不断健全。绿色生产和消费的法规政策体系不断完善，已形成了包括30余部法律、60余部行政法规在内的法律法规体系，累计制修订绿色发展有关标准3 000余项，法规标准的约束力、引导性进一步强化。出台一系列有利于绿色发展的价格、财税、金融等政策措施。国家生态文明试验区建设持续深化，探索形成一批可复制可推广的改革经验。

虽然经过努力，我国绿色发展取得了显著成效，但面临的形势依然严峻，能源资源利用效率仍有待提升，绿色生产生活方式尚未根本形成，绿色技术总体水平不高，推动绿色发展的政策制度有待完善。具体问题如下：

(1) 生产结构亟待优化。我国产业结构偏重、能源结构偏煤、运输结构偏公路货运的状况没有根本改变。2020年粗钢产量超过10亿t，占全球一半以上；煤炭、精炼铜、原铝、精炼铅、精炼锌等许多资源消耗占全球一半左右；公路货运量占比超过七成。

(2) 绿色技术水平总体不高。有关研究表明，与世界先进水平相比，我国绿色科技领跑、并跑、跟跑技术的比例分别约为10%、35%、55%，整体仍处于跟跑阶段，缺乏尖端核心技术。我国科研院所申请绿色技术专利占比约为30%，但转化率偏低，失效和弃权比例高达60%。

(3) 生活消费方式亟须改变。粮食浪费、能源浪费、资源浪费等现象一定程度存在，有些领域的浪费令人触目惊心。简约适度、绿色低碳、文明健康的生活方式尚未根本形成，还没有成为社会普遍的行动自觉。

(4) 绿色发展政策制度有待完善。激励到位、约束力强的政策制度体系尚未根本建立，政策合力效果有待进一步发挥。部分政策存在落实不到位、调整不及时等问题。推动绿色发展的标准体系、认证体系、统计体系、市场交易体系等都有待健全。

1.2.2 绿色发展目标

“十四五”时期，以习近平新时代中国特色社会主义思想为指导，深入贯彻习近平生态文明思想，坚持绿水青山就是金山银山理念，实施可持续发展战略，完善生态文明领域统筹协调机制，全面推进生产生活方式绿色转型，使发展建立在高效利用资源、严格保护生态环境、有效控制温室气体排放的基础上，推动我国绿色发展迈上新台阶。绿色发展目标具体如下：

(1) 健全绿色低碳循环发展的生产体系。推进工业绿色升级，加快实施重点行业绿色化改造，推行产品绿色设计。加快农业绿色发展，鼓励发展生态种植、生态养殖，发展生态循环农业，推进农作物秸秆综合利用，推进水产健康养殖。提高商贸、信息服务、会展、装饰装修等行业绿色化水平。壮大绿色环保产业，建设一批绿色产业示范基地，推行合同能源管理、合同节水管理等模式。提升产业园区循环化水平，科学编制产业园区开发建设规划，推动产业园区循环化改造，推动构建绿色供应链。

(2) 健全绿色低碳循环发展的流通消费体系。打造绿色物流，积极调整运输结构，加强物流运输组织管理，推广绿色低碳运输工具，鼓励发展智慧仓储、智慧运输。积极优化贸易结构，大力发展高质量、高附加值的绿色产品贸易，从严控制高污染、高耗能产品进出口。深化绿色丝绸之路合作，拓宽节能环保、清洁能源等领域技术和服务合作。促进绿色产品消费，加大政府绿色采购力度，加强绿色产品和服务认证管理。积极引导绿色出行，深入开展绿色生活创建活动。

(3) 加快基础设施绿色升级。推动能源体系绿色低碳转型，提升可再生能源利用比例，严控新增煤电装机容量，实施城乡配电网建设和智能升级计划，加快天然气基础设施建设和互联互通。推进城镇环境基础设施建设。提升交通基础设施绿色发展水平，积极打造绿色公路、绿色铁路、绿色航道、绿色港口、绿色空港。改善城乡人居环境，开展"美丽城市"建设试点。

(4) 构建市场导向的绿色技术创新体系。鼓励绿色低碳技术研发，实施绿色技术创新攻关行动，培育建设创新基地平台。强化企业创新主体地位，支持企业整合高校、科研院所、产业园区等力量建立市场化运行的绿色技术创新联合体。加速科技成果转化，支持建立绿色技术创新项目孵化器、创新创业基地，发布绿色技术推广目录，推进绿色技术交易中心建设。

(5) 健全资源节约循环利用体系。完善能源消费总量和强度双控制度，推动重点行业、重点领域节能改造，加强重点用能单位节能管理，开展能效水平对标达标活动。坚持以水定城、以水定地、以水定人、以水定产，切实加强农业节水，提高工业用水效率，推动污水、苦咸水、矿井水等资源化利用，因地制宜发展海水淡化。加强再生资源回收利用，推进垃圾分类回收与再生资源回收"两网融合"，落实生产者责任延伸制度，完善废旧家电回收处理体系，推动大宗固体废弃物综合利用。

(6) 完善法律法规政策体系。强化法律法规支撑，加快资源综合利用立法进程，强化执法监督。完善污水处理收费政策，建立健全生活垃圾处理收费制度，完善节能环保电价政策。加大财税扶持力度，落实财政资金支持、税收减免等优惠政策。大力发展绿色金融，加大对金融机构绿色金融业绩评价考核力度。完善绿色标准、绿色认证体系和统计监测制度。培育绿色交易市场，建立健全排污权、用能权、用水权、碳排放权等交易机制。深化国家生态文明试验区建设，继续探索总结可复制可推广的制度成果。

1.3 绿色制造

1.3.1 概述

我国是制造业大国，制造业规模稳居世界第一。为全面部署实施绿色制造方针，工业和信息化部等部门先后发布实施《绿色制造工程实施指南(2016—2020年)》《关于开展绿色制造体系建设的通知》和《绿色制造标准体系建设指南》等一系列政策文件，要求大力推进传统制造业绿色化改造，加快构建绿色制造体系。

绿色制造是综合考虑环境影响和资源效益的现代化制造模式，其目标是使产品从设计、制造、包装、运输、使用到报废处理的整个产品生命周期中，对环境的影响（负作用）最小，资源利用率最高，并使企业经济效益和社会效益协调优化。绿色制造又称环境意识制造、面向环境的制造等。绿色制造体系以绿色工厂、绿色产品、绿色园区、绿色供应链为核心内容，以高效、清洁、低碳、循环为特征，是制造业绿色转型升级的示范标杆与领军力量。

2015年5月19日，国务院正式印发《中国制造2025》，《中国制造2025》是中国政府实施制造强国战略的第一个十年行动纲领。《中国制造2025》提出，坚持“创新驱动、质量为先、绿色发展、结构优化、人才为本”的基本方针，坚持“市场主导、政府引导，立足当前、着眼长远，整体推进、重点突破，自主发展、开放合作”的基本原则，通过“三步走”实现制造强国的战略目标：第一步，到2025年迈入制造强国行列；第二步，到2035年中国制造业整体达到世界制造强国阵营中等水平；第三步，到新中国成立一百年时，综合实力进入世界制造强国前列。

围绕实现制造强国的战略目标，《中国制造2025》明确了9项战略任务和重点，提出了8个方面的战略支撑和保障。

《中国制造2025》以体现信息技术与制造技术深度融合的数字化、网络化、智能化制造为主线。主要包括八项战略对策：推行数字化、网络化、智能化制造；提升产品设计能力；完善制造业技术创新体系；强化制造基础；提升产品质量；推行绿色制造；培养具有全球竞争力的企业群体和优势产业；发展现代制造服务业。

我国实现可持续发展的重点在工业，难点也在工业。由于工业能耗占全社会能耗的70%以上，工业排放污染是我国污染的主要来源。《中国制造2025》提出，到2025年重点行业单位工业增加值能耗、物耗及污染物排放达到世界先进水平。

《中国制造2025》提出9项战略任务和重点，其中之一为全面推行绿色制造。主要内容包括：

(1) 加大先进节能环保技术、工艺和装备的研发力度，加快制造业绿色改造升级；积极推行低碳化、循环化和集约化，提高制造业资源利用效率；强化产品全生命周期绿色管理，努力构建高效、清洁、低碳、循环的绿色制造体系。

(2) 加快制造业绿色改造升级。全面推进钢铁、有色、化工、建材、轻工、印染等传统制造业绿色改造，大力研发推广余热余压回收、水循环利用、重金属污染减量化、有毒有害原料替代、废渣资源化、脱硫脱硝除尘等绿色工艺技术装备，加快应用清洁高效铸造、锻压、焊接、表面处理、切削等加工工艺，实现绿色生产。加强绿色产品研发应用，推广轻量化、低功耗、易回收等技术工艺，持续提升电机、锅炉、内燃机及电器等终端用能产品能效水平，加快淘汰落后机电产品和技术。积极引领新兴产业高起点绿色发展，大幅降低电子信息产品生产、使用能耗及限用物质含量，建设绿色数据中心和绿色基站，大力促进新材料、新能源、高端装备、生物产业绿色低碳发展。

(3) 推进资源高效循环利用。支持企业强化技术创新和管理，增强绿色精益制造能力，大幅降低能耗、物耗和水耗水平。持续提高绿色低碳能源使用比例，开展工业园区和企业分布式绿色智能微电网建设，控制和削减化石能源消费量。全面推行循环生产方式，促进企业、园区、行业间链接共生、原料互供、资源共享。推进资源再生利用产业规范化、规模化发展，强化技术装备支撑，提高大宗工业固体废弃物、废旧金属、废弃电器电子产品等综合利用水平。大力发展再制造产业，实施高端再制造、智能再制造、在役再制造，推进产品认定，促进再制造产业持续健康发展。

（4）积极构建绿色制造体系。支持企业开发绿色产品，推行生态设计，显著提升产品节能环保低碳水平，引导绿色生产和绿色消费。建设绿色工厂，实现厂房集约化、原料无害化、生产洁净化、废物资源化、能源低碳化。发展绿色园区，推进工业园区产业耦合，实现近零排放。打造绿色供应链，加快建立以资源节约、环境友好为导向的采购、生产、营销、回收及物流体系，落实生产者责任延伸制度。壮大绿色企业，支持企业实施绿色战略、绿色标准、绿色管理和绿色生产。强化绿色监管，健全节能环保法规、标准体系，加强节能环保监察，推行企业社会责任报告制度，开展绿色评价。

《中国制造 2025》确定了制造业绿色发展主要指标，其中绿色发展 4 个定量指标，具体见表 1-2。

表 1-2 《中国制造 2025》制造业绿色发展主要指标

类别	指标	2013 年	2015 年	2020 年	2025 年
创新能力	规模以上制造业研发经费内部支出占主营业务收入比重/%	0.88	0.95	1.26	1.68
	规模以上制造业每亿元主营业务收入有效发明专利数/件	0.36	0.44	0.70	1.10
质量效益	制造业质量竞争力指数	83.1	83.5	84.5	85.5
	制造业增加值率提高	—	—	比 2015 年提高 2 个百分点	比 2015 年提高 4 个百分点
	制造业全员劳动生产率增速/%	—	—	7.5 左右（“十三五”期间年均增速）	6.5 左右（“十四五”期间年均增速）
两化融合	宽带普及率/%	37	50	70	82
	数字化研发设计工具普及率/%	52	58	72	84
	关键工序数控化率/%	27	33	50	64
绿色发展	规模以上单位工业增加值能耗下降幅度	—	—	比 2015 年下降 18%	比 2015 年下降 34%
	单位工业增加值二氧化碳排放量下降幅度	—	—	比 2015 年下降 22%	比 2015 年下降 40%
	单位工业增加值用水量下降幅度	—	—	比 2015 年下降 23%	比 2015 年下降 41%
	工业固体废物综合利用率/%	62	65	73	79

从定义内涵看，新发展阶段下的绿色制造是一种低消耗、低排放、高效率、高效益的现代化制造模式。其本质是制造业发展过程中统筹考虑产业结构、能源资源、生态环境、健康安全、气候变化等因素，将绿色发展理念和管理要求贯穿于产品设计、制造、物流、使用、回

收利用等全生命周期，以制造模式的深度变革推动传统产业绿色转型升级，引领新兴产业高起点绿色发展，协同推进降碳、减污、扩绿、增长。

从实现路径看，新发展阶段下的绿色制造要推动制造业全方位转型、全过程改造、全链条变革、全领域提升，即推动产业结构高端化、能源消费低碳化、资源利用循环化、生产过程清洁化、制造流程数字化、产品供给绿色化全方位转型，引领带动产业链供应链深度绿色变革，从全地域全行业推动提升产业绿色化水平。2016年9月，工业和信息化部、国家标准化管理委员会共同印发《绿色制造标准体系建设指南》，提出了绿色制造标准体系构建模型，见图1-1。

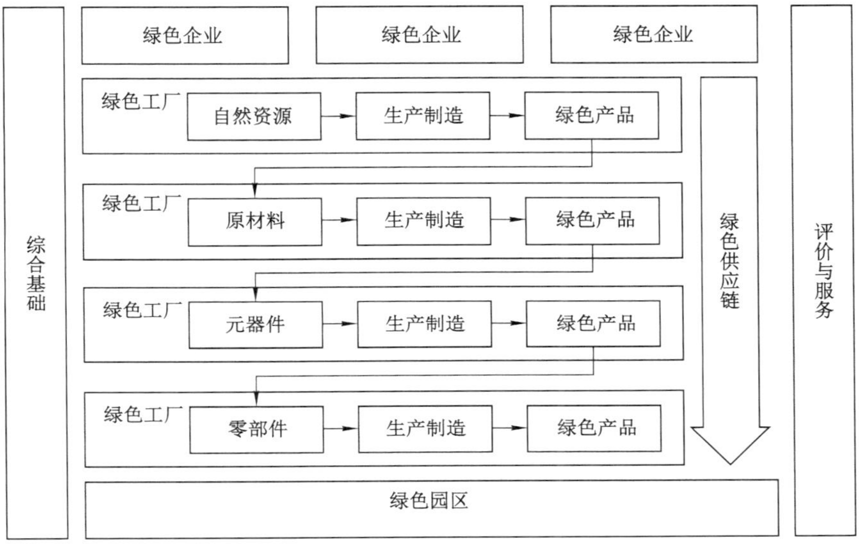

图1-1　绿色制造标准体系构建模型

绿色工厂是绿色制造体系的生产单元，是绿色制造的实施主体，是绿色制造体系的核心支撑单元，具备用地集约化、生产洁净化、废物资源化、能源低碳化等特点，实现生产过程的绿色化。

绿色产品是以绿色制造实现供给侧结构性改革的最终体现，系统考虑原材料选用、生产、销售、使用、回收、处理等各环节，实现资源消耗最低化、生态环境影响最小化，是产品全生命周期的绿色化。

绿色园区侧重园区内工厂间的统筹管理和协同链接，加强土地节约集约化利用水平，推动基础设施的共建共享，是布局集聚化、结构绿色化、链接生态化的生产企业和基础设施的绿色集聚平台。

绿色供应链是侧重供应链节点上企业的协调与协作，以资源节约、环境友好的采购、生产、营销、回收及物流体系为特征，上下游企业共同最大化资源利用效率、最小化环境影响，使链上企业绿色化。

为贯彻和实施《中国制造2025》，持续完善绿色制造和服务体系，推进工业绿色发展，助力工业领域碳达峰碳中和，工业和信息化部组织开展绿色制造名单推荐工作。绿色制造名单推荐包括绿色工厂、绿色工业园区、绿色供应链管理企业，满足申报条件的企业或园区按照自愿的原则，选择具备相应能力的第三方机构对照相关标准进行评价。省级工业和信息化主管部门按照“优中选优、宁缺毋滥”的原则，在第三方机构评价结果基础上遴选推荐，推荐的企业或园区原则上应纳入省级绿色制造名单。

1.3.2 绿色工厂

经过多年发展，我国工业总体实力显著增强，已成为具有重要影响力的工业大国。但与世界先进水平相比，制造业仍然大而不强，资源环境问题是制约我国向工业强国发展的重要因素之一。在绿色发展的国际大趋势下，制造业需把握好当今时代科技革命和产业变革的大方向，推行绿色制造，推进供给侧结构性改革，加快制造业绿色转型发展，促进工业平稳增长，打造制造业国际竞争新优势。创建绿色工厂作为构建绿色制造体系的关键一环，是实施绿色制造工程的重点任务，也是促进工业各行业结构优化、提质增效的重要途径。我国于 2015 年 5 月首次正式提出绿色工厂的概念，明确要求“建设绿色工厂，实现厂房集约化、原料无害化、生产洁净化、废物资源化、能源低碳化”。

绿色工厂在全生命周期中环境负面影响小，资源利用率高，实现了经济效益和社会效益的优化。绿色工厂分为国家级、省级和市级三个层次，国家级申报评选全流程由工业和信息化部主管，由各级工业和信息化主管部门逐级上报，最终工业和信息化部进行评定。

创建绿色工厂是《中国制造 2025》提出的战略性任务，国家有关部门正在组织推动绿色工厂创建，加快技术创新和产用合作，推动重点标准制修订，引导技术服务与评价等市场化机制建立。2018 年 5 月 14 日，我国绿色工厂领域首项国家标准《绿色工厂评价通则》(GB/T 36132—2018)正式发布，并于 2018 年 12 月 1 日起正式实施。

绿色工厂应在保证产品功能、质量以及制造过程中员工职业健康安全的前提下，引入生命周期思想，满足基础设施、管理体系、能源与资源投入、产品、环境排放、环境绩效的综合评价要求，绿色工厂评价指标框架见图 1-2。

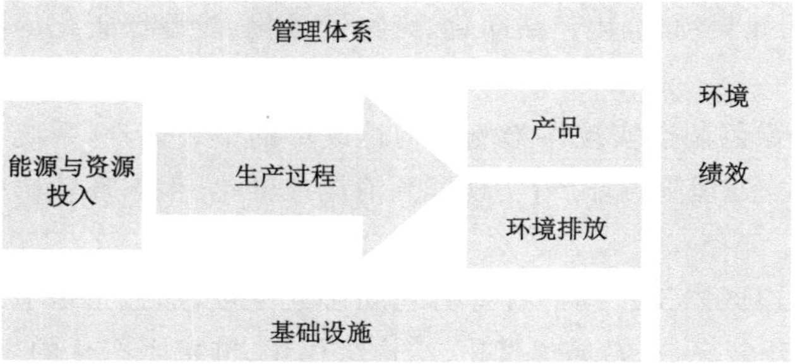

图 1-2 绿色工厂评价指标框架

绿色工厂评价指标分为一级指标和二级指标，一级指标包括基础设施、管理体系、能源资源投入、产品、环境排放和绩效 6 大类，共细分为 25 项二级指标，总分共 100 分。其中，基础设施分值占比 20%，管理体系和能源资源投入分别各占为 15%，产品和环境排放分别各占 10%，环境绩效占比 30%。具体要求包括基本要求和预期性要求。基本要求是纳入绿色工厂试点示范项目的必选评价要求，预期性要求是绿色工厂创建的参考目标，鼓励地方结合地区发展水平、参照预期性指标提出更高的要求。绿色工厂评价的具体流程见图 1-3。

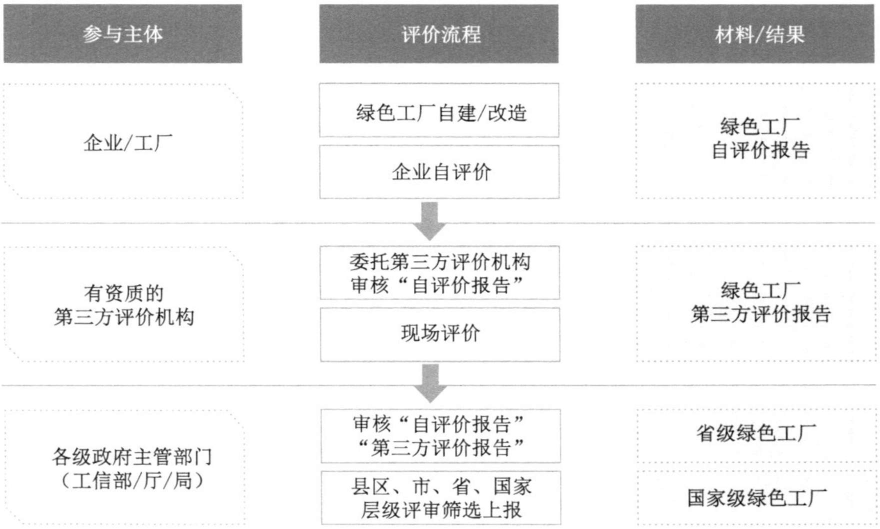

图 1-3　绿色工厂评价流程

绿色工厂基本要求第三方评价表见表 1-3。需满足指标体系中所有基本要求才可进行绿色工厂申报，有一项不满足即被否决。表 1-4 为绿色工厂评价指标第三方评价表。

表 1-3　绿色工厂基本要求第三方评价表

基本要求		是否符合	证明材料索引
基础合规性与相关方要求	绿色工厂应依法设立，在建设和生产过程中应遵守有关法律、法规、政策和标准		
	近三年（含成立不足三年）无较大及以上安全、环保、质量等事故		
	对利益相关方的环境要求做出承诺的，应同时满足有关承诺的要求		
基础管理职责——最高管理者	最高管理者在绿色工厂方面的领导作用和承诺满足 GB/T 36132 中 4.3.1 a 的要求		
	最高管理者确保在工厂内部分配并沟通与绿色工厂相关角色的职责和权限，且满足 GB/T 36132 中 4.3.1 b 的要求。		
基础管理职责——工厂	应设有绿色工厂管理机构，负责有关绿色工厂的制度建设、实施、考核及奖励工作，建立目标责任制		
	应有开展绿色工厂的中长期规划及年度目标、指标和实施方案。可行时，指标应明确且可量化		
	应传播绿色制造的概念和知识，定期为员工提供绿色制造相关知识的教育、培训，并对教育和培训的结果进行考评		

表 1-4　绿色工厂评价指标第三方评价表

序号	一级指标	二级指标	具体评价要求	符合性说明及证明材料索引	要求类型	分值	权重	得分
1	基础设施	建筑	工厂的建筑应满足国家或地方相关法律法规及标准的要求		必选	8	20%	
			新建、改建和扩建建筑时，应遵守国家“固定资产投资项目节能评估审查制度”“三同时制度”“工业项目建设用地控制指标”等产业政策和有关要求			6		
			厂房内部装饰装修材料中醛、苯、氨、氡等有害物质应符合国家和地方法律、标准要求			3		
			危险品仓库、有毒有害操作间、废弃物处理间等产生污染物的房间应独立设置			3		
			建筑材料：(1) 选用蕴能低、高性能、高耐久性和本地建材，减少建材在全生命周期中的能源消耗；(2) 室内装饰装修材料满足国家标准 GB 18580～18588 和《建筑材料放射性核素限量》GB 6566 的要求		可选	4		
			建筑结构：采用钢结构、砌体结构和木结构等资源消耗和环境影响小的建筑结构体系			4		
			绿化及场地：(1) 场地内设置可遮阴避雨的步行连廊。(2) 厂区绿化适宜，优先种植乡土植物，采用少维护、耐候性强的植物，减少日常维护的费用。(3) 室外透水地面面积占室外总面积的比例不小于 30%			4		
			再生资源及能源利用：(1) 可再生能源的使用占建筑总能耗的比例大于 10%；(2) 采用节水器具和设备，节水率不低于 10%			4		
			适用时，工厂的厂房采用多层建筑			4		
		照明	人工照明应符合 GB/T 50034 规定		必选	7		
			不同场所的照明应进行分级设计			3		
			工厂厂区及各房间或场所的照明尽量利用自然光		可选	4		
			工艺适用时，节能灯等节能型照明设备的使用占比不低于 50%			4		
			公共场所的照明采取分区、分组与定时自动调光等措施			4		
		设备设施	工厂使用的专用设备应符合产业准入要求，降低能源与资源消耗，减少污染物排放		必选	5		
			适用时，工厂使用的通用设备应达到相关标准中能效限定值的强制性要求。已明令禁止生产、使用的和能耗高、效率低的设备应限期淘汰更新			5		
			工厂使用的通用设备或其系统的实际运行效率或主要运行参数应符合该设备经济运行的要求			5		

表1-4(续)

序号	一级指标	二级指标	具体评价要求	符合性说明及证明材料索引	要求类型	分值	权重	得分
1	基础设施	设备设施	工厂应依据GB 17167、GB/T 24789等要求配备、使用和管理能源、水以及其他资源的计量器具和装置		必选	5	20%	
			能源及资源使用的类型不同时,应进行分类计量。工厂若具有以下设备,需满足分类计量的要求:(1) 照明系统;(2) 冷水机组、相关用能设备的能耗计量和控制;(3) 室内用水、室外用水;(4) 空气处理设备的流量和压力计量;(5) 锅炉;(6) 冷却塔			5		
			必要时,工厂应投入适宜的污染物处理设备,以确保其污染物排放达到相关法律法规及标准要求。污染物处理设备的处理能力应与工厂生产排放相适应,设备应满足通用设备的节能方面的要求			5		
			工厂使用的通用用能设备采用了节能型产品或效率高、能耗低、水耗低、物耗低的产品		可选	8		
2	管理体系	一般要求	工厂建立、实施并保持满足GB/T 19001要求的质量管理体系		必选	10	15%	
			通过质量管理体系第三方认证		可选	8		
			工厂建立、实施并保持满足GB/T 45001要求的职业健康安全管理体系		必选	10		
			通过职业健康安全管理体系第三方认证		可选	8		
		环境管理体系	工厂建立、实施并保持满足GB/T 24001要求的环境管理体系		必选	20		
			通过环境管理体系第三方认证		可选	10		
		能源管理体系	工厂建立、实施并保持满足GB/T 23331要求的能源管理体系		必选	20		
			通过能源管理体系第三方认证		可选	10		
		社会责任	每年发布社会责任报告,说明履行利益相关方责任的情况,特别是环境社会责任的履行情况,报告公开可获得		可选	4		
3	能源资源投入	能源投入	工厂应优化用能结构,在保证安全、质量的前提下减少不可再生能源投入		必选	10	15%	
			建有能源管理中心		可选	8		
			建有厂区光伏电站、智能微电网			5		
			使用了低碳清洁的新能源			3		
			使用可再生能源代替不可再生能源			3		
			充分利用余热余压			3		
		资源投入	工厂应按照GB/T 7119的要求对其开展节水评价工作,且满足GB/T 18916(所有部分)中对应本行业的取水定额要求		必选	10		

表 1-4(续)

序号	一级指标	二级指标	具体评价要求	符合性说明及证明材料索引	要求类型	分值	权重	得分
3	能源资源投入	资源投入	工厂应减少材料,尤其是有害物质的使用,评估有害物质及化学品减量使用或替代的可行性		必选	10	15%	
			工厂应按照 GB/T 29115 的要求对其原材料使用量的减少进行评价			10		
			使用回收料、可回收材料替代原生材料、不可回收材料		可选	5		
			替代或减少全球增温潜势较高温室气体的使用			4		
		采购	工厂应制定并实施包括环保要求的选择、评价和重新评价供方的准则		必选	10		
			工厂应确定并实施检验或其他必要的活动,以确保采购的产品满足规定的采购要求			10		
			工厂向供方提供的采购信息包含有害物质使用、可回收材料使用、能效等环保要求		可选	4		
			满足绿色供应链评价要求			5		
4	产品	生态设计	工厂在产品设计中引入生态设计的理念		必选	30	10%	
			按照 GB/T 24256 对生产的产品进行生态设计		可选	6		
			按照 GB/T 32161 对生产的产品进行生态设计产品评价,满足绿色产品(生态设计产品)评价要求			4		
		有害物质使用	工厂生产的产品(包括原料和辅料)应减少有害物质的使用,避免有害物质的泄漏,满足国家对产品中有害物质限制使用的要求		必选	15		
			实现有害物质替代		可选	4		
		节能	工厂生产的产品若为用能产品或在使用过程中对最终产品/构造的能耗有影响的产品,适用时,应满足相关标准的限定值要求。未制定标准的,产品能效应不低于行业平均值		必选(适用时)	15		
			达到相关标准中的节能评价值/先进值要求,未制定标准的,产品能效达到行业前 20%的水平,前 5%为满分		可选(适用时)	6		
		减碳	采用适用的标准或规范对产品进行碳足迹核算或核查		可选	6		
			利用核算或核查结果对其产品的碳足迹进行改善。核算或核查结果对外公布			3		
			适用时,产品满足相关低碳产品要求			3		
		可回收利用率	按照 GB/T 20862 的要求计算产品的可回收利用率		可选	4		
			利用计算结果对产品的可回收利用率进行改善			4		

表 1-4(续)

序号	一级指标	二级指标	具体评价要求	符合性说明及证明材料索引	要求类型	分值	权重	得分
5	环境排放	大气污染物	工厂的大气污染物排放应符合相关国家标准、行业标准及地方标准要求,并满足区域内排放总量控制要求		必选	15	10%	
			工厂的主要大气污染物排放满足标准中更高等级的要求		可选	10		
		水体污染物	工厂的水体污染物排放应符合相关国家标准、行业标准及地方标准要求,或在满足要求的前提下委托具备相应能力和资质的处理厂进行处理,并满足区域内排放总量控制要求		必选	15		
			工厂的主要水体污染物排放满足标准中更高等级的要求		可选	10		
		固体废弃物	工厂产生的固体废弃物的处理应符合 GB 18599 及相关标准的要求。工厂无法自行处理的,应将固体废弃物转交给具备相应能力和资质的处理厂进行处理		必选	10		
		噪声	工厂的厂界环境噪声排放应符合相关国家标准、行业标准及地方标准要求		必选	10		
		温室气体	工厂应采用 GB/T 32150 或适用的标准或规范对其厂界范围内的温室气体排放进行核算和报告		必选	10		
			获得温室气体排放量第三方核查声明		可选	10		
			核查结果对外公布		可选	4		
			可行时,利用核算或核查结果对其温室气体的排放进行改善		可选	6		
6	绩效	用地集约化	按照 GB/T 36132 附录 A 计算工厂容积率,指标应不低于《工业项目建设用地控制指标》的要求		必选	3	30%	
			按照 GB/T 36132 附录 A 计算工厂容积率,指标达到《工业项目建设用地控制指标》要求的 1.2 倍及以上,2 倍及以上为满分		可选	2		
			按照 GB/T 36132 附录 A 计算工厂建筑密度,建筑密度不低于 30%		必选	3		
			按照 GB/T 36132 附录 A 计算工厂建筑密度,建筑密度达到 40%		可选	2		
			工厂的单位用地面积产能应不低于行业平均水平;或:工厂的单位用地面积产值不低于地方发布的单位用地面积产值的要求;未发布单位用地面积产值的地区,单位用地面积产值应超过本年度所在省市的单位用地面积产值		必选	3		
			工厂的单位用地面积产能指标优于行业前 20%,前 5%为满分;或:单位用地面积产值达到地方发布的单位用地面积产值的要求的 1.2 倍及以上,2 倍为满分;未发布单位用地面积产值的地区,单位用地面积产值应达到本年度所在省市的单位用地面积产值 1.2 倍及以上,2 倍为满分		可选	2		

表 1-4(续)

序号	一级指标	二级指标	具体评价要求	符合性说明及证明材料索引	要求类型	分值	权重	得分
6	绩效	原料无害化	按照 GB/T 36132 附录 A 识别、统计和计算工厂的绿色物料使用情况		必选	6	30%	
			按照 GB/T 36132 附录 A 计算工厂主要物料的绿色物料使用率达 30%及以上		可选	4		
		生产洁净化	按照 GB/T 36132 附录 A 计算单位产品主要污染物产生量(包括化学需氧量、氨氮、二氧化硫、氮氧化物等),指标应不高于行业平均水平。(装备、电子、电器等离散制造业可采用单位产值或单位工业增加值指标)		必选	6		
			按照 GB/T 36132 附录 A 计算单位产品主要污染物产生量(包括化学需氧量、氨氮、二氧化硫、氮氧化物等),指标优于行业前 20%水平。(装备、电子、电器等离散制造业可采用单位产值或单位工业增加值指标。)前 5%为满分		可选	4		
			按照 GB/T 36132 附录 A 计算单位产品废气产生量,指标应不高于行业平均水平。(装备、电子、电器等离散制造业可采用单位产值或单位工业增加值指标。)		必选	6		
			按照 GB/T 36132 附录 A 计算单位产品废气产生量,指标优于行业前 20%水平。(装备、电子、电器等离散制造业可采用单位产值或单位工业增加值指标。)前 5%为满分		可选	4		
			按照 GB/T 36132 附录 A 计算单位产品废水产生量,指标应不高于行业平均水平。(装备、电子、电器等离散制造业可采用单位产值或单位工业增加值指标)		必选	6		
			按照 GB/T 36132 附录 A 计算单位产品废水产生量,指标优于行业前 20%水平。(装备、电子、电器等离散制造业可采用单位产值或单位工业增加值指标。)前 5%为满分		可选	4		
		废物资源化	按照 GB/T 36132 附录 A 计算单位产品主要原材料消耗量,指标应不高于行业平均水平		必选	6		
			按照 GB/T 36132 附录 A 计算单位产品主要原材料消耗量,指标优于行业前 20%水平,前 5%为满分		可选	4		
			按照 GB/T 36132 附录 A 计算工业固体废物综合利用率,指标应大于 65%(根据行业特点,该指标可在±20%之间选取)		必选	6		
			按照 GB/T 36132 附录 A 计算工业固体废物综合利用率,指标达到 73%(根据行业特点,该指标可在±20%之间选取),90%为满分		可选	4		
			按照 GB/T 36132 附录 A 计算废水处理回用率,指标高于行业平均值		必选	6		
			按照 GB/T 36132 附录 A 计算废水处理回用率,指标优于行业前 20%水平,前 5%为满分		可选	4		

表 1-4(续)

序号	一级指标	二级指标	具体评价要求	符合性说明及证明材料索引	要求类型	分值	权重	得分
6	绩效	能源低碳化	按照GB/T 36132附录A计算单位产品综合能耗,指标应符合相关国家、行业标准中的限额要求。未制定相关标准的,应达到行业平均水平。(装备、电子、电器等离散制造业可采用单位产值或单位工业增加值指标)		必选	6	30%	
			按照GB/T 36132附录A计算单位产品综合能耗,指标达到相关国家、行业标准中的先进值要求。未制定相关标准的,应优于行业前20%水平。(装备、电子、电器等离散制造业可采用单位产值或单位工业增加值指标。)前5%为满分。		可选	4		
			按照GB/T 36132附录A计算单位产品碳排放量,指标应优于行业平均水平。(装备、电子、电器等离散制造业可采用单位产值或单位工业增加值指标。)		必选	3		
			按照GB/T 36132附录A计算单位产品碳排放量,指标优于行业前20%水平。(装备、电子、电器等离散制造业可采用单位产值或单位工业增加值指标。)前5%为满分		可选	2		
加分项			“零碳”工厂创建方面开展的工作情况		可选	3	100%	
总分								

注:1. 绿色工厂必须满足各项必选要求,可选要求按照受评工厂满足程度在0分到满分中取值。
2. 凡符合“绿色工厂行业标准清单”的工厂,请根据清单中的标准自行设计该表格。
3. 表中国家标准未标注年限的,视为按照最新标准执行。

为完善我国绿色制造标准体系,规范引领绿色工厂全面创建,工业和信息化部在发布《绿色工厂评价通则》(GB/T 36132—2018)的基础上,结合行业需求,支持了110项绿色工厂领域行业标准研究工作,涉及钢铁、化工、有色、建材、机械、轻工、纺织、电子、船舶、航天、稀土等行业。已发布的绿色工厂评价行业标准见表1-5。

表 1-5 绿色工厂评价行业标准(截至2023年7月)

序号	标准号	标准名称	行业
1	YB/T 4916—2021	焦化行业绿色工厂评价导则	钢铁
2	YB/T 6016—2022	球墨铸铁管绿色工厂评价要求	钢铁
3	YB/T 6018—2022	铁合金行业绿色工厂评价要求	钢铁
4	YB/T 6075—2022	焊接钢管企业绿色工厂评价要求	钢铁
5	YB/T 6076—2022	冷轧钢带企业绿色工厂评价要求	钢铁
6	YB/T 6077—2022	不锈钢焊管企业绿色工厂评价要求	钢铁
7	YS/T 1406—2021	铅冶炼行业绿色工厂评价要求	有色金属
8	YS/T 1407—2021	铜冶炼行业绿色工厂评价要求	有色金属
9	YS/T 1408—2021	锌冶炼行业绿色工厂评价要求	有色金属
10	YS/T 1419—2021	电解铝行业绿色工厂评价要求	有色金属
11	YS/T 1427—2021	锡冶炼行业绿色工厂评价要求	有色金属

表 1-5(续)

序号	标准号	标准名称	行业
12	YS/T 1428—2021	锑冶炼行业绿色工厂评价要求	有色金属
13	YS/T 1429—2021	镍冶炼行业绿色工厂评价要求	有色金属
14	YS/T 1430—2021	钴冶炼行业绿色工厂评价要求	有色金属
15	YS/T 1540—2022	铜及铜合金管材生产绿色工厂评价要求	有色金属
16	YS/T 1541—2022	铜及铜合金板、带、箔材生产绿色工厂评价要求	有色金属
17	YS/T 1542—2022	铜及铜合金棒、型、线材生产绿色工厂评价要求	有色金属
18	YS/T 1544—2022	钨冶炼行业绿色工厂评价要求	有色金属
19	YS/T 1545—2022	铸造铝合金行业绿色工厂评价要求	有色金属
20	YS/T 1589—2022	氧化铝行业绿色工厂评价要求	有色金属
21	YS/T 1590—2022	多晶硅行业绿色工厂评价要求	有色金属
22	HG/T 5677—2020	石油炼制行业绿色工厂评价要求	化工
23	HG/T 5865—2021	烧碱行业绿色工厂评价要求	化工
24	HG/T 5866—2021	精对苯二甲酸行业绿色工厂评价要求	化工
25	HG/T 5900—2021	黄磷行业绿色工厂评价要求	化工
26	HG/T 5891—2021	煤制烯烃行业绿色工厂评价要求	化工
27	HG/T 5892—2021	尿素行业绿色工厂评价要求	化工
28	HG/T 5902—2021	化学制药行业绿色工厂评价要求	化工
29	HG/T 5908—2021	异氰酸酯行业绿色工厂评价要求	化工
30	HG/T 5974—2021	碳酸钠(纯碱)行业绿色工厂评价要求	化工
31	HG/T 5973—2021	二氧化碳行业绿色工厂评价要求	化工
32	HG/T 5991—2021	聚碳酸酯行业绿色工厂评价要求	化工
33	HG/T 5984—2021	钛白粉行业绿色工厂评价要求	化工
34	HG/T 5986—2021	涂料行业绿色工厂评价要求	化工
35	HG/T 5987—2021	硫酸行业绿色工厂评价要求	化工
36	HG/T 6059—2022	聚氨酯树脂行业绿色工厂评价要求	化工
37	HG/T 6060—2022	聚己内酰胺(PA6)行业绿色工厂评价要求	化工
38	HG/T 6061—2022	轮胎行业绿色工厂评价要求	化工
39	HG/T 6122—2022	二氟甲烷行业绿色工厂评价要求	化工
40	HG/T 6123—2022	三氯乙烯行业绿色工厂评价要求	化工
41	HG/T 6124—2022	废弃锂电池处理处置行业绿色工厂评价要求	化工
42	HG/T 6125—2022	再生橡胶行业绿色工厂评价要求	化工
43	JC/T 2616—2021	预拌砂浆行业绿色工厂评价要求	建材
44	JC/T 2634—2021	水泥行业绿色工厂评价要求	建材
45	JC/T 2635—2021	玻璃行业绿色工厂评价要求	建材
46	JC/T 2636—2021	建筑陶瓷行业绿色工厂评价要求	建材
47	JC/T 2637—2021	水泥制品行业绿色工厂评价要求	建材
48	JC/T 2638—2021	石膏制品行业绿色工厂评价要求	建材
49	JC/T 2639—2021	绝热材料行业绿色工厂评价要求	建材
50	JC/T 2640—2021	耐火材料行业绿色工厂评价要求	建材
51	JC/T 2641—2021	砂石行业绿色工厂评价要求	建材

表 1-5(续)

序号	标准号	标准名称	行业
52	JC/T 2698—2022	卫生陶瓷行业绿色工厂评价要求	建材
53	JC/T 2699—2022	预拌混凝土行业绿色工厂评价要求	建材
54	JC/T 2700—2022	建筑防水材料行业绿色工厂评价要求	建材
55	JC/T 2739—2022	砖和砌块行业绿色工厂评价要求	建材
56	JC/T 2740—2022	墙体板材行业绿色工厂评价要求	建材
57	QB/T 5572—2021	制革行业绿色工厂评价导则	轻工
58	QB/T 5575—2021	制鞋行业绿色工厂评价导则	轻工
59	QB/T 5598—2021	人造革与合成革工业绿色工厂评价要求	轻工
60	QB/T 5705—2022	乳制品行业绿色工厂评价要求	轻工
61	QB/T 5706—2022	毛皮硝染行业绿色工厂评价要求	轻工
62	QB/T 5707—2022	箱包皮具行业绿色工厂评价要求	轻工
63	QB/T 5743—2022	酵母行业绿色工厂评价要求	轻工
64	QB/T 5744—2022	氨基酸行业绿色工厂评价要求	轻工
65	QB/T 5745—2022	淀粉糖行业绿色工厂评价要求	轻工
66	QB/T 5746—2022	山梨糖醇行业绿色工厂评价要求	轻工
67	QB/T 5791—2022	食用植物油行业绿色工厂评价要求	轻工
68	QB/T 5792—2022	皮革和毛皮服装加工行业绿色工厂评价要求	轻工
69	FZ/T 07006—2020	丝绸行业绿色工厂评价要求	纺织
70	FZ/T 07009—2020	筒子纱智能染色绿色工厂评价要求	纺织
71	FZ/T 07021—2021	毛纺织行业绿色工厂评价要求	纺织
72	FZ/T 07022—2021	色纺纱行业绿色工厂评价要求	纺织
73	SJ/T 11744—2019	电子信息制造业绿色工厂评价导则	电子
74	SJ/T 11877—2022	打印机及多功能一体机制造业绿色工厂评价要求	电子
75	SJ/T 11878—2022	电视机制造业绿色工厂评价要求	电子
76	SJ/T 11880—2022	发光二极管制造业绿色工厂评价要求	电子
77	SJ/T 11881—2022	微型计算机制造业绿色工厂评价要求	电子
78	SJ/T 11882—2022	液晶面板制造业绿色工厂评价要求	电子
79	CB/T 4522—2022	船舶行业绿色工厂评价导则	船舶
80	CB/T 4523—2022	集装箱制造业绿色工厂评价要求	船舶
81	QC/T 1160—2022	汽车行业整车制造绿色工厂评价导则	汽车
82	YD/T 3838—2021	通信制造业绿色工厂评价细则	通信

对于已发布行业标准的按照行业标准要求进行绿色工厂评价。其他行业参照《绿色工厂评价通则》(GB/T 36132—2018)。重点用能行业能效水平达到《工业重点领域能效标杆水平和基准水平(2023 年版)》(发改产业〔2023〕723 号)、《煤炭清洁高效利用重点领域标杆水平和基准水平(2022 年版)》(发改运行〔2022〕559 号)标杆水平的工厂优先推荐。其他行业优先推荐达到相应国家能源消耗限额标准先进值的工厂。工业重点领域能效标杆水平和基准水平见表 1-6。

表 1-6　工业重点领域能效标杆水平和基准水平(2023 年版)

序号	国民经济行业分类及代码			重点领域		指标名称	指标单位①	标杆水平	基准水平	参考标准
	大类	中类	小类							
1	纺织业(17)	棉纺织及印染精加工(171)	棉印染精加工(1713)	★棉、化纤及混纺机织物		单位产品综合能耗	kg 标煤/百米	28	36	《印染行业“十四五”发展指导意见》《印染行业规范条件(2017 版)》《针织印染面料单位产品能源消耗限额》(FZ/T 07019)
		化纤织造及印染精加工(175)	化纤织物染整精加工(1752)							
		针织或钩针编织物及其制品制造(176)	针织或钩针编织物印染精加工(1762)	★针织物、纱线		单位产品综合能耗	t 标煤/t	1.0	1.3	
2	造纸和纸制品业(22)	造纸(222)	机制纸及纸板制造(2221)	★卫生纸原纸、纸巾原纸	木浆	单位产品能耗	kg 标准煤/t	450	520	GB 31825 注：不包括 TAD 等塑纹纸机生产的产品
					非木浆			510	560	
3	石油煤炭及其他燃料加工业(25)	精炼石油产品制造(251)	原油加工及石油制品制造(2511)	炼油		单位能量因数综合能耗	kg 标准油/t·能量因数	7.5	8.5	GB 30251
		煤炭加工(252)	炼焦(2521)	煤制焦炭	顶装焦炉	单位产品能耗	kg 标准煤/t	110	135	GB 21342
					捣固焦炉			110	140	
			煤制液体燃料生产(2523)	煤制甲醇	褐煤	单位产品综合能耗	kg 标准煤/t	1 550	2 000	GB 29436
					烟煤			1 400	1 800	
					▲无烟煤			1 250	1 500	
				煤制烯烃	乙烯和丙烯	单位产品能耗	kg 标准煤/t	2 800	3 300	GB 30180
				煤制乙二醇	▲合成气法	单位产品综合能耗	kg 标准煤/t	1 000	1 300	GB 32048

表 1-6(续)

序号	大类	中类	小类	重点领域		指标名称	指标单位①	标杆水平	基准水平	参考标准
4	化学原料和化学制品制造业(26)	基础化学原料制造(261)	无机碱制造(2612)	烧碱	离子膜法液碱(质量分数,下同)≥30%	单位产品综合能耗	kg 标准煤/t	315	350	GB 21257
					离子膜法液碱≥45%			420	470	GB 21257
					离子膜法固碱≥98%			620	685	
				纯碱	氨碱法(轻质)	单位产品能耗	kg 标准煤/t	320	370	GB 29140
					▲联碱法(轻质)			160	200	
					★天然碱法-碳化法(轻质)			410	440	
					★天然碱法-蒸发法(轻质)			360	390	
					▲氨碱法(重质)			365	420	
					▲联碱法(重质)			205	250	
					★天然碱法-碳化法(重质)			455	490	
					★天然碱法-蒸发法(重质)			405	440	
			无机盐制造(2613)	电石		单位产品综合能耗	kg 标准煤/t	805	940	GB 21343
			有机化学原料制造(2614)	乙烯	石脑油烃类	单位产品能耗	kg 标准油/t	590	640	GB 30250
				对二甲苯		单位产品能耗	kg 标准油/t	380	550	GB 31534
				★乙二醇		单位产品能耗	kg 标准煤/t	375	470	GB 32048
			其他基础化学原料制造(2619)	黄磷		单位产品综合能耗	kg 标准煤/t	2 300	2 800	GB 21345 注:对粉矿采用烧结或焙烧工艺的,能耗数值增加 700 kg 标准煤/t

表 1-6(续)

序号	国民经济行业分类及代码			重点领域		指标名称	指标单位①	标杆水平	基准水平	参考标准
	大类	中类	小类							
4	化学原料和化学制品制造业(26)	肥料制造(262)	氮肥制造(2621)	合成氨	优质无烟块煤	单位产品综合能耗	kg 标准煤/t	1 100	1 350	GB 21344
					非优质无烟块煤、型煤			1 200	1 520	
					粉煤(包括无烟粉煤、烟煤)			1 350	1 550	
					天然气			1 000	1 200	
				★尿素	汽轮机驱动	单位产品能耗	kg 标准煤/t	150	170	GB 32035
					电机驱动			138	165	
			磷肥制造(2622)	磷酸一铵	传统法(粒状)	单位产品综合能耗	kg 标准煤/t	255	275	GB 29138
					传统法(粉状)			240	260	
					料浆法(粒状)			170	190	
					料浆法(粉状)			165	185	
				磷酸二铵	传统法(粒状)	单位产品综合能耗	kg 标准煤/t	250	275	GB 29139
					料浆法(粒状)			185	200	
		涂料、油墨、颜料及类似产品制造(264)	工业颜料制造(2643)	★钛白粉	硫酸法金红石型	单位产品能耗	kg 标准煤/t	1 000	1 300	GB 32051
					硫酸法锐钛型			800	1 000	
					氧化法			900	950	
		合成材料制造(265)	初级形态塑料及合成树脂制造(2651)	★聚氯乙烯	电石法(通用型)	单位产品能耗	kg 标准煤/t	193	270	GB 30527
					电石法(糊用型)			450	480	
					乙烯法(通用型)			620	635	
					乙烯法(糊用型)			950	1 100	
			合成纤维单(聚合)体制造(2653)	★精对苯二甲酸		单位产品能耗	kg 标准煤/t	80	180	GB 31533

表 1-6(续)

序号	国民经济行业分类及代码			重点领域		指标名称	指标单位①	标杆水平	基准水平	参考标准
	大类	中类	小类							
5	化学纤维制造业(28	纤维素纤维原料及纤维制造(281)	人造纤维(纤维素纤维)制造(2812)	★粘胶短纤维		单位产品综合能耗	kg标准煤/t	800	950	《绿色设计产品评价技术规范 粘胶纤维》(T/CNTAC 96)
6	橡胶和塑料制品业(29)	橡胶制品业(291)	★轮胎制造(2911)	全钢子午线轮胎		单位产品能耗	kg标准煤/t	235	340	GB 29449
								290	430	
7	非金属矿物制品业(30)	水泥、石灰和石膏制造(301)	水泥制造(3011)	水泥熟料		单位产品综合能耗	kg标准煤/t	100	117	GB 16780
		玻璃制造(304)	平板玻璃制造(3041)	平板玻璃(生产能力>800 t/d)		单位产品能耗	千克标准煤/重量箱	8	12	GB 21340 注:汽车用平板玻璃能耗修正系数参照此标准
				平板玻璃(500 t/d≤生产能力≤800 t/d)				9.5	13.5	
		陶瓷制品制造(307)	建筑陶瓷制品制造(3071)	吸水率≤0.5%的陶瓷砖		单位产品综合能耗	千克标准煤/平方米	4	7	GB 21252
				0.5%<吸水率≤10%的陶瓷砖				3.7	4.6	
				吸水率>10%的陶瓷砖				3.5	4.5	
		陶瓷制品制造(307)	卫生陶瓷制品制造(3072)	卫生陶瓷		单位产品综合能耗	kg标准煤/t	300	630	GB 21252
8	黑色金属冶炼和压延加工业(31)	炼铁(311)	炼铁(3110)	高炉工序		单位产品能耗	kg标准煤/t	361	435	GB 21256
		炼钢(312)	炼钢(3120)	转炉工序		单位产品能耗	kg标准煤/t	−30	−10	
				电弧炉冶炼	30 t<公称容量<50 t	单位产品能耗	kg标准煤/t	67	86	GB 32050 注:电弧炉冶炼全不锈钢单位产品能耗提高10%
					公称容量≥50 t			61	72	

表 1-6(续)

序号	国民经济行业分类及代码：大类	中类	小类	重点领域		指标名称	指标单位①	标杆水平	基准水平	参考标准
8	黑色金属冶炼和压延加工业(31)	铁合金冶炼(314)	铁合金冶炼(3140)	▲硅铁		单位产品综合能耗	kg 标准煤/t	1 770	1850	GB 21341
				锰硅合金				860	950	
				高碳铬铁				710	800	
9	有色金属冶炼和压延加工业(32)	常用有色金属冶炼(321)	铜冶炼(3211)	铜冶炼工艺(铜精矿-阴极铜)		单位产品综合能耗	kg 标准煤/t	260	380	GB 21248
				粗铜工艺(铜精矿-粗铜)				140	260	
				阳极铜工艺(铜精矿-阳极铜)				180	290	
				电解工序(阳极铜-阴极铜)				85	110	
			铅锌冶炼(3212)	铅冶炼	粗铅工艺	单位产品综合能耗	kg 标准煤/t	230	300	GB 21250
					铅电解精炼工序			100	120	
					铅冶炼工艺			330	420	
			铅锌冶炼(3212)	锌冶炼	火法炼锌工艺：粗锌(精矿-粗锌)	单位产品综合能耗	kg 标准煤/t	1 450	1 620	GB 21249
					火法炼锌工艺：锌(精矿-精馏锌)			1 800	2 020	
					湿法炼锌工艺:电锌锌锭(有浸出渣火法处理工艺)(精矿-电锌锌锭)			1 100	1 280	
					湿法炼锌工艺:电锌锌锭(无浸出渣火法处理工艺)(精矿-电锌锌锭)			800	950	
					湿法炼锌工艺:电锌锌锭(氧化锌精矿-电锌锌锭)			800	950	

表 1-6(续)

序号	国民经济行业分类及代码			重点领域		指标名称	指标单位①	标杆水平	基准水平	参考标准
	大类	中类	小类							
9	有色金属冶炼和压延加工业(32)	常用有色金属冶炼(321)	铝冶炼(3216)	电解铝		铝液交流电耗	kW·h/t	13 000	13 350	GB 21346
			硅冶炼(3218)	★工业硅	主要还原剂为木炭	单位产品综合能耗	kg 标准煤/t	2 500	3 300	GB 31338
					主要还原剂为石油焦和煤			2 700	3 500	
					主要还原剂为煤			2 800	3 600	

注:1. 各领域标杆水平和基准水平主要参考国家现行单位产品能耗限额标准的先进值和准入值、限定值,根据行业实际、发展预期、生产装置整体能效水平等确定。统计范围、计算方法等参考相应标准。

2. 表中的工业重点领域范围和标杆水平、基准水平,视行业发展和国家现行单位产品能耗限额标准制修订情况进行补充完善和动态调整。

3. 相较于《高能耗行业重点领域能效标杆水平和基准水平(2021 年版)》,新增加的重点领域用“★”标准,能效水平有调整的用“▲”标注。

1.3.3 绿色工业园区

工业园区不仅是工业发展的空间载体，更是工业经济的产业组织形式。绿色工业园区要求如下：以产品制造和能源供给为主要功能；工业增加值占比超过50%；具有法定边界和范围；具备统一管理机构的省级及以上工业园区。鼓励国家低碳工业园区试点单位开展绿色工业园区建设工作。各地区要组织工业基础好、基础设施完善、绿色制造水平高的工业园区进行申报。优先推荐绿色工厂数量多的工业园区。

绿色工业园区需要具备的基本条件如下：

(1) 国家和地方绿色、循环和低碳相关法律法规、政策和标准应得到有效的贯彻执行。

(2) 近三年，未发生重大污染事故或重大生态破坏事件，完成国家或地方政府下达的节能减排指标，碳排放强度持续下降。

(3) 环境质量达到国家或地方规定的环境功能区环境质量标准，园区内企业污染物达标排放，各类重点污染物排放总量均不超过国家或地方的总量控制要求。

(4) 园区重点企业100%实施清洁生产审核。重点企业是指《清洁生产促进法》中规定的应当实施强制性清洁生产审核的企业(评审期当年及之前公布的重点企业清洁生产审核名单中的企业)。

(5) 园区企业不应使用国家列入淘汰目录的落后生产技术、工艺和设备，不应生产国家列入淘汰目录的产品。

(6) 园区建立履行绿色发展工作职责的专门机构、配备2名以上专职工作人员。

(7) 鼓励园区建立并运行环境管理体系和能源管理体系，建立园区能源监测管理平台。

(8) 鼓励园区建设并运行风能、太阳能等可再生能源应用设施。

绿色园区评价指标体系包括能源利用绿色化指标、资源利用绿色化指标、基础设施绿色化指标、产业绿色化指标、生态环境绿色化指标、运行管理绿色化指标6个方面。具体见表1-7。

表1-7 绿色园区评价指标体系

一级指标	序号	二级指标	单位	引领值	类型
能源利用绿色化指标(EG)	1	能源产出率	万元/t标准煤	3	必选
	2	可再生能源使用比例	%	15	必选
	3	清洁能源使用率	%	75	必选
资源利用绿色化指标(RG)	4	水资源产出率	元/m^3	1 500	必选
	5	土地资源产出率	亿元/km^2	15	必选
	6	工业固体废弃物综合利用率	%	95	必选
	7	工业用水重复利用率	%	90	必选
	8	中水回用率	%	30	4项指标选2项
	9	余热资源回收利用率	%	60	
	10	废气资源回收利用率	%	90	
	11	再生资源回收利用率	%	80	

表 1-7(续)

一级指标	序号	二级指标	单位	引领值	类型
基础设施绿色指标(IG)	12	污水集中处理设施	—	具备	必选
	13	新建工业建筑中绿色建筑的比例	%	30	2 项指标选 1 项
	14	新建公共建筑中绿色建筑的比例	%	60	
	15	500 m 公交站点覆盖率	%	90	2 项指标选 1 项
	16	节能与新能源公交车比例	%	30	
产业绿色指标(CG)	17	高新技术产业产值占园区工业总产值比例	%	30	必选
	18	绿色产业增加值占园区工业增加值比例	%	30	必选
	19	人均工业增加值	万元/人	15	2 项指标选 1 项
	20	现代服务业比例	%	30	
生态环境绿色指标(HG)	21	工业固体废弃物(含危废)处置利用率	%	100	必选
	22	万元工业增加值碳排放量消减率	%	3	必选
	23	单位工业增加值废水排放量	t/万元	5	必选
	24	主要污染物弹性系数	—	0.3	必选
	25	园区空气质量优良率	%	80	必选
	26	绿化覆盖率	%	30	3 项指标选 1 项
	27	道路遮阴比例	%	80	
	28	露天停车场遮阴比例	%	80	
运行管理绿色指标(MG)	29	绿色园区标准体系完善程度	—	完善	必选
	30	编制绿色园区发展规划	—	是	必选
	31	绿色园区信息平台完善程度	—	完善	必选

工业园区绿色指数的计算方法如下：

$$GI = \frac{1}{24}\left[\sum_{i=1}^{3}\frac{EG_i}{EG_{bi}} + \sum_{j=1}^{6}\frac{RG_j}{RG_{bj}} + \sum_{k=1}^{3}\frac{IG_k}{IG_{bk}} + \sum_{f=1}^{3}\frac{CG_f}{CG_{bf}} + \sum_{l=1}^{6}\frac{HG_l}{HG_{bl}}\left(or\ \frac{HG_{bl}}{HG_l}\right) + \sum_{p=1}^{3}\frac{MG_p}{EG_{bp}}\right]\times 100$$

式中：GI 为工业园区绿色指数；EG_i 为第 i 项能源利用绿色化指标值；EG_{bi} 为第 i 项能源利用绿色指标引领值；RG_j 为第 j 项资源利用绿色化指标值，RG_{bj} 为第 j 项资源利用绿色指标引领值；IG_k 为第 k 项基础设施绿色化指标值，IG_{bk} 为第 k 项基础设施绿色指标引领值；CG_f 为第 f 项产业绿色化指标值，CG_{bf} 为第 f 项产业绿色指标引领值；HG_l 为第 l 项生态环境绿色指标值，HG_{bl} 为第 l 项生态环境绿色指标引领值；MG_p 为第 p 项运行管理绿色化指标值，MG_{bp} 为第 p 项运行管理绿色指标引领值。

注：正向指标(越大越好的指标)和逆向指标(越小越好的指标)数值的无量纲化分别采用指标值/基准值、基准值/指标值。在全部指标中，单位工业增加值废水排放量和主要污染物弹性系数属于逆向指标，无量纲化方法采用基准值/指标值。

1.3.4　绿色供应链

1. 绿色供应链定义

绿色供应链是将环境保护和资源节约的理念贯穿于企业从产品设计到原材料采购、生产、运输、储存、销售、使用和报废处理的全过程,使企业的经济活动与环境保护相协调的上下游供应关系。推行绿色供应链管理的目的是发挥供应链上核心企业的主体作用,一方面做好自身的节能减排和环境保护工作,不断扩大对社会的有效供给,另一方面引领带动供应链上下游企业持续提高资源能源利用效率,改善环境绩效,实现绿色发展。绿色供应链按照产品生命周期要求,对设计、采购、生产、物流、回收等业务流程进行管理,其中涉及供应商、制造企业、物流商、销售商、最终用户以及回收、拆解等企业的协作。制造企业绿色供应链基本流程见图 1-4。

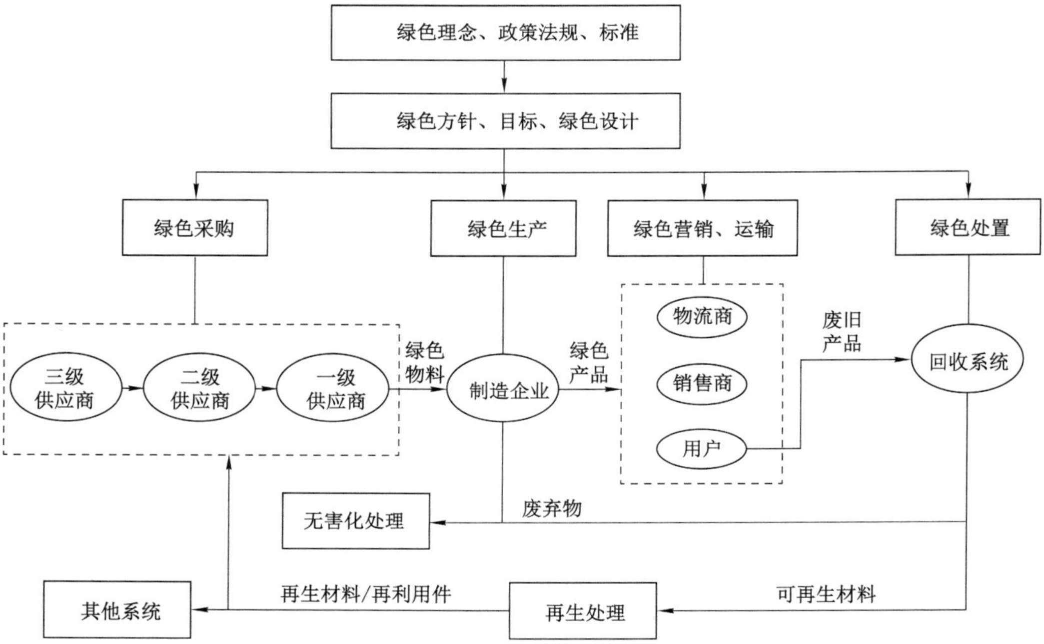

图 1-4　制造企业绿色供应链基本流程图

2. 绿色供应链基本要求

(1) 具有独立法人资格;

(2) 具有较强的行业影响力;

(3) 具有较完善的能源资源、环境管理体系,各项管理制度健全,符合国家和地方的法律法规及标准规范要求,近三年无重大安全和环境污染事故;

(4) 拥有数量众多的供应商,在供应商中有很强的影响力,与上下游供应商建立良好的合作关系;

(5) 有完善的供应商管理体系,建立了健全的供应商认证、选择、审核、绩效管理和退出机制;

(6) 有健全的财务管理制度,销售盈利能力处于行业领先水平;

(7) 对实施绿色供应链管理有明确的工作目标、思路、计划和措施。

3. 企业绿色供应链管理关键环节

(1) 确立可持续的绿色供应链管理战略。企业应将绿色供应链管理理念纳入发展战略规划,明确绿色供应链管理目标,设置管理部门,推进本企业绿色供应链管理工作。要用整体系统的观点将绿色供应链融入产品研发、设计、采购、制造、回收处理等业务流程,识别能源资源、环境风险和机遇,带动上下游企业深度协作,发挥绿色供应链管理优势,不断降低环境风险、提高能源资源利用效率,扩大绿色产品市场份额。

(2) 实施绿色供应商管理。企业要树立绿色采购理念,不断改进和完善采购标准、制度,将绿色采购贯穿原材料、产品和服务采购的全过程。要从物料环保、污染预防、节能减排等方面对供应商进行绿色伙伴认证、选择和管理,推动供应商持续提高绿色发展水平,共同构建绿色供应链。要早期介入、主动参与供应商的研发制造过程,引导供应商减少各种原辅材料和包装材料用量,用更环保的材料替代,避免或减少环境污染。定期对供应商进行培训和技术支持,传递客户和其他利益相关者的环境要求,帮助供应商将要求融入业务之中并逐级传递。

(3) 强化绿色生产。企业要建立基于产品全生命周期的绿色设计理念,整合环境数据资源,建立基础过程和产品数据库,构建评价模型,在研发设计阶段开展全生命周期(LCA)评价。不断提升绿色技术创新能力,采用先进适用的工艺技术与设备,减少或者避免生产过程中污染物的产生和排放。积极参与国际相关技术规范标准的制定,促进业界绿色生产水平提升,引领行业变革。

(4) 建设绿色回收体系。企业要建立生产者责任延伸制度,主动承担产品废弃后的回收和资源化利用责任。采用产品回收电子标签、物联网、大数据和云计算等技术手段建立可核查、可溯源的绿色回收体系。生产企业可直接主导或与专业从事废旧产品回收利用的企业或机构合作开展回收、处理与再利用,搭建拆解、回收信息发布平台,实现废旧产品在生产企业、消费者、回收企业、拆解企业间的有效流通。

(5) 搭建绿色信息收集监测披露平台。企业要建立能源消耗在线监测体系和减排监测数据库,定期发布企业社会责任报告,披露企业节能减排目标完成情况、污染物排放、违规情况等信息。要建立绿色供应链信息平台,收集绿色设计、绿色采购、绿色生产、绿色回收等过程的数据,建立供应链上下游企业之间的信息交流机制,实现生产企业、供应商、回收商以及政府部门、消费者之间的信息共享。要加强对供应链上下游重点供应商的管理评级,定期向社会披露重点供应商的环境信息,公布企业绿色采购的实施成效。

4. 企业绿色供应链管理评价方法

企业绿色供应链管理评价由第三方组织实施。第三方根据绿色供应链管理关键环节,按照评价标准对企业进行实地调查,查阅相关文件、报表、数据等,确保评价结果客观准确。

绿色供应链管理评价指标体系包括绿色供应链管理战略指标、绿色供应商管理指标、绿色生产指标、绿色回收指标、绿色信息平台建设指标、绿色信息披露指标6个方面。具体如表1-8所示。

表 1-8　企业绿色供应链管理评价指标体系

一级指标	序号	二级指标	单位	最高分值	指标类型
绿色供应链管理战略 X_1	1	纳入公司发展规划 X_{11}	—	8	定性
	2	制定绿色供应链管理目标 X_{12}	—	6	定性
	3	设置专门管理机构 X_{13}	—	6	定性
实施绿色供应商管理 X_2	4	绿色采购标准制度完善 X_{21}	—	4	定性
	5	供应商认证体系完善 X_{22}	—	3	定性
	6	对供应商定期审核 X_{23}	—	3	定性
	7	供应商绩效评估制度健全 X_{24}	—	3	定性
	8	定期对供应商进行培训 X_{25}	—	3	定性
	9	低风险供应商占比 X_{26}	%	4	定量
绿色生产 X_3	10	节能减排环保合规 X_{31}		10	定性
	11	符合有害物质限制使用管理办法 X_{32}	—	10	定性
绿色回收 X_4	12	产品回收率 X_{41}	%	5	定量
	13	包装回收率 X_{42}	%	5	定量
	14	回收体系完善（含自建、与第三方联合回收）X_{43}	—	5	定性
	15	指导下游企业回收拆解 X_{44}	—	5	定性
绿色信息平台建设 X_5	16	绿色供应链管理信息平台完善 X_{51}	—	10	定性
绿色信息披露 X_6	17	披露企业节能减排减碳信息 X_{61}	—	2.5	定性
	18	披露高、中风险供应商审核率及低风险供应商占比 X_{62}	—	2.5	定性
	19	披露供应商节能减排信息 X_{63}	—	2.5	定性
	20	发布企业社会责任报告（含绿色采购信息）X_{64}	—	2.5	定性

企业绿色供应链管理指数的计算公式如下：

$$GSCI = X_{11} + X_{12} + X_{13} + X_{21} + X_{22} + X_{23} + X_{24} + X_{25} + X_{26} + X_{31} + X_{32} + X_{41} + X_{42} + X_{43} + X_{44} + X_{51} + X_{61} + X_{62} + X_{63} + X_{64}$$

式中，GSCI 为绿色供应链管理指数。

电子电器、机械、汽车等 3 个行业企业按照绿色供应链管理企业评价指标体系（表 1-9）进行评价。其他行业按照《绿色供应链管理企业评价要求》进行评价。

表 1-9　绿色供应链管理企业评价指标体系（2023 年 7 月）

序号	评价指标体系
1	机械行业绿色供应链管理企业评价指标体系
2	汽车行业绿色供应链管理企业评价指标体系
3	电子电器行业绿色供应链管理企业评价指标体系

5. 绿色供应链评价结果

经评价绿色供应链管理指数大于 80 分(含等于)的企业,认定为“卓越绿色供应链管理企业”,优先享受国家各项支持政策。

6. 部分指标说明

(1) 纳入公司发展规划:有明确的绿色供应链管理中长期发展规划、年度目标、指标、实施方案等文件。

(2) 供应商绩效评估制度:建立供应商绩效评估标准,对供应商进行分级评价和管理。

(3) 低风险供应商占比的基准值取 80%。达到或超过 80%得 4 分;其他分值的计算:比例值/80%×4。

(4) 节能减排环保合规:符合国家和地方有关环境法律和法规,近五年无重大安全、环保、质量事故;配备能源、水源监测设备及污染物监测设备(计量仪器符合 GB/T 17167 和 GB 24789)。

(5) 产品回收率 X_{41} 的基准值为 90%,达到或超过 90%得 5 分;其他分值的计算:比例值/90%×5。

(6) 包装回收率 X_{42} 的基准值为 80%,达到或超过 80%得 5 分;其他分值的计算:比例值/80%×5。

(7) 指导下游企业回收拆解:具备回收拆解信息管理系统,实现拆解信息的传递及产品的追溯。

(8) 绿色供应链管理信息平台完善:对企业及其供应商产品材质、工艺流程、能源资源消耗、污染物排放等信息进行有效收集与管理。

(9) 披露企业节能减排减碳信息:具体包括有毒有害物质使用、能源资源利用效率、污染物排放、碳排放减少量、产品回收利用率等信息。

1.3.5 绿色产品

绿色产品是以绿色制造实现供给侧结构性改革的最终体现,侧重于产品全生命周期的绿色化。积极开展绿色设计示范试点,按照全生命周期的理念,在产品设计开发阶段系统考虑原材料选用、生产、销售、使用、回收、处理等各个环节对资源环境造成的影响,实现产品对能源资源消耗最低化、生态环境影响最小化、可再生率最大化。选择量大面广、与消费者紧密相关、条件成熟的产品,应用产品轻量化、模块化、集成化、智能化等绿色设计共性技术,采用高性能、轻量化、绿色环保的新材料,开发具有无害化、节能、环保、高可靠性、长寿命和易回收等特性的绿色产品。关于绿色产品的通用评价方法见《生态设计产品评价通则》(GB/T 32161),生态设计产品评价流程见图 1-5。评价要求参考生态设计产品评价规范系列国家标准(GB/T 32163.1～GB/T 32163.4)。截至 2022 年 9 月,出台的绿色设计产品评价标准清单见表 1-10。

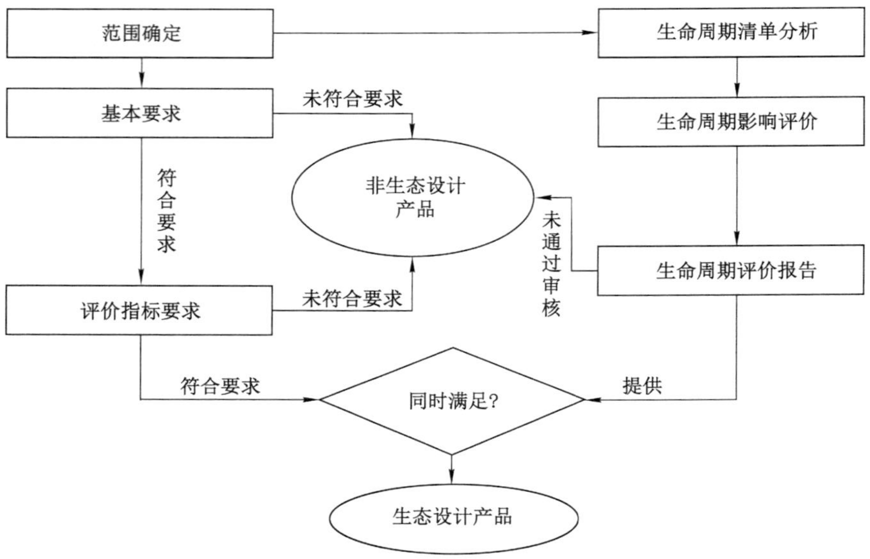

图 1-5　生态设计产品评价流程

表 1-10　绿色设计产品评价标准清单

序号	标准名称	标准编号
1	生态设计产品评价通则	GB/T 32161—2015
2	生态设计产品标识	GB/T 32162—2015
石化行业		
3	绿色设计产品评价技术规范 复混肥料(复合肥料)	HG/T 5680—2020
4	绿色设计产品评价技术规范 水性建筑涂料	HG/T 5682—2020
5	绿色设计产品评价技术规范 喷滴灌肥料	T/CPCIF 0030—2020
6	绿色设计产品评价技术规范 液体分散染料	T/CPCIF 0040—2020
7	绿色设计产品评价技术规范 轮胎模具	T/CPCIF 0076—2020 T/CRIA 22010—2020
8	绿色设计产品评价技术规范 聚氯乙烯树脂	HG/T 5860—2021
9	绿色设计产品评价技术规范 氯化聚氯乙烯树脂	HG/T 5861—2021
10	绿色设计产品评价技术规范 水性木器涂料	HG/T 5862—2021
11	绿色设计产品评价技术规范 鞋和箱包用胶粘剂	HG/T 5863—2021
12	绿色设计产品评价技术规范 汽车轮胎	HG/T 5864—2021
13	绿色设计产品评价技术规范 1,4-丁二醇	HG/T 5867—2021
14	绿色设计产品评价技术规范 聚四亚甲基醚二醇	HG/T 5868—2021
15	绿色设计产品评价技术规范 聚苯乙烯树脂	HG/T 5869—2021
16	绿色设计产品评价技术规范 聚对苯二甲酸丁二醇酯(PBT)树脂	HG/T 5870—2021
17	绿色设计产品评价技术规范 聚对苯二甲酸乙二醇酯(PET)树脂	HG/T 5871—2021
18	绿色设计产品评价技术规范 阴极电泳涂料	HG/T 5872—2021
19	绿色设计产品评价技术规范 金属氧化物混相颜料	HG/T 5873—2021
20	绿色设计产品评价技术规范 碳酸钠(纯碱)	HG/T 5978—2021

表 1-10(续)

序号	标准名称	标准编号
21	绿色设计产品评价技术规范＋二氧化钛	HG/T 5983—2021
22	绿色设计产品评价技术规范 家具用胶粘剂	T/CPCIF 0084—2021
23	绿色设计产品评价技术规范 建筑用胶粘剂	T/CPCIF 0085—2021
24	绿色设计产品评价技术规范 汽车内饰用胶粘剂	T/CPCIF 0086—2021
25	绿色设计产品评价技术规范 水基包装胶粘剂	T/CPCIF 0087—2021
26	绿色设计产品评价技术规范 氧化铁颜料	T/CPCIF 0089—2021 T/CNCIA 02009—2021
27	绿色设计产品评价技术规范 光学玻璃用硝酸钾	T/CPCIF 0108—2021 T/CISIA 0001—2021
28	绿色设计产品评价技术规范 熔盐(硝基型)	T/CPCIF 0109—2021 T/CISIA 0002—2021
29	绿色设计产品评价技术规范 电子电气用胶粘剂	T/CPCIF 0155—2021
30	绿色设计产品评价技术规范 卫生用品用胶粘剂	T/CPCIF 0156—2021
31	绿色设计产品评价技术规范 氯化聚乙烯	T/CPCIF 0189—2022
	钢铁行业	
32	绿色设计产品评价技术规范 稀土钢	T/CAGP 0026—2018 T/CAB 0026—2018
33	绿色设计产品评价技术规范 铁精矿(露天开采)	T/CAGP 0027—2018 T/CAB 0027—2018
34	绿色设计产品评价技术规范 烧结钕铁硼永磁材料	T/CAGP 0028—2018 T/CAB 0028—2018
35	绿色设计产品评价技术规范 钢塑复合管	T/CISA 104—2018
36	绿色设计产品评价技术规范 五氧化二钒	T/CISA 105—2019
37	绿色设计产品评价技术规范 取向电工钢	YB/T 4767—2019
38	绿色设计产品评价技术规范 管线钢	YB/T 4768—2019
39	绿色设计产品评价技术规范 新能源汽车用无取向电工钢	YB/T 4769—2019
40	绿色设计产品评价技术规范 厨房厨具用不锈钢	YB/T 4770—2019
41	绿色设计产品评价技术规范 家具用免磷化钢板及钢带	YB/T 4870—2020
42	绿色设计产品评价技术规范 建筑用高强高耐蚀彩涂板	YB/T 4871—2020
43	绿色设计产品评价技术规范 耐候结构钢	YB/T 4872—2020
44	绿色设计产品评价技术规范 汽车用冷轧高强度钢板及钢带	YB/T 4873—2020
45	绿色设计产品评价技术规范 汽车用热轧高强度钢板及钢带	YB/T 4874—2020
46	绿色设计产品评价技术规范 桥梁用结构钢	YB/T 4875—2020
47	绿色设计产品评价技术规范 压力容器用钢板	YB/T 4876—2020
48	绿色设计产品评价技术规范 低中压流体输送和结构用电焊钢管	T/CISA 064—2020
49	绿色设计产品评价技术规范 铁道车辆用车轮	YB/T 4901—2021
50	绿色设计产品评价技术规范 钢筋混凝土用热轧带肋钢筋	YB/T 4902—2021
51	绿色设计产品评价技术规范 冷轧带肋钢筋	YB/T 4903—2021
52	绿色设计产品评价技术规范 锚杆用热轧带肋钢筋	YB/T 4904—2021

表 1-10(续)

序号	标准名称	标准编号
53	绿色设计产品评价技术规范 球墨铸铁管	YB/T 4915—2021
54	绿色设计产品评价技术规范 非调质冷镦钢热轧盘条	T/CISA 082—2021
55	绿色设计产品评价技术规范 预应力钢丝及钢绞线用热轧盘条	T/CISA 083—2021
56	绿色设计产品评价技术规范 不锈钢盘条	T/CISA 084—2021
57	绿色设计产品评价技术规范 弹簧钢丝用热轧盘条	T/CISA 085—2021
	有色行业	
58	绿色设计产品评价技术规范 锑锭	T/CNIA 0004—2018
59	绿色设计产品评价技术规范 稀土湿法冶炼分离产品	T/CNIA 0005—2018
60	绿色设计产品评价技术规范 多晶硅	T/CNIA 0021—2019
61	绿色设计产品评价技术规范 气相二氧化硅	T/CNIA 0022—2019
62	绿色设计产品评价技术规范 阴极铜	T/CNIA 0033—2019
63	绿色设计产品评价技术规范 电工用铜线坯	T/CNIA 0034—2019
64	绿色设计产品评价技术规范 铜精矿	T/CNIA 0035—2019
65	绿色设计产品评价技术规范 镍钴锰氢氧化物	T/CNIA 0046—2020
66	绿色设计产品评价技术规范 镍钴锰酸锂	T/CNIA 0047—2020
67	绿色设计产品评价技术规范 铅锭	T/CNIA 0048—2020
68	绿色设计产品评价技术规范 再生烧结钕铁硼永磁材料	T/CNIA 0065—2020
69	绿色设计产品评价技术规范 各向同性钕铁硼快淬磁粉	T/CNIA 0066—2020
70	绿色设计产品评价技术规范 氧氯化锆	T/CNIA 0072—2020
71	绿色设计产品评价技术规范 离子型稀土矿产品	XB/T 804—2021
72	绿色设计产品评价技术规范 稀土火法冶炼产品	XB/T 805—2021
73	绿色设计产品评价技术规范 电解铝	T/CNIA 0075—2021
74	绿色设计产品评价技术规范 精细氧化铝	T/CNIA 0076—2021
75	绿色设计产品评价技术规范 锡锭	T/CNIA 0082—2021
76	绿色设计产品评价技术规范 锌锭	T/CNIA 0083—2021
77	绿色设计产品评价技术规范 钛锭	T/CNIA 0084—2021
78	绿色设计产品评价技术规范 碳酸锂	T/CNIA 0087—2021
79	绿色设计产品评价技术规范 氢氧化锂	T/CNIA 0088—2021
80	绿色设计产品评价技术规范 硬质合金产品	T/CNIA 0095—2021
	建材行业	
81	生态设计产品评价规范 第 4 部分:无机轻质板材	GB/T 32163.4—2015
82	绿色设计产品评价技术规范 水泥	JC/T 2642—2021
83	绿色设计产品评价技术规范 汽车玻璃	JC/T 2643—2021
84	绿色设计产品评价技术规范 卫生陶瓷	T/CAGP 0010—2016 T/CAB 0010—2016
85	绿色设计产品评价技术规范 木塑型材	T/CAGP 0011—2016 T/CAB 0011—2016
86	绿色设计产品评价技术规范 砌块	T/CAGP 0012—2016 T/CAB 0012—2016

表 1-10(续)

序号	标准名称	标准编号
87	绿色设计产品评价技术规范 陶瓷砖	T/CAGP 0013—2016 T/CAB 0013—2016
88	绿色设计产品评价技术规范 纸面石膏板	T/CBMF 124—2021
89	绿色设计产品评价技术规范 在线 Low-E 节能镀膜玻璃	T/CBMF 153—2021
90	绿色设计产品评价技术规范 陶瓷片密封水嘴	T/CBMF 159—2021
机械行业		
91	绿色设计产品评价技术规范 金属切削机床	T/CMIF 14—2017
92	绿色设计产品评价技术规范 装载机	T/CMIF 15—2017
93	绿色设计产品评价技术规范 内燃机	T/CMIF 16—2017
94	绿色设计产品评价技术规范 汽车产品 M1 类传统能源车	T/CMIF 17—2017
95	绿色设计产品评价技术规范 电动工具	T/CEEIA 296—2017
96	绿色设计产品评价技术规范 核电用不锈钢仪表管	T/CAGP 0031—2018 T/CAB 0031—2018
97	绿色设计产品评价技术规范 盘管蒸汽发生器	T/CAGP 0032—2018 T/CAB 0032—2018
98	绿色设计产品评价技术规范 真空热水机组	T/CAGP 0033—2018 T/CAB 0033—2018
99	绿色设计产品评价技术规范 片式电子元器件用纸带	T/CAGP 0041—2018 T/CAB 0041—2018
100	绿色设计产品评价技术规范 滚筒洗衣机用无刷直流电动机	T/CAGP 0042—2018 T/CAB 0042—2018
101	绿色设计产品评价技术规范 家用及类似场所用过电流保护断路器	T/CEEIA 334—2018
102	绿色设计产品评价技术规范 塑料外壳式断路器	T/CEEIA 335—2018
103	绿色设计产品评价技术规范 叉车	T/CMIF 48—2019
104	绿色设计产品评价技术规范 水轮机用不锈钢叶片铸件	T/CMIF 49—2019
105	绿色设计产品评价技术规范 中低速发动机用机体铸铁件	T/CMIF 50—2019
106	绿色设计产品评价技术规范 铸造用消失模涂料	T/CMIF 51—2019
107	绿色设计产品评价技术规范 柴油发动机	T/CMIF 52—2019
108	绿色设计产品评价技术规范 直驱永磁风力发电机组	T/CMIF 57—2019 T/CEEIA 387—2019
109	绿色设计产品评价技术规范 齿轮传动风力发电机组	T/CMIF 58—2019
110	绿色设计产品评价技术规范 再制造冶金机械零部件	T/CMIF 59—2019
111	绿色设计产品评价技术规范 家用和类似用途插头插座	T/CEEIA 374—2019
112	绿色设计产品评价技术规范 家用和类似用途固定式电气装置的开关	T/CEEIA 375—2019
113	绿色设计产品评价技术规范 家用和类似用途器具耦合器	T/CEEIA 376—2019
114	绿色设计产品评价技术规范 小功率电动机	T/CEEIA 380—2019

表 1-10(续)

序号	标准名称	标准编号
115	绿色设计产品评价技术规范 交流电动机	T/CEEIA 410—2019
116	绿色设计产品评价技术规范 办公设备用静电成像干式墨粉	T/CMIF 64—2020
117	绿色设计产品评价技术规范 一般用途轴流通风机	T/CMIF 120—2020
118	绿色设计产品评价技术规范 塔式起重机	T/CMIF 138—2021
119	绿色设计产品评价技术规范 液压挖掘机	T/CMIF 139—2021
120	绿色设计产品评价技术规范 一般用喷油回转空气压缩机	T/CMIF 157—2022
轻工行业		
121	生态设计产品评价规范 第1部分:家用洗涤剂	GB/T 32163.1—2015
122	生态设计产品评价规范 第2部分:可降解塑料	GB/T 32163.2—2015
123	绿色设计产品评价技术规范 生活用纸	T/CAGP 0020—2017 T/CAB 0020—2017
124	绿色设计产品评价技术规范 标牌	T/CAGP 0023—2017 T/CAB 0023—2017
125	绿色设计产品评价技术规范 水性和无溶剂人造革合成革	T/CNLIC 0002—2019
126	绿色设计产品评价技术规范 服装用皮革	T/CNLIC 0005—2019
127	绿色设计产品评价技术规范 氨基酸	T/CNLIC 0006—2019 T/CBFIA 04002—2019
128	绿色设计产品评价技术规范 甘蔗糖制品	T/CNLIC 0007—2019
129	绿色设计产品评价技术规范 甜菜糖制品	T/CNLIC 0008—2019
130	绿色设计产品评价技术规范 包装用纸和纸板	T/CNLIC 0010—2019
131	绿色设计产品评价技术规范 家居用水性聚氨酯合成革	T/CNLIC 0017—2021
132	绿色设计产品评价技术规范 革用聚氨酯树脂	T/CNLIC 0018—2021
133	绿色设计产品评价技术规范 酵母制品	T/CNLIC 025—2021 T/CBFIA 01002—2021
134	绿色设计产品评价技术规范 手动牙刷	T/CNLIC 0061—2022
135	绿色设计产品评价技术规范 真空杯	T/CNLIC 0063—2022
纺织行业		
136	绿色设计产品评价技术规范 涤纶磨毛印染布	T/CAGP 0030—2018 T/CAB 0030—2018
137	绿色设计产品评价技术规范 户外多用途面料	T/CAGP 0034—2018 T/CAB 0034—2018
138	绿色设计产品评价技术规范 丝绸制品	FZ/T 07003—2019
139	绿色设计产品评价技术规范 聚酯涤纶	T/CNTAC 33—2019
140	绿色设计产品评价技术规范 巾被织物	T/CNTAC 34—2019
141	绿色设计产品评价技术规范 皮服	T/CNTAC 35—2019
142	绿色设计产品评价技术规范 羊绒产品	T/CNTAC 38—2019

表 1-10(续)

序号	标准名称	标准编号
143	绿色设计产品评价技术规范 毛精纺产品	T/CNTAC 39—2019
144	绿色设计产品评价技术规范 针织印染布	T/CNTAC 40—2019
145	绿色设计产品评价技术规范 布艺类产品	T/CNTAC 41—2019
146	绿色设计产品评价技术规范 色纺纱	T/CNTAC 51—2020
147	绿色设计产品评价技术规范 再生涤纶	T/CNTAC 52—2020
148	绿色设计产品评价技术规范 针织服装	FZ/T 07010—2021
149	绿色设计产品评价技术规范 毛毯产品	T/CNTAC 74—2021
150	绿色设计产品评价技术规范 床上用品	T/CNTAC 75—2021
151	绿色设计产品评价技术规范 化纤长丝织造产品	T/CNTAC 77—2021
152	绿色设计产品评价技术规范 牛仔面料	T/CNTAC 78—2021
153	绿色设计产品评价技术规范 再生纤维素纤维本色纱	T/CNTAC 80—2021
154	绿色设计产品评价技术规范 氨纶	T/CNTAC 95—2022
155	绿色设计产品评价技术规范 粘胶纤维	T/CNTAC 96—2022
	通信行业	
156	绿色设计产品评价技术规范 通信电缆	T/CCSA 255—2019
157	绿色设计产品评价技术规范 光缆	T/CCSA 256—2019
158	绿色设计产品评价技术规范 通信用户外机房、机柜	T/CCSA 302—2021
	包装行业	
159	绿色设计产品评价技术规范 折叠纸盒	T/CPF 0014—2021
160	绿色设计产品评价技术规范 瓦楞纸板和瓦楞纸箱	T/CPF 0022—2021
161	绿色设计产品评价技术规范 无溶剂不干胶标签	T/CPF 0025—2021

1.4 绿色矿山

1.4.1 绿色矿山建设与评价

1. 绿色矿山建设

绿色矿山是指在矿产资源开发全过程中，实行科学有序开采，对矿区及周边生态环境扰动控制在可控范围内，使矿产资源开发利用与生态环境保护相协调。绿色矿山具备矿区环境生态化、开采方式科学化、资源利用高效化、管理信息数字化、矿区社区和谐化的特点。

在资源的综合利用方面，按照矿产资源开发规划与设计，较好地完成资源开发与综合利用指标，技术经济水平居国内同类矿山先进行列；资源利用率达到矿产资源规划要求，矿山开发利用工艺、技术和设备符合矿产资源节约与综合利用鼓励、限制、淘汰技术目录的要求，“三率”指标达到或超过国家规定标准；节约资源，保护资源，大力开展矿产资源综合利用，资源利用达国内同行业先进水平。

在技术创新方面，积极开展科技创新和技术革新，每年用于科技创新的资金投入不低于矿山企业总产值的1%；不断改进和优化工艺流程，淘汰落后工艺与产能，生产技术居国内同类矿山先进水平；重视科技进步，发展循环经济，矿山企业的社会、经济和环境效益显著。

在节能减排方面，积极开展节能降耗、节能减排工作，节能降耗达国家规定指标；采用无废或少废工艺，成果突出；“三废”排放达标；矿山选矿废水重复利用率达到90%以上或实现零排放，矿山固体废弃物综合利用率达到国内同类矿山先进水平。

绿色矿山建设的要求不仅仅考量矿山企业的技术、资金等“硬实力”，对企业的“软实力”更为重视，其中包括：

依法办矿方面，严格遵守《中华人民共和国矿产资源法》等法律法规，合法经营，证照齐全，遵纪守法；矿产资源开发利用活动符合矿产资源规划的要求和规定，符合国家产业政策；认真执行《矿产资源开发利用方案》《矿山地质环境保护与治理恢复方案》《矿山土地复垦方案》等；三年内未受到相关的行政处罚，未发生严重违法事件。

规范管理方面，积极加入并自觉遵守《绿色矿业公约》，制定有切实可行的绿色矿山建设规划，目标明确，措施得当，责任到位，成效显著；具有健全完善的矿产资源开发利用、环境保护、土地复垦、生态重建、安全生产等规章制度和保障措施；推行企业健康、安全、环保认证和产品质量体系认证，实现矿山管理的科学化、制度化和规范化。

环境保护方面，认真落实矿山环境恢复治理保证金制度，严格执行环境保护“三同时”制度，矿区及周边自然环境得到有效保护；制定矿山环境保护与治理恢复方案，目的明确，措施得当，矿山地质环境恢复治理水平明显高于矿产资源规划确定的本区域平均水平。重视矿山地质灾害防治工作，近三年内未发生重大地质灾害；矿区环境优美，绿化覆盖率达到可绿化区域面积的80%以上。

土地复垦方面，矿山企业在矿产资源开发设计、开采各阶段中，有切实可行的矿山土地保护和土地复垦方案与措施，并严格实施；坚持边开采、边复垦，土地复垦技术先进，资金到位，对矿山压占、损毁而可复垦的土地应得到全面复垦利用，因地制宜，尽可能优先复垦为耕地或农用地。

社区和谐方面，履行矿山企业社会责任，具有良好的企业形象；矿山在生产过程中，及时调整影响社区生活的生产作业，共同应对损害公共利益的重大事件；与当地社区建立磋商和协作机制，及时妥善解决各类矛盾，社区关系和谐。

企业文化方面，企业应创建有一套符合企业特点和推进实现企业发展战略目标的企业文化；拥有一个团结战斗、锐意进取、求真务实的企业领导班子和一支高素质的职工队伍；企业职工文明建设和职工技术培训体系健全，职工物质、体育、文化生活丰富。

以上要求体现出了科学发展观所要求的以人为本、社会与环境和谐发展、可持续发展等思想以及依法治国的重要理念。这些要求是每一家矿山企业都应该也都能做到的，但是在具体的实施过程中却存在着诸多的问题。

我国绿色矿山建设开展以来，取得了可喜成绩。2011—2014年，国土资源部按照“规划统筹、政府引导、企业主体、协会促进、政策配套、试点先行、整体推进”的思路，积极推进绿色矿山试点工作，分四批遴选出国家级绿色矿山试点单位共661家，树立了一批绿色矿山建设的典范，起到了示范引领作用。绿色开发利用、绿色和谐发展成为矿业行业的共识。先期开展试点的矿山企业积累的成功经验，不仅对其他矿山具有很好的示范和借鉴意义，也为制度的供给和标准的形成奠定了基础、做出了探索。

但是，从总体上看，国家级绿色矿山试点单位占比仍偏低，且标准不一。为了全面推进绿色矿山建设进程，2018年，自然资源部发布煤炭、油气、黄金、冶金、有色、非金属、化工、砂石和水泥等行业绿色矿山建设规范。所发布的绿色矿山建设规范主要从矿区环境、资源开发方式、资源综合利用、节能减排、科技创新与数字化矿山、企业管理与企业形象等六方面，根据各个行业的特点做出相应要求。标准的制定与生产实践相结合，充分体现其科学性与先进性，同时考虑到现阶段我国各行业绿色矿山建设实际情况与发展水平，保证标准的可操作性。

九大行业绿色矿山建设规范的编制原则以促进资源合理利用、节能减排、保护生态环境和矿地和谐为主要目标，最终实现资源开发的经济效益、生态效益和社会效益协调统一，为发展绿色矿业、建设绿色矿山提供技术和管理支撑。同时，通过标准的制定，充分调动矿山企业的积极性，加强行业自律，使矿山企业将高效利用资源、保护环境、促进矿地和谐的外在要求转化为企业发展的内在动力，自觉承担起节约集约利用资源、节能减排、环境重建、土地复垦、带动地方经济社会发展的企业责任。九大行业绿色矿山建设规范标准一览表见表1-11。

表1-11 九大行业绿色矿山建设规范标准一览表

序号	标准号	名称
1	DZ/T 0312—2018	非金属矿行业绿色矿山建设规范
2	DZ/T 0313—2018	化工行业绿色矿山建设规范
3	DZ/T 0314—2018	黄金行业绿色矿山建设规范
4	DZ/T 0315—2018	煤炭行业绿色矿山建设规范
5	DZ/T 0316—2018	砂石行业绿色矿山建设规范
6	DZ/T 0317—2018	陆上石油天然气开采业绿色矿山建设规范
7	DZ/T 0318—2018	水泥灰岩绿色矿山建设规范
8	DZ/T 0319—2018	冶金行业绿色矿山建设规范
9	DZ/T 0320—2018	有色金属行业绿色矿山建设规范

2. 绿色矿山建设评价

为落实生态文明建设要求，加快矿业转型与绿色发展，国土资源部、财政部、环境保护部、国家质检总局、中国银监会、中国证监会六部门于2017年3月联合印发了《关于加快建设绿色矿山的实施意见》(国土资规〔2017〕4号，以下简称4号文)，明确了绿色矿山建设的总体目标、建设要求、推进方式等内容，要求通过树立千家绿色矿山典范，示范引领加快推进绿色矿山建设进程，基本形成绿色矿山建设新格局，构建矿业发展方式转变新途径，建立绿色矿业发展工作新机制。4号文实施以来，绿色矿山建设取得积极成效，在各级政府和矿山企业的共同努力下，截至目前，共建成国家级绿色矿山1 000余家，省级以下绿色矿山3

000 余家。

2024 年 4 月，自然资源部等部门发布的《关于进一步加强绿色矿山建设的通知》(自然资规〔2024〕1 号)，修订缩减完善评价指标，由 100 项 1 000 分缩减至 49 项 100 分，突出重点指标，切实提高指标的适用性和可操作性。将评价指标设置为约束性指标和提升性指标，约束性指标为底线要求。同时计划组织研究制定露天开采矿山、地热矿泉水等绿色矿山行业标准，进一步健全标准体系。

《国家级绿色矿山建设评价指标》包含先决条件和评分表两部分。先决条件属于否决项，有一项达不到要求，则不能参与绿色矿山遴选工作，各省(区、市)可根据实际情况依法依规增加否决项。

(1) 计分办法与达标说明

① 评价指标共 49 项，分约束性指标、提升性指标两类，分别从矿区环境、资源开采、资源综合利用、绿色低碳、生态修复与环境治理、科技创新与规范管理六个方面对绿色矿山建设水平进行评分。

② 约束性指标共 20 项，所有约束性指标必须得满分，若一项不得满分则不达标。提升性指标 29 项，体现差异性，按评分表内的评分说明进行评分。

③ 不涉及项计分。经判定某项指标属于不涉及项的，按大类采用折合法计分。不涉及项要在评分表中明确说明判定依据和理由。

④ 指标总分 100 分，总得分原则上不低于 80 分，各省(区、市)自然资源管理部门可在综合要求不降低的前提下，根据各地实际情况适当调整具体“达标线”。

(2) 评分说明

① 某一指标评分说明属于扣分的，最多扣完该项分值。某一指标评分说明属于增分的，最多增至该项总分。

② 所有得分必须有依据并要保留证明材料，在“检查记录”栏里写明得到相应分值的原因，缺少支撑材料或证明材料不得分。如需填写内容较多，可在评估报告中重点描述。

③ 对于集中建设的选矿加工等配套系统，应明确关联关系，可统一纳入评估考虑。

④ 对于调查问卷、现场考核、专家打分取平均值等评估方式，需要在“检查记录”说明里进行详细描述。

⑤ 需要现场查看的内容，在“检查记录”里应写明哪些工作人员到什么现场看了什么内容(设备、设施、厂地、环境、现场等)。

《关于进一步加强绿色矿山建设的通知》严格第三方评估管理，制定了《绿色矿山第三方评估工作要求》。明确绿色矿山第三方评估经费由财政保障，严禁向矿山企业收费。对第三方评估机构的性质、人员组成提出明确要求，确保具备绿色矿山评估的业务能力。制定了评估程序，提出了评估要求，细化了监督管理措施，建立“黑名单”和责任追究机制。

绿色矿山名录实行动态管理，建立健全“有进有出”的动态管理机制，符合标准条件的纳入省级或国家级绿色矿山名录，不再设市级、县级绿色矿山名录，已设的市级绿色矿山经评估后择优纳入省级绿色矿山名录。不符合标准要求的及时按程序移出，并对移出名录的情形进行了明确。国家级绿色矿山建设评价指标与评价要求见表 1-12 和表 1-13。

表 1-12 国家级绿色矿山建设评价指标

一级指标	二级指标	三级指标	标准分	评分说明	考核方法	依据或标准	指标属性	检查记录	得分
一、矿区环境（7项，12分）	1 矿容矿貌（9分）	1 功能分区	2	矿区按生产区、管理区、生活区进行功能分区，符合分区要求。符合要求得2分，管理区、生活区分区不明显扣0.5分，生产区、管理区分区不明显扣1.5分	查资料、查现场	矿区总平面布置图或示意图，《工业企业总平面设计规范》(GB 50187)	提升性		
		2 配套设施	2	矿区地面运输、供水、供电等配套设施齐全、正常运行，食堂、澡堂、厕所等设施齐全、整洁规范，对矿区建筑、构筑物及时维护、维修或粉刷，生产区、管理区、生活区的所有场所不存在私搭乱建等临时建筑、废弃建构筑物。符合要求得2分，发现一处不符合扣0.5分	查资料、查现场	矿区总平面布置图	提升性		
		3 标识标牌	1	矿区按要求设置操作提示牌、说明牌、线路示意图牌等各类标牌，标牌的尺寸、形状、颜色设置符合规定。符合要求得1分，发现一处不符合扣0.2分	查现场	《标牌》(GB/T 13306)	提升性		
		4 定置管理	2	设备、物资材料规范管理，做到分类分区、摆放有序、堆码整齐。符合要求得2分，发现一处不符合扣0.5分	查现场		提升性		
		5 清洁卫生	2	矿区保持清洁卫生，主干道路表面平整、密实和粗糙度适当，内部道路或专用道路及时清理，无洒落物，生产区及管理区无垃圾、无废石乱扔乱放，生产现场管线无跑、冒、滴、漏现象。符合要求得2分，发现一处不符合扣0.5分	查现场	《厂矿道路设计规范》(GBJ 22)	提升性		
	2 矿区绿化美化（3分）	6 矿区绿化	2	矿区可绿化区域实现全覆盖，且无大面积表土裸露。符合要求得2分，发现一处不符合扣0.5分	查现场	可绿化区域是指除采场、建筑覆盖区、硬化地面等不宜进行绿化区域以外的区域	提升性		
		7 绿化效果	1	绿化植物以本土物种为主，搭配合理，与周边环境协调一致，符合当地气候条件。符合要求得1分，发现一处不符合扣0.5分	查资料、查现场		提升性		

表 1-12(续)

一级指标	二级指标	三级指标	标准分	评分说明	考核方法	依据或标准	指标属性	检查记录	得分
二、资源开采(4项,20分)	1 开采活动(15分)	8 开采方式	5	★露天开采: 露天开采采用自上而下分台阶开采,符合开采设计要求。坚持采剥并举、剥离先行的原则,优化开采布局,选择合理工艺,科学制订采排计划,尽量减少对地表的破坏。 ★地下开采: 地下开采方法和顺序合理,符合开采设计要求,开采技术符合生态环境保护要求。 符合要求得 5 分,不符合得 0 分	查资料、查现场	开采设计	约束性		
		9 开采技术	8	★露天开采: ① 钻孔:采用湿式、干式(带收尘)等凿岩作业,得 2 分; ② 爆破:采用微差爆破、预裂爆破、光面爆破等爆破作业,得 2 分; ③ 铲装:采用大型化自动化液压铲装设备、液压挖掘机或装载机、自卸式矿车、大型自移式破碎机等先进设备进行铲装作业,得 2 分; ④ 排土:生产期采用分期内排技术,最大化利用内排土场排土,减少外部土地占用,得 2 分。 (兼备地下和露天开采的,以现阶段主要开采方式选择其一进行评分,分数不可累加) ★地下开采: ① 采用减轻地表沉陷变形、减少对土壤和地下水污染的开采方式,如充填法、保水开采等技术进行地下开采,得 3 分; ② 利用采空区规模化环保化处置尾矿、废石、煤矸石等,得 3 分; ③ 应用其他无废开采、深部开采等先进开采技术,得 2 分。 (兼备地下和露天开采的,以现阶段主要开采方式选择其一进行评分,分数不可累加) ★适用于石油天然气、地热矿泉水等: ① 采用电动钻机及顶驱等钻井装置,得 2 分; ② 采用优快、控压等钻井技术,得 2 分; ③ 采用环保型钻井液及循环利用技术,得 2 分; ④ 及时无害化处置钻井泥浆等钻井废弃物,得 2 分	查资料、查现场	工艺技术装备资料	提升性		

表 1-12(续)

一级指标	二级指标	三级指标	标准分	评分说明	考核方法	依据或标准	指标属性	检查记录	得分
二、资源开采（4 项，20 分）	2 开采工作面（5 分）	10 开采回采率	2	开采回采率符合矿产资源合理开发利用“三率”指标一般要求及以上。符合要求得 2 分，不符合得 0 分	查资料	自然资源部发布的“三率”指标要求	约束性		
		11 质量要求	5	★露天开采： 作业平台干净，保持平整、通畅，无杂物、无积水，工作台阶与非工作台阶坡面无危石，非工作台阶滚落物及时清理。符合要求得 5 分，发现一处不符合扣 1 分。 ★地下开采： 工作面满足通风、运输、行人、设备安装、检修的需要，支护完好；无较大面积积水、无浮碴、无杂物，材料堆放整齐。符合要求得 5 分，发现一处不符合扣 1 分。 ★适用于石油天然气等： 生产作业场地无明显油污，无“跑冒滴漏”及对井场表层土壤造成污染；钻井废弃物不落地，进行集中无害化处理。符合要求得 5 分，发现一处不符合扣 1 分。 ★适用于地热矿泉水等： 生产作业场所应干净整洁、无污渍；井(泉)及其附属设施保持完好并正常运行，无堵塞或泄漏；应建有规范完备的污废水处理设施，正常运行合理处置污水、废水。符合要求得 5 分，发现一处不符合扣 1 分	查资料、查现场		提升性		
三、资源综合利用（9 项 18 分；4 项 18 分）	(1) 非金属、化工、黄金、冶金、有色、油气、煤炭、地热、矿泉水等行业								
	1 选矿回收（5 分）	12 选矿加工工艺	3	选矿工艺符合设计规范，不得使用国家规定的限制类和淘汰类技术、工艺和装备。地热、矿泉水的利用做到资源分级利用、优质优用。符合要求得 3 分，不符合得 0 分	查资料、查现场	《煤炭洗选工程设计规范》(GB 50359—2016)等矿山选矿工艺设计规范，符合环评批复相关要求	约束性		
		13 选矿回收率	2	选矿回收率符合矿产资源合理开发利用“三率”指标一般要求及以上。符合要求得 2 分，不符合得 0 分	查资料	自然资源部发布的“三率”指标要求，符合环评批复相关要求	约束性		
	2 综合利用（5 分）	14 共伴生资源综合勘查与评价	2	按矿产资源综合勘查评价规范进行综合勘查、综合评价。符合要求得 2 分，不符合得 0 分	查资料、查现场	《矿产资源综合勘查评价规范》(GB/T 25283)，符合环评批复相关要求	提升性		

表 1-12(续)

一级指标	二级指标	三级指标	标准分	评分说明	考核方法	依据或标准	指标属性	检查记录	得分
三、资源综合利用(9 项 18 分;4 项 18 分)	2 综合利用(5 分)	15 共伴生矿产资源综合利用率	2	共伴生矿产综合利用率达到国家发布的矿产资源合理开发利用"三率"指标一般要求及以上。符合要求得 2 分,不符合得 0 分	查资料	自然资源部发布的"三率"指标要求,符合环评批复相关要求	约束性		
		16 对暂不能开采利用的矿产	1	对暂不能开采利用的共伴生矿产采取保护措施。符合要求得 1 分,不符合得 0 分	查资料、查现场	《矿产资源开发利用方案》,矿山设计,符合环评批复相关要求	提升性		
	3 固废综合利用(3 分)	17 工业固废处置与利用	2	通过回填、铺路、工程建设等方式充分利用固体废弃物,得 0.5 分;剥离表土用于土地复垦、生态修复,得 1 分(无表土的,直接得 1 分);渗滤液收集、废水处理、地下水环境监测等尾矿库污染防治设施符合相关法规标准要求,得 0.5 分	查资料、查现场	《矿产资源开发利用方案》、《一般工业固体废物贮存和填埋污染控制标准》(GB 18599)、《尾矿污染环境防治管理办法》,符合环评批复相关要求	提升性		
		18 回收提取有价元素/有用矿物	1	鼓励从已有尾矿、煤矸石、废石等固体废弃物中提取有价元素或有用矿物。符合要求得 1 分,不符合得 0 分	查资料、查现场	生产报表、销售报表、财务报表等,符合环评批复相关要求	提升性		
	4 废水综合利用(5 分)	19 生产废水综合利用	3	① 配备完备的废水处理设施,并正常运行的得 1 分。 ② 采用洁净化、资源化技术工艺合理处置矿井水、废水、尾水,得 1 分。煤矿、黄金等行业矿井水处置率达到 100%,不达标不得分。 ③ 选矿废水循环利用,得 1 分。煤矿矿井水利用率达到相关标准,冶金选矿废水循环利用率不低于 90%,非金属矿山选矿废水重复利用率不低于 85%,化工行业选矿回水利用率达到 100%,地热矿泉水尾废水集中处理达标后外排或回灌。不达标不得分	查资料、查现场	《煤炭采选业清洁生产评价指标体系》(国家发展改革委、生态环境部、工业和信息化部,2019 年发布),冶金、非金属、煤炭、化工行业绿色矿山建设规范,符合环评批复相关要求	提升性		
		20 生活污水综合利用	2	① 配备生活污水处理系统,并正常运行的得 1 分;生活污水处置达标后,用于工业场地浇灌绿化、洒水降尘或其他综合利用,得 1 分。 ② 企业生活污水直接连入城镇污水处理管网,得 2 分	查资料、查现场	生产报表(调度报表)或其他证明材料,符合环评批复相关要求	提升性		

表 1-12(续)

一级指标	二级指标	三级指标	标准分	评分说明	考核方法	依据或标准	指标属性	检查记录	得分
三、资源综合利用(9 项 18 分;4 项 18 分)	(2) 砂石、水泥灰岩、建筑石材等行业								
	1 综合利用(5 分)	21 开采加工等相关产物综合利用	5	★适用于砂石、建筑石材等行业: 充分利用石粉、泥粉等矿山开采或加工产物,提高资源化利用水平,如环境治理、土地复垦和土壤改良等。符合要求得 5 分。 ★适用于水泥灰岩行业: 结合水泥生产线多种原料配料的特点,实现开采或加工生产各类产物资源化利用,实现资源分级利用、优质优用,实现高品位矿石与低品位矿石、夹层、顶底板围岩等综合利用。符合要求得 5 分	查资料、查现场	生产报表(调度报表)或其他证明材料,符合环评批复相关要求	提升性		
	2 固废综合利用(5 分)	22 土质剥离物的综合利用	5	★适用于砂石、建筑石材等行业: 排土场堆放的剥离表土或筛分后的碴土、废石等,用于环境治理、土地复垦、生态修复等。符合要求得 5 分。 ★适用于水泥灰岩行业: 将符合要求的土质剥离物用作硅铝质原料或用于土地复垦,其他剥离物用作水泥配料、砂石骨料或其他工程用料。符合要求得 5 分	查资料、查现场	生产报表(调度报表)或其他证明材料,符合环评批复相关要求	提升性		
	3 废水综合利用(8 分)	23 生产废水处置与利用	4	① 配备完善的生产废水处理系统,得 2 分。 ② 废水经固液分离处理后,清水得到有效循环利用,得 2 分。砂石清水循环利用率达到 100%,不达标不得分	查资料、查现场	生产报表(调度报表)或其他证明材料,砂石行业绿色矿山建设规范,符合环评批复相关要求	提升性		
		24 生活污水综合利用	4	① 配备生活污水处理系统,得 2 分;生活污水处置达标后,用于工业场地浇灌绿化,洒水降尘或其他综合利用,得 2 分。 ② 企业生活污水直接连入城镇污水处理管网,得 4 分	查资料、查现场	生产报表(调度报表)或其他证明材料,符合环评批复相关要求	提升性		
四、绿色低碳(13 项,20 分)	1 节约集约用地(2 分)	25 节约集约用地情况	2	矿山用地在满足建设、运输生产等要求前提下,综合考虑土地资源、资金、环境等经济技术条件,按照节约集约原则,进行优化配置和科学利用,充分利用荒地、劣地,少占耕地。符合要求得 2 分,不符合得 0 分	查资料、查现场	《节约集约利用土地规定(2019 年修正)》《工业项目用地控制指标》《自然资源部办公厅关于规范开展建设项目节地评价工作的通知》(自然资办发〔2021〕14 号)	提升性		

表 1-12(续)

一级指标	二级指标	三级指标	标准分	评分说明	考核方法	依据或标准	指标属性	检查记录	得分
四、绿色低碳（13项，20分）	2 节能降耗（3分）	26 能源管理体系	1	有年度能源管理计划，得0.5分。建立全过程能耗管理体系得0.5分。取得能源管理体系认证，得1分。得分不超过1分	查资料	能耗核算体系文件或台账，能源管理体系证书	提升性		
		27 单位产品能耗	2	单位产品能耗符合国家标准。煤矿、铁矿、金矿、有色金属矿有国家标准的，执行国家标准。其他矿种暂无国家标准、行业标准的，以企业近3年能耗等指标均值为依据进行考核，要体现节能降耗进步要求，能耗逐年降低。符合要求得2分，不符合得0分	查资料	能耗台账、各行业单位产品能源消耗限额	约束性		
	3 减碳（2分）	28 碳排放核算	2	按照规定的核算方法，对矿区范围内的温室气体排放进行核算，开展工作的，得2分，未开展工作的，得0分	查资料	《工业企业温室气体排放核算和报告通则》（GB/T 32150）、《温室气体排放核算方法与报告要求》（GB/T 32151）	提升性		
	4 源头预防（5分）	29 地下水环境状况	1	矿区及周边地下水具备使用功能的，其环境状况应达到相关功能限值要求；存在人为因素导致地下水不满足相关功能要求时，应该按照相关标准开展地下水污染风险管控修复，防止地下水污染加重与扩散。符合要求得1分，不符合得0分	查资料、查现场	《工矿用地土壤环境管理办法（试行）》《地下水质量标准》（GB/T 14848）、《污染地块地下水修复和风险管控技术导则》（HJ 25.6）	约束性		
		30 酸性废水源头预防	1	评估预测矿山关闭酸性废水产生量及对周边环境影响，在开采和闭矿前综合采用雨水导排、补给控制、矿山回填等措施，预防酸性废水大量产生。符合要求得1分，不符合得0分	查资料、查现场	《中华人民共和国水污染防治法》	约束性		
		31 土壤污染源头预防	2	矿山开采区、尾矿库等运营、管理单位应当采取防渗漏等措施，并建设地下水水质监测井进行监测；建设涉及有毒有害物质的设施设备，应设计、建设和安装有关防腐蚀、防泄漏设施和泄漏监测装置，防止有毒有害物质污染土壤和地下水；构筑物及场地防渗要求符合相关标准的规定。符合要求得2分，不符合得0分	查资料、查现场	《中华人民共和国水污染防治法》《工矿用地土壤环境管理办法（试行）》《一般工业固体废物贮存和填埋污染控制标准》（GB 18599）《尾矿库设计规范》（GB 50863）、《有色金属工业环境保护工程设计规范》（GB 50988）、《危险废物贮存污染控制标准》（GB 18597）、《危险废物填埋污染控制标准》（GB 18598）	约束性		

表 1-12(续)

一级指标	二级指标	三级指标	标准分	评分说明	考核方法	依据或标准	指标属性	检查记录	得分
四、绿色低碳(13项,20分)	4 源头预防(5分)	32 土壤污染隐患排查	1	列入土壤污染重点监管单位的企业,应定期对重点区域、重点设施设备开展隐患排查;开展土壤和地下水自行监测;严格控制有毒有害物质排放,并按年度向生态环境主管部门报告排放情况。符合要求得1分,不符合得0分(未列入土壤污染重点监管单位的企业本项直接得分)	查资料、查现场	《土壤污染防治法》《重点监管单位土壤污染隐患排查指南(试行)》(生态环境部〔2021〕1号公告)、《工业企业土壤和地下水自行监测技术指南(试行)》(HJ 1209)	约束性		
	5 废物排放(8分)	33 固废排放	2	对无法实现综合利用的固体废弃物,划分危险废物、一般废物和生活垃圾不同类别,实现分级分类,堆场、尾矿库污染防治设施符合相关法规标准要求,并按照国家法律和标准,自行或委托第三方对一般固体废弃物进行处置,委托第三方有资质的单位对危险废物进行处置。符合要求得2分,不符合得0分	查资料、查现场	《中华人民共和国固体废物污染环境防治法》《一般工业固体废物贮存、处置场污染控制标准》(GB 18599),危险废物焚烧、贮存、填埋污染控制标准(GB 18484、GB 18597、GB 18598)	约束性		
		34 废水排放	2	清污管路分别铺设、雨水与污水管群分开设置;生活污水经处理后水质达标排放,或污水直接排入市政污水管网;工业废水经处理后水质达标排放;尾矿库、排土场等建有雨水截(排)水沟,地表径流水、淋溶水等经沉淀后达标排放或处理回用。符合要求得2分,不符合得0分	查资料、查现场	国家水污染物排放标准(GB 8978、GB 20426、GB 25465、GB 25466、GB 25467、GB 25468、GB 26451、GB 28661、GB 30770等)以及所在省(自治区、直辖市)人民政府发布实施的地方水污染物排放标准	约束性		
		35 废气排放	2	在开采、加工、运输、贮存等环节,采取除尘捕尘、抑尘降尘、净化废气等措施,实现达标排放,开采过程中的大气污染物排放应符合国家或地方相应排放标准。凿岩作业采用降尘措施,爆破作业喷雾洒水降尘,生产区配置洒水车定时洒水降尘,配备地面运输车辆洗车台,对出厂车辆进行清洗,外运产品途中苫盖,废石或矿石周转场地、贮存场所具备防扬尘设施。矿区建筑物上无明显积尘,矿区周边植被无明显粉尘覆盖。对矿区粉尘进行定期监测。符合要求得2分,不符合得0分	查资料、查现场	国家大气污染物排放标准(GB 4915、GB 9078、GB 16297、GB 20426、GB 25465、GB 25466、GB 25467、GB 25468、GB 26451、GB 28661、GB 30770、GB 41618等)以及所在省(自治区、直辖市)人民政府发布实施的地方大气污染物排放标准	约束性		
		36 移动源控制	1	企业使用铁路、水路、封闭式皮带廊道、新能源汽车运输矿石等大宗货物年货运量占比达到70%,得1分	查资料、查现场	《深入打好重污染天气消除、臭氧污染防治和柴油货车污染治理攻坚战行动方案》(生态环境部〔2022〕68号公告)	提升性		

表 1-12(续)

一级指标	二级指标	三级指标	标准分	评分说明	考核方法	依据或标准	指标属性	检查记录	得分
四、绿色低碳(13项,20分)	5 废物排放(8分)	37 噪声排放	1	对矿区凿岩、破碎和空压等高噪声设备进行降噪处理,配备消声、减振和隔振等措施,厂界噪声排放达标。对厂界噪声进行定期监测。符合要求得1分,不符合得0分	查资料、查现场	《工业企业厂界环境噪声排放标准》(GB 12348—2008)	约束性		
五、生态修复与环境治理(5项,18分)	1 矿山地质环境治理恢复与土地复垦(7分)	38 矿山地质环境保护与土地复垦方案编制与执行	5	《矿山地质环境保护与土地复垦方案》已通过审查并在适用期;依据《矿山地质环境保护与土地复垦方案》编制了年度计划;执行了年度报告制度;矿山地质环境治理恢复、土地复垦质量符合要求;完成了年度或阶段性目标任务并通过阶段验收。符合要求得5分,不符合得0分	查资料、查现场	《矿山地质环境保护与土地复垦方案》及年度计划、《土地复垦质量控制标准》(TD/T 1036)、《矿山生态修复技术规范》(TD/T 1070)等标准规范	约束性		
		39 矿山地质环境治理恢复基金计提使用	2	按相关规定及标准足额计提矿山地质环境治理恢复基金并规范使用,统筹用于开展矿山地质环境治理恢复和土地复垦。符合要求得2分,不符合得0分	查资料、查现场	《矿山地质环境保护与土地复垦方案》及年度计划、基金监管政策文件及标准规范,其他证明材料等	约束性		
	2 治理要求(5分)	40 治理效果	5	不新设永久排矸场。排土场、尾矿库、露天采场、矿区专用道路、矿山工业场地、塌陷区、废石场等区域生态修复与环境治理符合要求。落实"边开采、边修复"要求,矿山生态修复能够分区、分期进行的,要分区、分期开展。治理后的各类场地对周边环境不产生污染,与周边自然环境相协调,周边水体质量恢复至原水平,区域生态功能得到保护和恢复。符合要求得5分,不符合得0分	查资料、查现场	《矿山生态环境保护与恢复治理技术规范》(HJ 651)、《土地复垦质量控制标准》(TD/T 1036)、《矿山生态修复技术规范》(TD/T 1070)、《生态保护修复成效评估技术指南(试行)》(HJ 1272—2022),其他文件证明材料	约束性		
	3 矿山环境动态监测(3分)	41 动态监测要求	3	建立动态监测体系,对选矿废水、矿井水、尾矿库、矸石山、排土场、废石堆场、地下水等定期进行环境监测,并根据监测结果,采取了有效保护措施。对地质环境破坏与恢复治理、土地损毁与复垦利用、生态系统破坏(退化)与恢复进行了动态监测。符合要求得3分,不符合得0分	查资料、查现场	监测记录,《生态保护修复成效评估技术指南(试行)》(HJ 1272—2022)、《矿山生态修复技术规范》(TD/T 1070)等相关标准规范或其他证明材料	约束性		

表1-12(续)

一级指标	二级指标	三级指标	标准分	评分说明	考核方法	依据或标准	指标属性	检查记录	得分
五、生态修复与环境治理(5项,18分)	4 环境管理体系(3分)	42 环境管理体系要求	3	建立环境管理机制,有完善的环境管理制度,配备了必要的环境管理机构和生态环境保护等专业技术人员,得1分。有环境管理日常监管记录,采取了环境风险防范措施,得1分。获得环境管理体系认证,得1分	查资料、查现场	环境管理制度、突发事件预案、认证证书,《生态保护修复成效评估技术指南(试行)》(HJ 1272—2022)	提升性		
六、科技创新与规范管理(7项,12分)	1 科技创新(3分)	43 研发及技改投入	1	具有技术研发队伍和专业技术人员,得0.5分;研发及技改投入不低于上年度主营业务收入的1.5%,得0.5分;完成环评要求的专项研究,得0.5分。最多得1分	查资料	生产报表(调度报表)或其他证明材料	提升性		
		44 创新成果	2	获得1项发明专利得0.5分,最多得2分;入选《节地技术和节地模式推荐目录》或最新版《矿产资源节约和综合利用先进适用技术目录》1项得1分,最多得2分;获得高新技术企业证书,得2分	查资料	证书或其他证明材料	提升性		
	2 数字化矿山(4分)	45 集中管控平台	2	建设集中管控平台,能够将远程监控系统、自动控制系统、储量管理系统、生态环境监测管理系统等集中在大屏幕展示。符合要求得2分,发现一项不符合扣0.5分	查资料、查现场		提升性		
		46 智能化应用	2	按照《智能矿山建设规范》(DZ/T 0376—2021)等标准开展智能矿山建设。符合要求得2分	查资料、查现场	《智能矿山建设规范》(DZ/T 0376—2021)	提升性		
	3 规范管理(5分)	47 企业文化	1	制订绿色矿山建设年度计划,定期开展自评。制作绿色矿山宣传展板、标语和宣传片;建立人员目视化管理制度;建立职工收入随企业业绩同步增长机制;建设职工休闲、娱乐、文化体育设施并开展活动;职工满意度不低于70%。符合要求得1分,发现一项不符合扣0.2分	查资料、查现场、调查走访	企业管理文件、自评材料、宣传片、活动证明、认证、证书、调查问卷原始记录等材料	提升性		
		48 企业诚信	2	依法纳税,按要求提交储量年报、储量表及矿产资源统计基础表,按规定缴存矿业权出让收益。符合要求得2分,不符合得0分	查资料	税务及相关部门证明	约束性		

表 1-12(续)

一级指标	二级指标	三级指标	标准分	评分说明	考核方法	依据或标准	指标属性	检查记录	得分
六、科技创新与规范管理(7项,12分)	3 规范管理(5分)	49 矿地和谐	2	建立职业健康管理制度。建立良好矿地关系,制定和公开申诉回应制度,具有联系机构与人员,及时妥善处理与受采矿活动影响的社区等利益相关者间的纠纷矛盾,维护当地生产、生活相关生态环境。在劳务用工、基础设施、公益募捐、教育医疗支持等一个及以上方面开展帮扶,助力乡村振兴。符合要求得2分,不符合得0分	查资料、调查走访	相关文件、票据等证明材料	约束性		

表 1-13　国家级绿色矿山建设评价要求

先决条件	要求	说明
手续齐全,证照合法有效	"采矿许可证""安全生产许可证""营业执照"证照合法有效,依法办理环评和排污许可手续,并依法完成竣工环保验收	合格　□ 不合格　□ 满足所有先决条件方可进行打分评价,其中1条不满足的,即为不合格
三年内未受行政处罚或已整改到位	近三年内(自遴选通知下发之日起前三年),未受到自然资源和生态环境等部门行政处罚,或受到处罚在履行期限内已执行到位(出具相关证明材料),且未发生过较大及以上安全生产事故、环境事件的	
矿业权人异常名录	矿山参加遴选期间,矿业权人未被列入矿业权人勘查开采信息公示异常名录	
矿山要求	矿山近三年内正常生产运营,且剩余储量可采年限(按储量年度报告)不少于三年	
矿区范围	矿区范围未涉及生态保护红线(国家有规定的除外),符合国土空间规划及规划环评要求	

1.4.2　煤矿绿色矿山评价

根据《煤矿绿色矿山评价指标》(GB/T 37767—2019),煤矿绿色矿山是指在依法办矿的前提下,以煤炭资源节约集约利用和环境保护为基本出发点,以规范管理、技术创新、节能减排、土地复垦等为手段,以实现社会效益、经济效益、环境效益、资源效益协调统一为最终目的,将绿色发展理念贯穿于矿山建设、生产和资源利用全过程的煤矿矿山。

1. 绿色矿山评价指标

煤矿绿色矿山评价基本条件:

(1) 矿产资源开发利用活动应符合国家产业政策、矿产资源规划的要求和规定。

(2) 三年内没有受到过相关的行政处罚,没有发生过严重违法事件。

煤矿绿色矿山评价指标框架:评价指标体系包括一级评价指标、二级评价指标和三级评价指标。一级评价指标体现绿色矿山建设的总体要求和建设内容,包括:矿区环境指标、资源开发指标、资源综合利用指标、节能减排指标、科技创新与数字化矿山指标，以及企业文化、管理与责任指标。二级评价是一级评价之下的概括性指标，共19项。三级指标是二级指标之下，具体的、可操作、可考核的指标，共56项。煤矿绿色矿山评价指标的框架见图1-6。

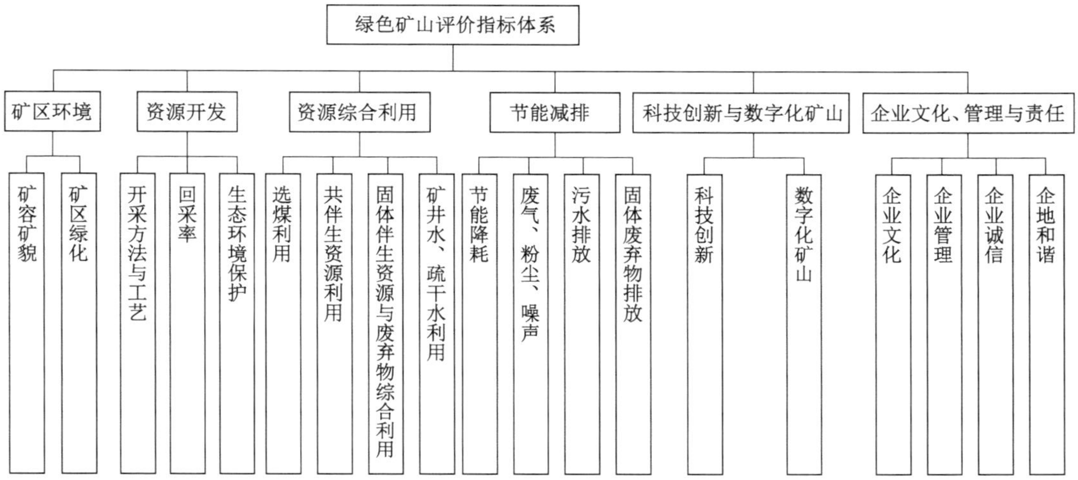

图1-6 煤矿绿色矿山评价指标框架

2. 煤炭行业绿色矿山相关要求

根据《煤炭行业绿色矿山建设规范》(DZ/T 0315—2018)中关于煤层气利用率及排放限值、矿井水利用率取值、煤炭工业污染排放限值见表1-14至表1-20。

表1-14 煤层气(煤矿瓦斯)等级划分、利用范围和利用率

级别	甲烷含量(体积分数)/%	利用方式	利用率
一级	≥90	可优先考虑用于工业原料、车用燃气、工业及民用燃料等	不低于80%
二级	≥50～90	可优先考虑用于工业原料、工业及民用燃料、发电等	不低于60%
三级	≥30～50	可考虑用于工业及民用燃料、发电等	不低于40%
四级	<30	在保证安全的基础上，可考虑用于发电等	鼓励利用

注：1. 表中的煤层气(煤矿瓦斯)不包含甲烷含量≤0.75%的风排瓦斯；
2. 表中的煤层气级别、甲烷含量、利用方式及利用率选自GB/T 28754—2012。

表1-15 煤层气(煤矿瓦斯)排放限值

受控设施	控制项目	排放限值
煤层气地面开发系统	煤层气	禁止排放
煤矿瓦斯抽放系统	高浓度瓦斯(甲烷浓度≥30%)	禁止排放
	低浓度瓦斯(甲烷浓度<30%)	—
煤矿回风井	风排瓦斯	—

表 1-16 矿井水利用率取值

矿井水利用率/%	水资源短缺矿区	100
	一般水资源矿区	≥90
	水资源丰富矿区(其中工业用水)	≥80(100)
	水质复杂矿区	≥70

表 1-17 煤矿作业场所粉尘浓度限值

粉尘种类	游离 SiO_2 含量/%	时间加权平均允许浓度/(mg/m^3)	
		总粉尘	呼吸性粉尘
煤尘	<10	4	2.5
矽尘	10≤~≤50	1	0.7
	50<~≤80	0.7	0.3
	>80	0.5	0.2
水泥尘	<10	4	1.5

表 1-18 煤炭工业废水有毒污染物排放限制

序号	污染物	日最高允许排放质量浓度	序号	污染物	日最高允许排放质量浓度
1	总汞	0.05 mg/L	6	总铬	1.5 mg/L
2	总镉	0.1 mg/L	7	六价铬	0.5 mg/L
3	总铅	0.5 mg/L	8	氟化物	10 mg/L
4	总砷	0.5 mg/L	9	总 a	1 Bq/L
5	总锌	2.0 mg/L	10	总 β	10 Bq/L

表 1-19 采煤废水污染物排放限值

序号	污染物	日最高允许排放质量浓度/(mg/L)(pH 值除外)	
		现有生产线	新(扩、改)建生产线
1	pH 值	6~9	6~9
2	总悬浮物	70	70
3	化学需氧量(CODcr)	70	50
4	石油类	10	5
5	总铁	7	6
6	总锰	4	4

注:1. 表中污染物对应的日最高允许排放质量浓度指标取值选自 GB 20426—2006;

2. 表中的总锰限值仅适用于酸性采煤废水。

表 1-20　选煤废水污染物排放限值

序号	污染物	日最高允许排放质量浓度/(mg/L)(pH 值除外)	
		现有生产线	新(扩、改)建生产线
1	pH 值	6～9	6～9
2	总悬浮物	100	70
3	化学需氧量(COD_{Cr})	100	70
4	石油类	10	5
5	总铁	7	6
6	总锰	4	4

注:1. 表中污染物对应的日最高允许排放质量浓度指标取值选自 GB 20426—2006;

2. 表中的总锰限值仅适用于酸性采煤废水。

1.5　绿色技术

绿色技术源于 20 世纪 70 年代西方工业化国家的社会生态运动,是指对减少环境污染,减少原材料、自然资源和能源使用的技术、工艺或产品的总称。这一概念的产生源自对现代技术破坏生态环境、威胁人类生存的状况的反思,可以认为是生态哲学、生态文化乃至生态文明产生的标志之一。

从产业共同体的角度可以将绿色技术划分为两大类:辅助技术和核心技术。而绿色技术对产业共同体的作用主要体现在两个方面:一是辅助类的绿色技术对产业领域生产过程的改造和创新,二是核心类的绿色技术对产业领域最终产品的影响。其作用的最终结果就是绿色技术通过在产业领域的应用和推广不断地推动产业的演化。

我国于 1996 年制定的《中国跨世纪绿色工程规划》中,确定我国的环境保护重点有:煤炭、石油天然气、电力、冶金、有色金属、建材、化工、纺织及医药。这些行业污染物排放量占我国工业污染物排放量的 90%以上。与此对应,我国发展绿色技术的主要内容是:能源技术、材料技术、催化剂技术、分离技术、生物技术、资源回收及利用技术。

2020 年 12 月 31 日,国家发展改革委、科技部、工业和信息化部、自然资源部 4 部委联合发布《关于印发〈绿色技术推广目录(2020 年)〉的通知》,共有 112 项技术入选国家首批绿色技术推荐名单。

第2章 低碳发展

2.1 温室效应与气候变化

2.1.1 温室效应

温室效应又称“花房效应”，是指透射阳光的密闭空间由于与外界缺乏热交换而形成的保温效应，即太阳短波辐射可以透过大气射入地面，而地面增暖后放出的长波辐射却被大气中的 CO_2 等物质所吸收，从而产生大气变暖的效应。

空气中氮和氧所占的比例是最高的，它们都可以透过可见光与红外辐射，但是 CO_2 不能透过红外辐射，因此 CO_2 可以防止地表热量辐射到太空中，具有调节地球气温的功能。如果没有 CO_2，地球的年平均气温会比目前降低 20 ℃，但 CO_2 含量过高，就会使地球仿佛捂在一口锅里，温度逐渐升高，形成“温室效应”。

温室效应会带来巨大的环境影响，例如全球变暖、病虫害增加、海平面上升、土地沙漠化、氧浓度降低等。

(1) 全球变暖

温室气体浓度的增加会减少红外线辐射放射到太空外，地球的气候因此需要转变来使吸取和释放辐射的份量达到新的平衡，导致全球性地球表面及大气低层变暖，将过剩的辐射排放出去。虽然如此，地球表面温度的少许上升可能会引发其他的变动，例如大气层云量及环流的转变。当中某些转变可使地面变暖加剧(正反馈)，某些则可令变暖过程减慢(负反馈)。利用复杂的气候模式预测，“政府间气候变化专门委员会”在第三份评估报告中估计全球的地面平均气温会在 2100 年上升 1.4～5.8 ℃。

(2) 病虫害增加

温室效应可使史前致命病毒威胁人类。美国科学家发出警告，由于全球气温上升令北极冰层融化，被冰封十几万年的史前致命病毒可能会重见天日，导致全球陷入疫症恐慌，人类生命受到严重威胁。纽约锡拉丘兹大学的科学家在《科学家杂志》中指出，早前他们发现一种植物病毒 TOMV，由于该病毒在大气中广泛扩散，推断在北极冰层也有其踪迹。于是研究员从格陵兰抽取 4 块年龄为 500 万年～14 万年的冰块，结果在冰层中发现 TOMV 病毒。该病毒表层被坚固的蛋白质包围，因此可在逆境生存。这项新发现令研究员相信，一系列的流行性感冒、小儿麻痹症和天花等疫症病毒可能藏在冰块深处，人类对这些原始病毒尚无抵抗能力，当全球气温上升令冰层融化时，这些埋藏在冰层千年或更长时间的病毒便可能会复活，形成疫症。

（3）海平面上升

全球变暖导致海平面升高的过程有两种。第一种是海水受热膨胀令水平面上升。第二种是冰川和格陵兰及南极洲上的冰块融解使海洋水分增加。预期从 1900 年至 2100 年地球的平均海平面上升幅度介于 0.09 m～0.88 m 之间。海平面上升给岛屿国家和沿海低洼地区带来的灾害包括淹没土地、侵蚀海岸。

沿海区域是各国经济社会发展最迅速的地区，也是世界人口最集中的地区，约占全世界 60%以上的人口生活在这里。据估算，当海平面上升 1 m 以上，我国沿海将有 12 万 km^2 土地被淹，7 千万人口需要内迁；孟加拉国将失去现有土地的 12%；占世界海岸线 15%的印度尼西亚，将有 40%的国土受灾；而工业比较集中的北美和欧洲一些沿海城市也难幸免。

（4）土地沙漠化

土地沙漠化是一个全球性的环境问题。有历史记载以来，中国已有 1 200 万 ha 的土地变成了沙漠，特别是近 50 年来形成的"现代沙漠化土地"就有 500 万 ha。据联合国环境规划署（UNEP）调查，在撒哈拉沙漠的南部，沙漠每年大约向外扩展 150 万 ha。全世界每年有 600 万 ha 的土地发生沙漠化。每年给农业生产造成的损失达 260 亿美元。沙漠化使生物界的生存空间不断缩小，已引起科学界和各国政府的高度重视。

（5）氧浓度降低

温室气体的摩尔质量均大于氧气，世界各国将地球内部的能量开采使用后，地球上最终的环境状态将会与地球在 10 亿年前的情况类似，届时野生动物与人类都将无法生存。

2.1.2　温室气体

温室气体是指任何会吸收和释放红外线辐射并存在大气中的气体。温室气体成分包括二氧化碳（CO_2）、甲烷（CH_4）、氧化亚氮（N_2O）、臭氧（O_3）、氟利昂或氯氟烃类化合物（CFCs）、氢代氯氟烃类化合物（HCFCs）、氢氟碳化物（HFCs）、全氟碳化物（PFCs）、六氟化硫（SF_6）。其中 CO_2、CH_4、N_2O 和 O_3 是自然界中本来就存在的成分，而 CFCs、HCFCs、HFCs、PFCs 和 SF_6 则完全是人类活动的产物。

由于水蒸气及臭氧的时空分布变化较大，因此在进行减量措施规划时，一般都不将这两种气体纳入考虑。1997 年于日本京都召开的《联合国气候变化框架公约》第三次缔约国大会通过的《京都议定书》，确定针对六种温室气体进行削减，包括上述所提及的二氧化碳（CO_2）、甲烷（CH_4）、氧化亚氮（N_2O）、氢氟碳化物（HFCs）、全氟碳化物（PFCs）及六氟化硫（SF_6）。其中以后三类气体造成温室效应的能力最强，但对全球升温的贡献百分比来说，二氧化碳由于含量较多，所占的比例也最大，约为 55%。

（1）二氧化碳（CO_2）

对于几年到几百年的时间尺度，全球碳循环主要是以 CO_2 的形式在生物圈、海洋和大气圈中进行。植物光合作用就是吸收大气中的 CO_2，把碳用于生长，从而完成将大气中的 CO_2 固定到陆地生物圈的过程；而植物的呼吸以及生物体的燃烧和腐烂等有机物的分解，则是以相反方式完成将碳返还到大气中的过程。海洋的透光层中也存在相似的光合和呼吸作用。海洋的非生物物理化学过程也在不断地吸收和释放 CO_2。大气中的总碳量每年约有十分之一是进进出出的，其中一半是与陆地生物群落交换，另一半则通过物理和化学过程穿过海洋表面。陆地、生物圈和海洋含碳量远大于大气中的含碳量，所以，这些大的碳库的很小一点变化，都可以对大气中 CO_2 浓度有很大的影响。

工业革命以前的几千年的时间里，大气中的 CO_2 浓度平均值约为 280 ppmv(1 ppmv= 10^{-6}，即百万分之一体积单位)，变化幅度大约在 10 ppmv 以内。工业革命之后，碳循环的平衡开始被破坏，造成大气中 CO_2 浓度的增加，1995 年大气中 CO_2 浓度达到 360 ppmv。这主要是由于森林遭到大规模的破坏，CO_2 的生物汇在不断减少，加之煤炭、石油和天然气等化石燃料的消费一直在增加，而海洋和陆地生物圈并不能完全吸收多排放到大气中的 CO_2，从而导致大气中的 CO_2 浓度不断增加。

目前，全世界每年燃烧煤炭、石油和天然气等化石燃料排放到大气中的 CO_2 总量折合成碳大约是 60 亿 t；每年由于土地利用变化和森林破坏释放 CO_2 约 15 亿 t。而每年大气中碳的净增加大约是 38 亿 t，其余的 37 亿 t 则被海洋和陆地生物圈吸收，其中海洋吸收约 20 亿 t，陆地生物圈吸收约 17 亿 t。可以看出，每年排放到大气中的 CO_2 约有 50% 留在大气中。CO_2 的产生和消除涉及的主要领域包括能源、交通、居住、商业、燃料逸出性排放、农业、林业、土地利用等。

(2) 甲烷(CH_4)

甲烷是大气中含量丰富的有机气体，它主要来自地表，可分为人为源和自然源。人为源包括天然气泄漏、石油煤矿开采及其他生产活动、热带生物质燃烧、反刍动物、城市垃圾处理场和稻田等；自然源包括天然沼泽、湿地、河流湖泊、海洋、热带森林、苔原和白蚁等。甲烷的产生和消除的领域主要包括废物处理、农业、燃料逸出性排放、与能源相关或无关的工业、土地变化和林业等。全球甲烷排放量约为 5.35(4.10～6.60)亿 t/a，其中自然源 1.60(1.10～2.10)亿 t/a，人为源 3.75(3.00～4.50)亿 t/a，人为源约占 70%。

甲烷在对流层大气中与 OH 反应而被氧化掉约 4.45(3.60～5.30)亿 t/a；在平流层发生光解和被 OH、Cl 和 O(1D)等氧化约 0.40(0.32～0.48)亿 t/a；被土壤吸收约 0.30(0.15～0.45)亿 t/a。全球甲烷汇约为 5.15(4.07～6.23)亿 t/a，大气中甲烷的年增加量约为 0.37 亿 t。

(3) 氧化亚氮(N_2O)

氧化亚氮或一氧化二氮(N_2O)，通常用作麻醉剂，并被称为笑气。它目前在大气中的浓度约是 0.3 ppmv，每年增加 0.25%左右。N_2O 在平流层被光解成 NO_x，进而转化成硝酸或硝酸盐而通过干、湿沉降过程被清除出大气。由于 N_2O 是平流层 NO_x 的主要源，因而它对平流层 O_3 的光化学过程极其重要。

大气 N_2O 均来源于地面排放，但各种源的排放强度目前仍很不确定。根据 IPCC

(1994)，全球每年 N_2O 源总量约为 1 470 万 t。其中自然源 900 万 t，主要包括海洋以及温带、热带的草原和森林生态系统；人为源大约 570 万 t，主要包括农田生态系统、生物质燃烧和化石燃烧、己二酸以及硝酸的生产过程。根据大气中 N_2O 浓度的增长，可以大致确定大气中 N_2O 的年增加量约为 390 万 t。N_2O 的产生和排放涉及多领域，主要包括工业、农业、交通、能源生产和转换、土地变化和林业等。

(4) 氢氟碳化物(HFCs)

HFCs 是饱和烃的氢原子仅被氟原子取代，而且没有完全被氟原子取代后生成的化合物，是有助于避免破坏臭氧层的物质，常用来替代耗臭氧物质，如广泛用于冰箱、空调和绝缘泡沫生产的氯氟烃(CFCs)。氢氟碳化物(HFCs)在导致气候变暖的各种因素中所起的作用会越来越大，需要引起人们的关注。氢氟碳化物(HFCs)的排放源较为简单，主要来自工业生产。

(5) 全氟化碳(PFCs)

PFCs 主要包括 CF_4、C_2F_6 及 C_4F_{10} 三种物质，其中 CF_4 占绝大部分，C_4F_{10} 的量很少。铝生产过程是最大的 CF_4、C_2F_6 排放源。这些排放主要是在冶炼过程中当炉中的铝土浓度减少时由阳极效应产生的，排放出的主要产物是 CF_4。而 C_2F_6 排放量相当于 CF_4 的十分之一。其他过程中的排放量很小。

(6) 六氟化硫(SF_6)

SF_6 全部是人为产物，SF_6 所具有的阻止高温熔化态的铝镁被氧化的特性使其大量应用于铝镁冶炼，SF_6 的另一用途是做气体绝缘体及高压转换器用于电力行业。据 IPCC 有关报告统计：1994 年全球年排放 SF_6 5 800 t，其中 20% 来自镁生产过程，由于 SF_6 与铝发生反应，故铝生产过程排放很少，其他 80% 排放来自绝缘器及高压转换器的消耗。

全氟化碳(PFCs)和六氟化硫(SF_6)在大气中化学活性稳定，寿命长，其清除机制是缓慢光解和沉降。

为了统一度量不同温室气体对气候变化影响的相对大小，采用“全球增温潜能”(global warming potential，GWP)值来评价。GWP 值就是把单位质量二氧化碳的温室效应大小作为一把“尺子”来度量其他温室气体效应。主要温室气体的特征见表 2-1。由表 2-1 可知 CO_2 的增温效应最大，为 77%，PFCs 的生命周期最长，SF_6 的全球增温潜能值最高。

表 2-1　主要温室气体的特征

种类	增温效应/%	生命周期/a	全球增温潜能值(GWP)	种类	增温效应/%	生命周期/a	全球增温潜能值(GWP)
CO_2	77	50～200	1	氢氟碳化物(HFCs)	1	13.3	1 200*
甲烷(CH_4)	14	12～17	25	全氟化碳(PFCs)	—	50 000	12 200**
氧化亚氮(N_2O)	8	90～150	298	六氟化硫(SF_6)	—	3 200	22 200

注：* 是指六氟丙烷(CHF_2CHFCF_3)的增温潜能值，** 是指六氟乙烷(C_2F_6)的增温潜能值。

2.1.2 CO_2

CO_2 是地球环境大气的重要组成成分，对自然界碳氧循环和能量传输、地球生态系统平衡、人类社会发展和环境气候变化具有重要的影响。CO_2 来源十分广泛，包括自然来源和人为来源。二氧化碳的自然来源主要包括碳循环过程（涉及土壤、海洋与大气间的物质交换），以及火山爆发等自然现象。此外，森林火灾、海啸、飓风等自然灾害引发的森林植被损毁，也会释放二氧化碳。这些自然因素产生的二氧化碳，约占二氧化碳总来源的 80％。这些来源在自然碳循环的作用下能够保持大气中 CO_2 浓度的稳定。其余 20％的人为来源主要包括发电厂、纺织业、工农业、塑料制品生产、造纸工业、金属和汽车制造运输业、垃圾焚烧、砍伐森林、城市化等，其中，以燃烧化石燃料为能源的发电、运输和工业是人为排放 CO_2 的主要来源（图 2-1）。

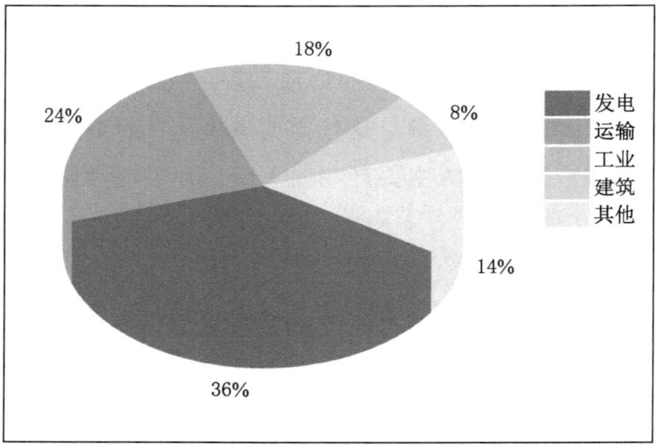

图 2-1 CO_2 的人为来源

人为来源的大量 CO_2 破坏了自然碳循环的碳平衡。过量的 CO_2 逃逸至大气中导致温室效应，使全球气候变暖。

截至 2021 年 10 月，大气中 CO_2 平均浓度上升至约 414×10^{-6}，比工业革命前（280×10^{-6}）增加了约 47.86％。如图 2-2 所示，工业革命后 CO_2 排放量急剧增加，从 1960 年的 9.34 Gt增加到 2019 年的 36.44 Gt。

根据国际能源署全球碳排放数据库，2018 年全球碳排放量达 33.51 Gt，其中工业行业排放量约为 21.6 Gt，占全球碳排放总量的 64.5％。在工业行业中碳排放量最大的来源是电力热力部门，碳排放量约为 13.98 Gt；水泥和钢铁的碳排放量次之，分别为 2.3 Gt 和 2.1 Gt；化工与石化行业的碳排放量最小，为 1.2 Gt。2000—2018 年碳排放量最大的来源是电力和热力的生产，从 9.36 Gt 增加到 13.98 Gt，排放量增长了 4.62 Gt。但从增长幅度来说，化工和石化行业增长了 51％，电力和热力生产行业增长了 49.4％，钢铁行业增加了 114％。

图 2-3 为 2020 年世界主要国家单位 GDP 能耗和单位 GDP 碳排放量，我国的单位 GDP 能耗和单位 GDP 碳排放量都超过了全球平均水平。

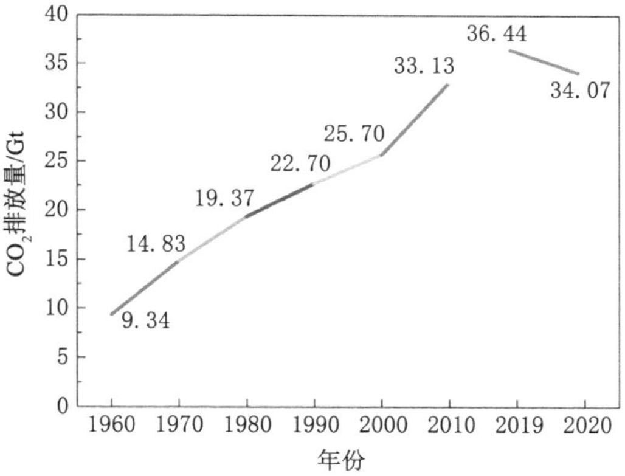

图 2-2　全球 CO_2 排放量变化趋势

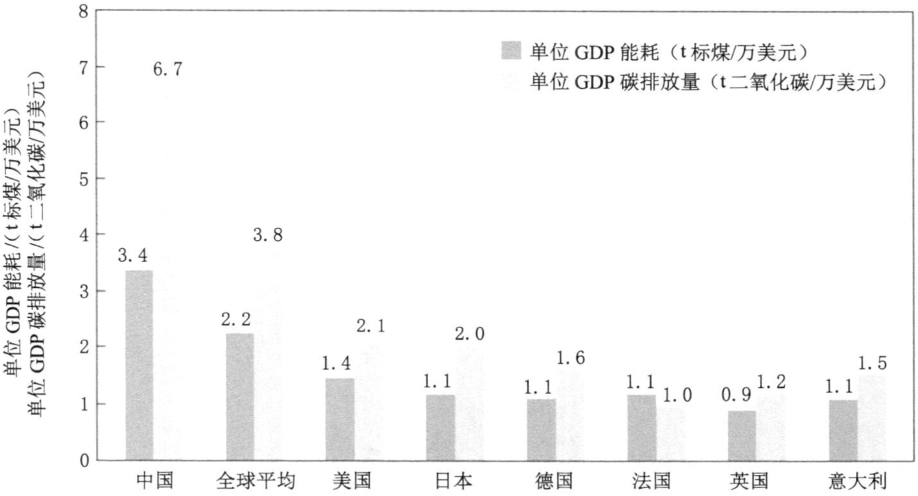

图 2-3　2020 年世界主要国家单位 GDP 能耗和单位 GDP 碳排放量

（数据来自国家统计局《2020 国民经济和社会发展统计公报》）

图 2-4 为 1980—2020 年我国能源消费量和 CO_2 排放量变化趋势。我国煤炭消费已经进入平台区，石油、天然气和非化石能源消费逐年增加。二氧化碳排放经历了缓坡区、陡坡区，进入了平台区。

图 2-5 为 2020 年我国工业领域各行业能源消费 CO_2 直接排放占比。我国电力行业排放 CO_2 占比最多，为 45%，钢铁行业次之，为 14%，交通行业第三，为 11%。

随着工业发展，过量的 CO_2 持续排放入大气层中，导致温室效应加剧，引起全球变暖和气候变化。科学家预测，大气中 CO_2 每增加 1 倍，全球平均气温将上升 1.5～4.5 ℃，而两极地区的气温升幅要比平均值高 3 倍左右。因此，气温升高不可避免地使极地冰层部分融解，引起海平面上升。如果海平面升高 1 m，直接受影响的土地约 5×10^6 km^2，人口约 10 亿，耕地约占世界耕地总量的 1/3。如果考虑到特大风暴潮和盐水侵入，沿海海拔 5 m

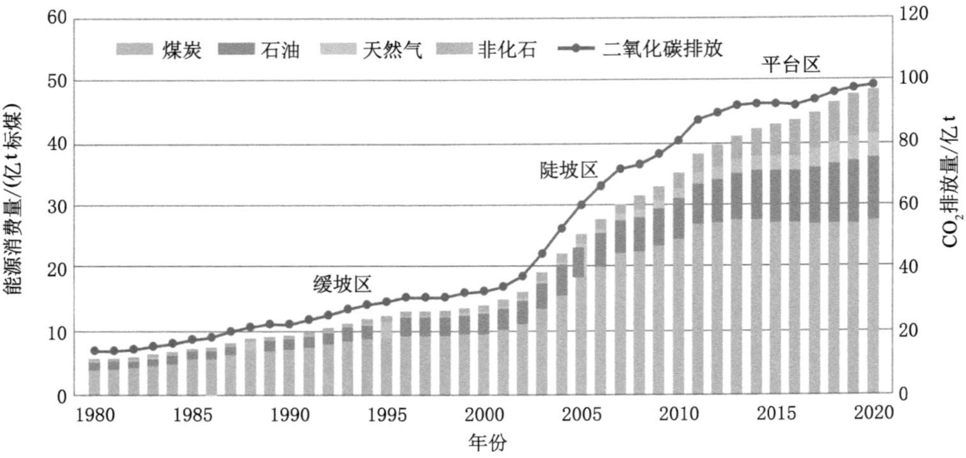

图 2-4 1980—2020 年我国能源消费量和 CO_2 排放量变化趋势

(数据源自 2021 年 BP 能源统计和中国国家统计局《2020 年国民经济和社会发展统计公报》)

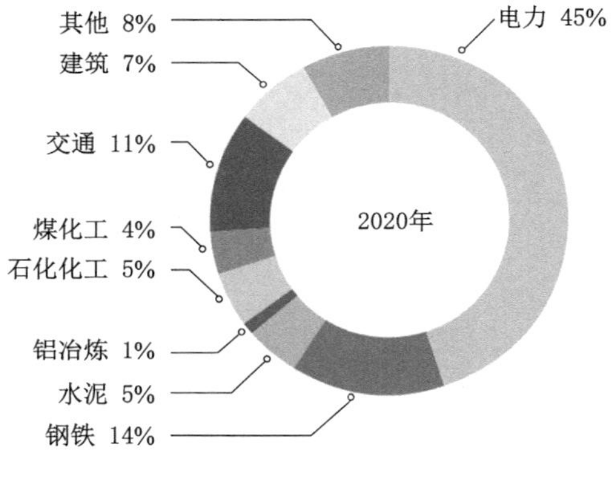

图 2-5 2020 年我国工业领域各行业能源消费 CO_2 直接排放占比

(数据源自《中国能源统计年鉴 2020》)

以下地区都将受到影响,大部分沿海平原将发生盐渍化或沼泽化,不适于粮食生产。同时,对江河中下游地带也将造成灾害。海水入侵后,会造成江水水位抬高,泥沙淤积加速,洪水威胁加剧,使江河下游的环境急剧恶化。温室效应和全球气候变暖已经引起了世界各国的普遍关注,目前正在推进制定国际气候变化公约,以减少二氧化碳的排放。

除此之外,大气中 CO_2 浓度的升高还直接对动植物和人类产生影响。

(1) CO_2 直接影响植物的开花、结果和物种的繁殖。当 CO_2 浓度增加时,植物的生理特征会发生一系列改变:蒸腾速率和气孔导度受到影响,叶面积缩小,叶片中氮、磷等关键元素的含量降低。这些生理变化进而会引发植物物候期的显著改变,如开花季节提前或推迟，植物的生殖活动也会因 CO_2 浓度的变化而受到影响。部分物种在高 CO_2 浓度胁迫下，表现出开花持续时间缩短、花朵数量减少、幼苗数量下降以及幼苗持续生长时间缩短的现象。植物开花和果实生产的季节性变化，会直接影响以植物为食的昆虫、鸟类及其他动物的食物获取。CO_2 浓度变化导致昆虫传粉效率下降，以动物为媒介的种子扩散受到阻碍，植物物种的繁殖率随之降低，部分植物种群数量开始减少。这不仅直接影响动物的食物供应，导致食物资源匮乏，还会打破食物链和食物网原有的平衡，造成捕食者与猎物数量比例失调，严重时甚至可能导致整个生物群落的崩溃消失。

（2）CO_2 直接影响动物的各种代谢活动。当环境中 CO_2 浓度升高时，动物首先会出现呼吸功能障碍，表现为呼吸困难。同时，体内酸碱平衡被打破，这是因为 CO_2 溶解于体液后，会改变碳酸氢盐缓冲体系的浓度。随着 CO_2 浓度持续上升，体液 pH 值逐渐向酸性偏移，致使尿液中钙盐沉积增加，排泄过程受阻。

（3）CO_2 直接影响人体的健康。人体能够耐受的正常 CO_2 浓度约为 0.5%（即 5 000 ppm）。若在此浓度环境中持续暴露不超过 8.5 h，仍可能因吸入高浓度 CO_2 引发一系列健康问题。当过量的 CO_2 被吸入人体后，会溶解于血液中形成碳酸，导致血液酸度增加，进而引发酸中毒，出现高碳酸血症。与此同时，组织液的 pH 值也会随之下降，这种酸碱平衡的紊乱将干扰人体正常的生理功能。具体表现为呼吸调节机制失衡，呼吸活动出现异常；心脏的正常泵血功能和血液循环受到影响；中枢神经系统的神经细胞因酸碱环境改变而遭受损伤，威胁人体健康。

2.2　气候协定与“双碳”目标

2.2.1　气候协定

《联合国气候变化框架公约》（United Nations Framework Convention on Climate Change，简称《框架公约》，英文缩写 UNFCCC）是 1992 年 5 月 22 日联合国政府间谈判委员会就气候变化问题达成的公约，于 1992 年 6 月 4 日在巴西里约热内卢举行的联合国环发大会（地球首脑会议）上提交各国签署，于 1994 年正式生效。《联合国气候变化框架公约》是世界上第一个为全面控制二氧化碳等温室气体排放、应对全球气候变暖给人类经济和社会带来不利影响的国际公约，也是国际社会在对付全球气候变化问题上进行国际合作的一个基本框架。公约要求各国为对付气候变化采取行动，确立了发达国家与发展中国家“共同但有区别责任”的原则，要求发达国家率先采取减排行动。

根据“共同但有区别的责任”原则，公约对发达国家和发展中国家规定的义务以及履行义务的程序有所区别，要求发达国家作为温室气体的排放大户，采取具体措施限制温室气体的排放，并向发展中国家提供资金以支付他们履行公约义务所需的费用。而发展中国家只承担提供温室气体源与温室气体汇的国家清单的义务，制定并执行含有关于温室气体源与汇方面措施的方案，不承担有法律约束力的限控义务。该公约建立了一个向发展中国家提供资金和技术，使其能够履行公约义务的机制。截至 2016 年 6 月，加入该公约的缔约国共有 197 个。我国于 1992 年 11 月 7 日经全国人大批准《联合国气候变化框架公约》，并于 1993 年 1 月 5 日将批准书交存联合国秘书长处。《联合国气候变化框架公约》自 1994 年 3 月 21 日起对中国生效。

为了使人类免受气候变暖的威胁，1997 年 12 月，149 个国家和地区的代表在日本京都举行的《联合国气候变化框架公约》第三次缔约方大会（Conferences of the Parties，COP）上通过了《京都议定书》（简称议定书）。该议定书旨在限制发达国家温室气体排放量以抑制全球变暖，并于 2005 年 2 月生效，要求发达国家缔约方遵守减排目标，使温室气体减排成为发达国家的法律义务。《京都议定书》通过使工业化国家和转型经济体承诺根据商定的具体目标限制和减少温室气体（GHG）排放，落实《联合国气候变化框架公约》。《京都议定书》的一个重要内容是建立灵活的市场机制，其基础是排放许可交易。

《京都议定书》是《联合国气候变化框架公约》的补充，它与《联合国气候变化框架公约》的最主要区别是，《联合国气候变化框架公约》鼓励发达国家减排，而《京都议定书》强制要求发达国家减排，具有法律约束力。《京都议定书》已对 2008 年到 2012 年第一承诺期发达国家的减排目标做出了具体规定，即整体而言发达国家温室气体排放量要在 1990 年的基础上平均减少 5.2%。

《京都议定书》建立了旨在减排温室气体的三个灵活合作机制——国际排放贸易机制、联合履行机制和清洁发展机制。

《京都议定书》一共规定了 6 种温室气体，分别是二氧化碳、甲烷、氧化亚氮、六氟化硫、氢氟烃和全氟化碳。2012 年《京都议定书》第 8 次缔约方会议上增加了三氟化氮作为第 7 种温室气体。

2015 年 12 月 12 日，《联合国气候变化框架公约》近 200 个缔约方在巴黎气候变化大会上达成《巴黎气候变化协定》（The Paris Agreement，简称《巴黎协定》）。这是继《京都议定书》后第二份有法律约束力的气候协议，为 2020 年后全球应对气候变化行动作出了安排。《巴黎协定》的长期目标是将全球平均气温较前工业化时期上升幅度控制在 2 ℃以内，并努力将温度上升幅度限制在 1.5 ℃以内。

按规定，《巴黎协定》将在至少 55 个《联合国气候变化框架公约》缔约方（其温室气体排放量占全球总排放量至少约 55%）交存批准、接受、核准或加入文书之日后第 30 天起生效。

2016 年 9 月 3 日，全国人大常委会批准中国加入《巴黎协定》，中国成为第 23 个完成批准协定的缔约方。

《巴黎协定》是继 1992 年《联合国气候变化框架公约》、1997 年《京都议定书》之后，人类历史上应对气候变化的第三个里程碑式的国际法律文本，形成 2020 年后的全球气候治理格局。

从人类发展的角度看，《巴黎协定》将世界所有国家都纳入了呵护地球生态、确保人类发展的命运共同体当中。协定体现出与会各方多一点共享、多一点担当，实现互惠共赢的强烈愿望。《巴黎协定》在《联合国气候变化框架公约》下，在《京都议定书》、“巴厘路线图”等一系列成果基础上，按照共同但有区别的责任原则、公平原则和各自能力原则，进一步加强《联合国气候变化框架公约》的全面、有效和持续实施。

从经济视角审视，《巴黎协定》同样具有实际意义：首先，推动各方以“自主贡献”的方式参与全球应对气候变化行动，积极向绿色可持续的增长方式转型，避免过去几十年严重依赖石化产品的增长模式继续对自然生态系统构成威胁；其次，促进发达国家继续带头减排并加强对发展中国家提供财力支持，在技术周期的不同阶段强化技术发展和技术转让的合作行为，帮助后者减缓和适应气候变化；再次，通过市场和非市场双重手段，进行国际合作，通过适宜的减缓、顺应、融资、技术转让和能力建设等方式，推动所有缔约方共同履行减排贡献。此外，根据《巴黎协定》的内在逻辑，在资本市场上，全球投资偏好未来将进一步向绿色能源、低碳经济、环境治理等领域倾斜。

气候变化对人类社会和自然生态系统的威胁是目前国际社会共同面对的重要问题之一，基于全球变暖的共识，全球各国提出共同的行动计划。国际社会应对气候变化的规划和行动已经历 40 余年，截至 2019 年年底碳达峰国家和地区的达峰时间与峰值见表 2-2。

表 2-2　截至 2019 年年底碳达峰国家和地区的达峰时间与峰值

达峰时间	国家/地区	峰值/万 t	达峰时间	国家/地区	峰值/万 t
1969	安提瓜和巴布达	126	2003	芬兰	7 266
1970	瑞典	9 229	2004	塞舌尔	74
1971	英国	66 039	2005	西班牙	36 949
1973	文莱	997	2005	意大利	50 001
1973	瑞士	4 620	2005	美国	613 055
1974	卢森堡	1 443	2005	奥地利	7 919
1977	巴哈马	971	2005	爱尔兰	4 816
1978	捷克	18 749	2007	希腊	11 459
1979	比利时	13 979	2007	挪威	4 623
1979	法国	53 028	2007	加拿大	59 422
1979	德国	111 788	2007	克罗地亚	2 484
1979	荷兰	18 701	2007	中国台湾	27 373
1984	匈牙利	9 069	2008	巴巴多斯	161
1987	波兰	46 373	2008	塞浦路斯	871
1989	罗马尼亚	21 360	2008	新西兰	3 759
1989	百慕大	78	2008	冰岛	382
1990	爱沙尼亚	3 691	2008	斯洛文尼亚	1 822
1990	拉脱维亚	1 950	2009	新加坡	9 010
1990	斯洛伐克	6 163	2010	特立尼达和多巴哥	4 696
1991	立陶宛	3 785	2012	以色列	7 478
1996	丹麦	7 483	2012	乌拉圭	859
2002	葡萄牙	6 956	2013	日本	131 507
2003	马耳他	298	2014	中国香港	4 549

注：峰值选用达峰当年二氧化碳排放量(不含土地利用变化)。

(数据来源:Our World in Data 网站公开统计数据 https://ourworldindata.org/grapher/annual-co2-emissions-per-country? tab=chart)

国际气候谈判进程的重要节点见图 2-6。

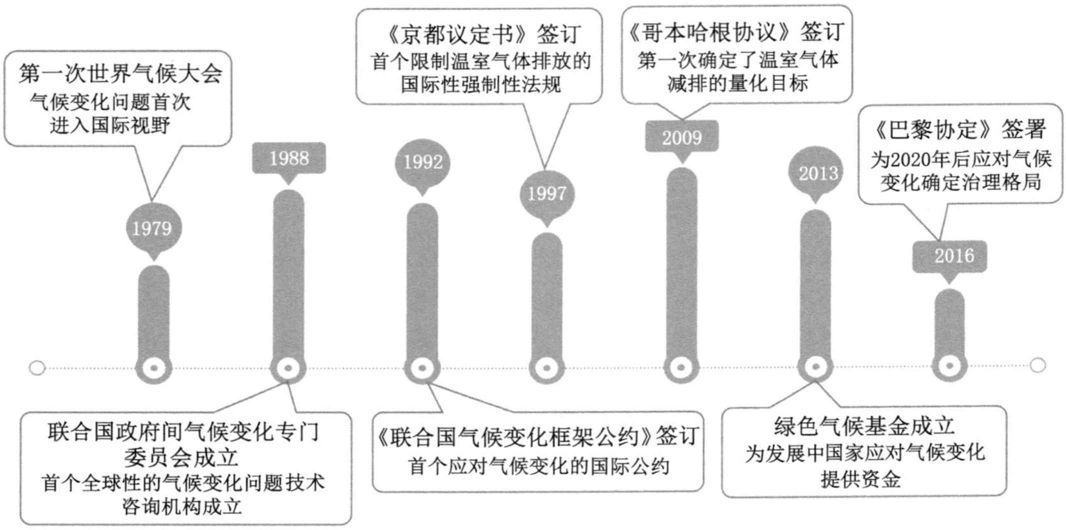

图 2-6　国际气候谈判进程的重要节点

2.2.2　“双碳”目标

1992 年，中国成为最早签署《联合国气候变化框架公约》的缔约方之一。之后，中国不仅成立了国家气候变化对策协调机构，而且根据国家可持续发展战略的要求，采取了一系列与应对气候变化相关的政策措施，为减缓和适应气候变化作出了积极贡献。在应对气候变化问题上，中国坚持共同但有区别的责任原则、公平原则和各自能力原则，坚决捍卫包括中国在内的广大发展中国家的权利。2002 年中国政府核准了《京都议定书》。2007 年中国政府制定了《中国应对气候变化国家方案》，明确到 2010 年应对气候变化的具体目标、基本原则、重点领域及政策措施，要求 2010 年单位国内生产总值（GDP）能耗比 2005 年下降 20%左右。

2013 年 11 月，中国发布第一部专门针对适应气候变化的战略规划《国家适应气候变化战略》，使应对气候变化的各项制度、政策更加系统化。2015 年 6 月，中国向《联合国气候变化框架公约》秘书处提交了《强化应对气候变化行动——中国国家自主贡献》文件，确定了到 2030 年的自主行动目标：二氧化碳排放 2030 年左右达到峰值并争取尽早达峰；单位国内生产总值二氧化碳排放比 2005 年下降 60%～65%，非化石能源占一次能源消费比重达到 20%左右，森林蓄积量比 2005 年增加 45 亿 m^3 左右。作为世界上最大的发展中国家，中国为实现公约目标所能作出的最大努力得到国际社会的认可，世界自然基金会等 18 个非政府组织发布的报告指出，中国的气候变化行动目标已超过其“公平份额”。

在中国的积极推动下，世界各国在 2015 年达成了应对气候变化的《巴黎协定》，中国在自主贡献、资金筹措、技术支持、透明度等方面为发展中国家争取了最大利益。2016 年，中国率先签署《巴黎协定》并积极推动落实。到 2019 年年底，中国提前超额完成 2020 年气候行动目标，树立了信守承诺的大国形象。通过积极发展绿色低碳能源，中国的风能、光伏和电动车产业迅速发展壮大，为全球提供了性价比最高的可再生能源产品，从根本上提高了全球实现能源绿色低碳发展和应对气候变化的信心。

中国作为世界大国，在2020年9月第七十五届联合国大会上对减缓气候变化作出庄严承诺，中国将提高国家自主贡献力度，采取强有力的政策和措施控制CO_2排放，力争在2030年前实现碳峰值，努力争取2060年前实现"碳中和"。"碳达峰"和"碳中和"对应着生产和生活方式的重大变化，必须对现有的能源结构和产业体系进行革命性调整。在这一过程中，以高比例可再生能源为特征的新能源系统无疑将通过脱碳作出决定性的社会和经济贡献。我国的能源结构演变方案在2021年3月18日全球能源互联网发展合作组织举办的中国"碳达峰、碳中和"成果发布暨研讨会上被提出，目的是推进能源开发清洁替代和能源消费电能替代；实现能源生产清洁主导、能源使用电能主导；能源电力发展与碳脱钩、经济社会发展与碳排放脱钩。预计到2060年碳中和状态下，我国能源结构中煤炭能源基本退出，太阳能(光能)占比47%，风能占比31%，分别占据我国能源结构前两位(图2-7)。根据"双碳"目标，"碳中和"需要经历四个十年，共计八个五年计划。从减排工作部署看，四个十年可划分为转型过渡蓄势、能源结构切换、近零碳排放发力和全面中和决胜四个步骤阶段(图2-8)。

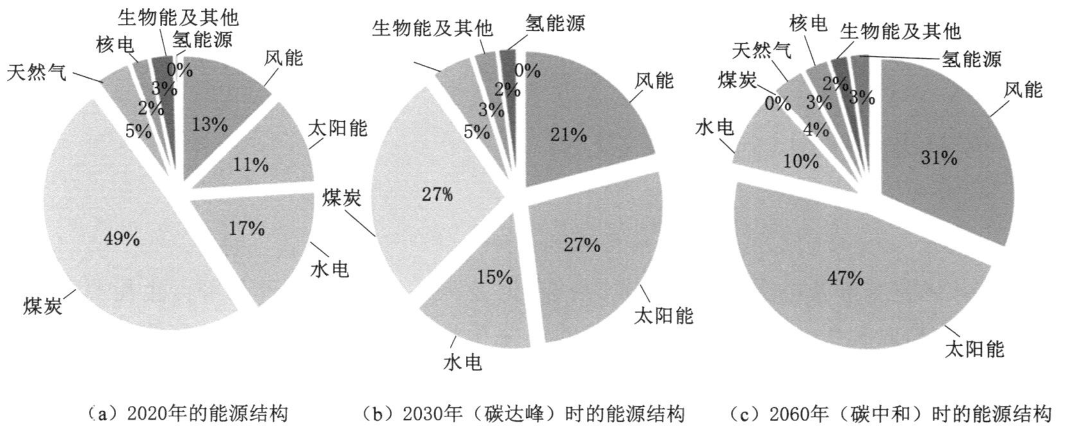

图2-7　不同时期我国能源结构的变化

"双碳"目标对我国绿色低碳发展具有引领性、系统性，可以带来环境质量改善和产业发展的多重效应。着眼于降低碳排放，有利于推动经济结构绿色转型，加快形成绿色生产方式，助推高质量发展。突出降低碳排放，有利于传统污染物和温室气体排放的协同治理，使环境质量改善与温室气体控制产生显著的协同增效作用。强调降低碳排放人人有责，有利于推动形成绿色简约的生活方式，降低物质产品消耗和浪费，实现节能减污降碳。加快降低碳排放步伐，有利于引导绿色技术创新，加快绿色低碳产业发展，在可再生能源、绿色制造、碳捕集与利用等领域形成新增长点，提高产业和经济的全球竞争力。从长远看，实现降低碳排放目标，有利于通过全球共同努力减缓气候变化带来的不利影响，减少对经济社

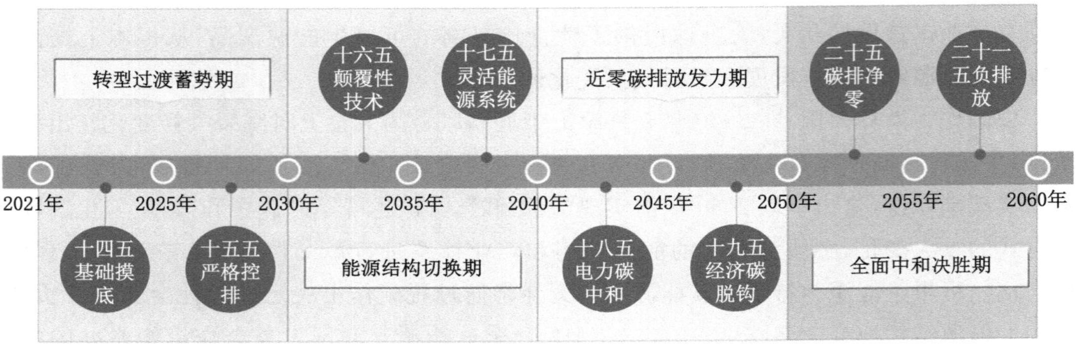

图 2-8 “双碳”目标行动方案

会造成的损失，使人与自然回归和平与安宁。《中共中央关于制定国民经济和社会发展第十四个五年规划和二〇三五年远景目标的建议》中，明确地将“碳排放达峰后稳中有降”列入中国 2035 年远景目标。

截至 2021 年 2 月，至少 29 个国家宣布了旨在实现净零排放的全新承诺、战略或计划。其中，苏里南和不丹已实现碳中和，芬兰、奥地利、冰岛和瑞典承诺提前 5～15 年实现碳中和，有 22 个国家和地区把目标设立在 2050 年，我国是 2060 年。另有 98 个国家正在就碳中和目标进行讨论，基本均设在 2050 年。

2.3 碳捕集、利用与封存(CCUS)

2.3.1 概述

低碳技术是指涉及电力、交通、建筑、冶金、化工、石化等部门以及在可再生能源及新能源、煤的清洁高效利用、油气资源和煤层气的勘探开发、二氧化碳捕获与埋存等领域开发的有效控制温室气体排放的新技术。低碳技术可分为 3 个类型：第一类是减碳技术，是指高能耗、高排放领域的节能减排技术，煤的清洁高效利用、油气资源和煤层气的勘探开发技术等。第二类是无碳技术，比如核能、太阳能、风能、生物质能等可再生能源技术。在过去 10 年里，世界太阳能电池产量年均增长 38%，超过 IT 产业。全球风电装机容量 2008 年在金融危机中逆势增长 28.8%。第三类就是去碳技术，典型的是碳捕获与封存(carbon capture and storage，简称 CCS)和碳捕集、利用与封存(carbon capture，utilization and storage，简称 CCUS)技术。

CCS 技术是指将二氧化碳从工业或相关排放源中分离出来，输送到封存地点，并长期与大气隔离的技术。这种技术被认为是未来大规模减少温室气体排放、减缓全球变暖最经济、可行的办法。政府间气候变化专门委员会(IPCC)特别报告《CO_2 的捕集与封存》指出：CO_2 的捕集与封存是指将 CO_2 从工业或相关能源的排放源中分离出来，输送到一个封存地点，并且长期与大气隔绝的一个过程。IEA2009 年的《CCUS 技术路线图》将 CCS 定义为集

成了 CO_2 捕集、运输和地质封存三个环节的技术系统。

CCS 并非新技术，距今已有一个多世纪的历史。它最早被天然气公司商业化，用于分离与天然气混合的二氧化碳。在 20 世纪 70 年代，天然气公司并没有直接释放二氧化碳，而是为这种温室气体找到了对应的用途：注入老化的油田以增加石油产量，具体如图 2-9 所示。

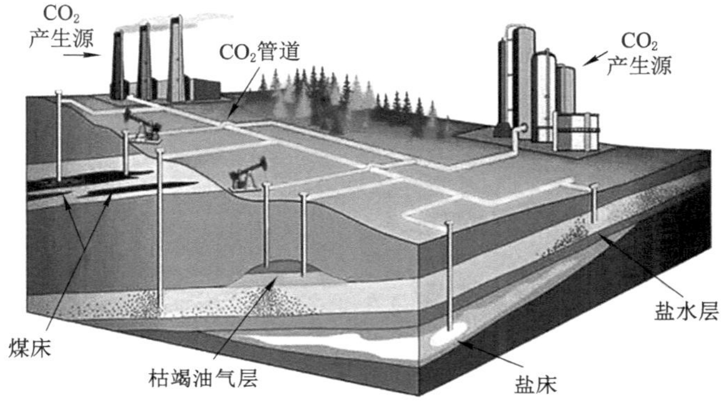

图 2-9　传统的 CCS 技术

目前每年约有 4 000 万 t 二氧化碳被封存，其中大部分还是用于提高石油产量。现阶段碳封存的价格在 500 元/t 左右，目前的低碳价无法抵消捕获与封存成本，很难体现出经济效益。目前全球运行的 CCS 设施每年仅可捕集和永久封存约 400 万 t 二氧化碳。传统的 CCS 技术对地质条件要求较高，需要盐水层进行二氧化碳封存，其适用面较窄，成本较高。

CCUS 技术是指将 CO_2 从能源利用、工业过程等排放源或空气中捕集分离，通过罐车、管道、船舶等输送到适宜的场地加以利用或封存的技术（图 2-10）。该技术不仅可以实现化石能源利用近零排放，促进钢铁、水泥等难减排行业的深度减排，而且在碳约束条件下增强电力系统灵活性、保障电力安全稳定供应、抵消难减排的 CO_2 和非二氧化碳温室气体排放、最终实现碳中和目标等方面具有重要意义。

CCUS 技术是 CCS 技术新的发展趋势，与 CCS 相比，可以将二氧化碳资源化，能产生经济效益，更具有现实操作性。CCUS 技术把生产过程中排放的二氧化碳进行提纯，继而投入新的生产过程中进行循环再利用或封存。CCUS 是减少化石能源发电和工业过程中二氧化碳排放的关键技术，具备实现大规模温室气体减排与化石能源低碳利用的协同作用，是未来应对全球气候变暖的重要技术选择之一。

按照技术流程，CCUS 主要分为碳捕集、碳运输、碳利用、碳封存等环节，具体见图 2-11。其中，碳捕集是从电力生产、工业生产和燃料处理过程中分离、收集 CO_2，并净化和压缩，主要方式包括燃烧前捕集、燃烧后捕集和富氧燃烧等。碳运输是将捕集的 CO_2 通过罐车、管道、船舶等方式运输到指定地点。碳利用是指通过工程技术手段将捕集的 CO_2 实现资源化

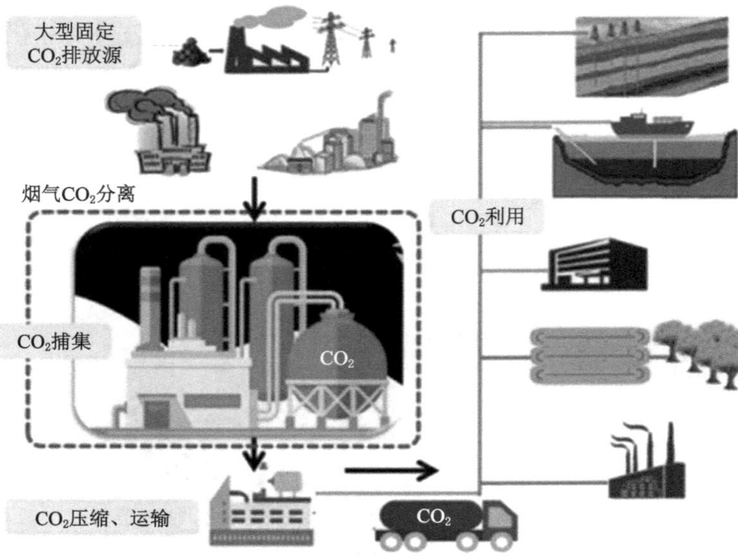

图 2-10 CCUS 流程示意图

利用的过程，利用方式包括矿物碳化、物理利用、化学利用和生物利用等。碳封存是指通过一定技术手段将捕集的 CO_2 注入深部地质储层，使其与大气长期隔绝，封存方式主要包括地质封存和海洋封存。

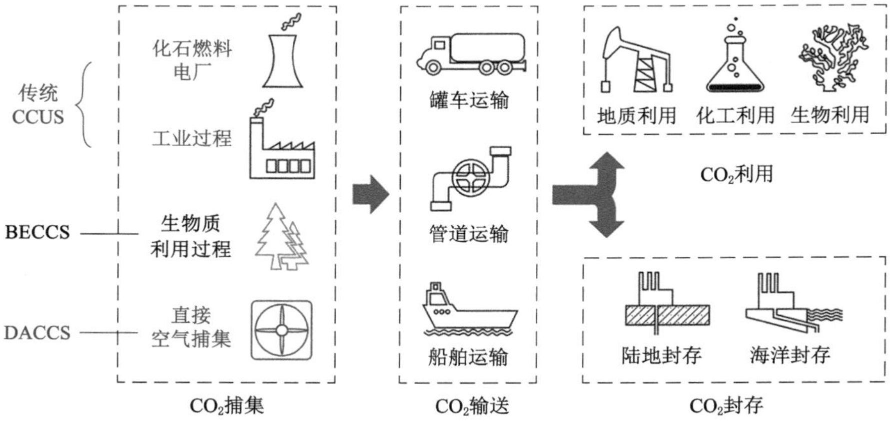

图 2-11 CCUS 技术环节

从产业流程来看，CCUS 依次涉及能源、钢铁、化肥、水泥、交通、化工、地质勘探、环保等众多 CO_2 排放行业。

按照 CCUS 的技术发展与应用状况，CCUS 发展可以分为三个阶段：

早期阶段（20 世纪 70 年代—80 年代末）：美国将 CO_2 注入油田中，以提高油田采收率，在提高采收率的同时，积累了 CO_2 油藏注入与封存的技术和经验，为 CCUS 技术的发展提供了基础。

发展阶段(20 世纪 80 年代末—2005 年):随着国际社会应对气候变化行动计划的发展以及 CCUS 在直接减排中的重要作用,CCUS 技术得到快速发展。1988 年,世界气象组织(WMO)和联合国环境规划署(UNEP)成立了政府间气候变化专门委员会(IPCC),开始启动针对 CCS 技术的研发平台和项目计划。1991 年国际能源署温室气体发展计划组织(IEAGHG)成立,将 CCS 技术作为其关键支持方向。这些 CCS 组织的成立和项目实施推动了 CCS 的发展。

工程示范和产业化发展阶段(2006 年—):2006 年以来,欧盟、美国、澳大利亚等国家纷纷启动大规模计划推动 CCS 技术的研发和示范,2009 年澳大利亚发起成立全球碳捕集与封存研究院。2016 年油气行业气候倡议组织(OGCI)成立。2018 年盖茨基金会决定支持空气碳捕集技术应对气候变化。2015 年年底《巴黎协定》签订后美国气候变化政策出现波动。整体上,全球 CCUS 技术研发、示范工程不断发展,进入产业化阶段。进入 2020 年以来,各国相继提出碳中和目标,给 CCUS 的发展带来了新的机遇和动力,在相关政策的推动下,未来一段时间 CCUS 有望实现大规模商业应用。

2.3.2 碳捕集

2.3.2.1 碳捕集分类

CO_2 捕集是抑制工业点源碳排放最经济可行的方法,为后续 CO_2 的利用(将捕获的 CO_2 经过化学手段合成为增值化学化合物)提供充足的碳源。同时也被广泛认为是控制化石燃料燃烧产生碳排放的必要手段。如图 2-12、表 2-3 所示,CO_2 可以通过三种主要的方法被捕集:富氧燃烧、燃烧前和燃烧后。适合捕集的排放源包括发电厂、钢铁厂、水泥厂、冶炼厂、化肥厂、合成燃料厂以及基于化石原料的制氢工厂等,其中化石燃料发电厂是 CO_2 捕集最主要的排放源。

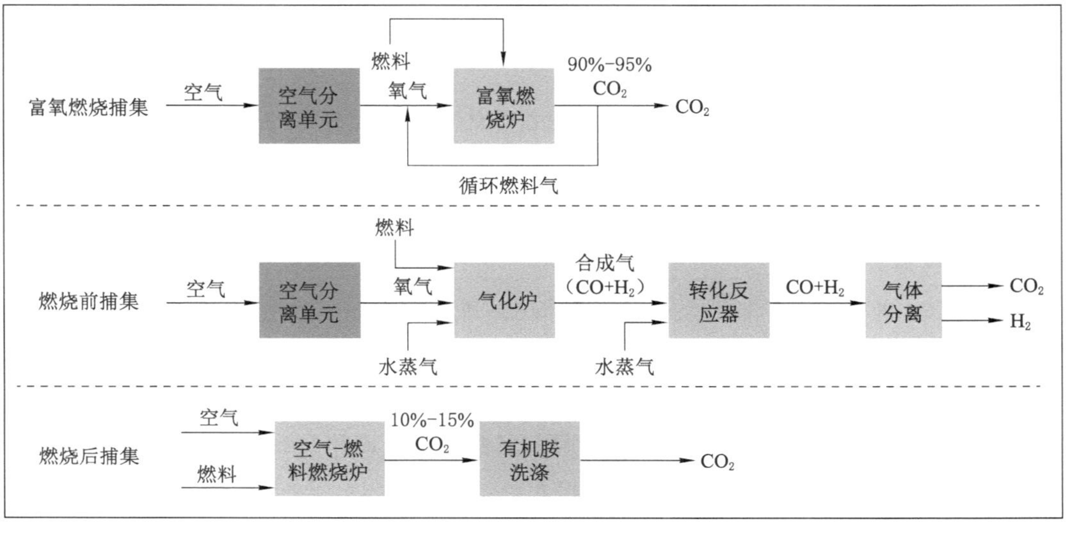

图 2-12 CO_2 捕集技术分类

表 2-3　CO_2 捕集技术分类

类别	内　　容	适用范围
燃烧后捕集	从燃烧设备(锅炉、燃机、石灰窑等)排出的烟气中捕集或者分离 CO_2	适用于各类改造和新建的 CO_2 排放源,包括电力、钢铁、水泥等行业
燃烧前捕集	在煤炭燃烧前,将煤炭中的碳元素通过化学反应转化成 CO_2 去除	主要用于煤气化联合循环发电(IGCC)和部分化工过程
富氧燃烧捕集	用纯氧或富氧气体混合物代替助燃空气,实现化石燃料燃烧利用	可用于部分燃煤电厂的改造和新建燃煤电厂

资料来源:中国 21 世纪议程管理中心《全球 CCUS 及其重要技术知识产权分析》。

(1) 富氧燃烧捕集技术是指利用高纯氧燃烧化石燃料产生高浓度的 CO_2 可直接捕集、存储和利用的技术。氧气是最昂贵的组分,通过空分在现场生产。此外,可以用一部分燃料尾气对氧气进行稀释,以控制 CO_2 捕集过程的温度。虽然富氧燃烧捕集技术具有 NO_x 排放低和 CO_2 纯度高的优点,但是该工艺生产高纯氧的过程中需要消耗大量的能源。同时燃料在高纯氧环境中燃烧产生大量的热量,这就需要大量回收燃烧尾气以使温度保持在合理的水平,如果能量回收效率不高将导致能源的浪费。

(2) 燃烧前捕集技术是指在燃烧前从化石燃料中将 CO_2 与另一种燃料(通常指氢气)分离的技术。主要包括以下几个步骤:气化初级燃料(通常指煤或生物质)后,再通过部分燃烧、水蒸气重整、水-气变换以及将 CO_2 从反应产物流中分离出来。这个过程最常与 IGCC 有关联。在气化过程中,原料煤首先利用气化剂(空气、水蒸气和氧气)转化为合成气[主要由一氧化碳(CO)和氢气(H_2)组成的混合物]。合成气再经 CO 与水蒸气进行水气变换反应生成 CO_2 和 H_2。然后捕获 CO_2,H_2 被空气稀释并送入燃气轮机联合循环。虽然燃烧前捕集相比燃烧后捕集在理论上具有一定的成本优势,但由于其生产 H_2 的成本过高,使得燃烧前捕集技术的应用受到较大限制。目前,在现有煤发电厂中,仅有少数采用整体煤气化联合循环发电(IGCC)技术的电厂应用了燃烧前捕集技术,而采用直接燃烧碳氢化合物形成 CO_2 的粉煤或天然气电厂更为普遍。

(3) 燃烧后捕集技术是指从燃烧化石燃料后的烟气中消除 CO_2 的技术。目前,在所有常规燃煤电厂都是直接燃烧原煤发电,且燃烧后捕集技术的加入不需要改变整个电厂工艺过程。因此,燃烧后捕集技术作为一种“管道末端”技术,被认为是最有效的碳减排过程。

2.3.2.2　碳捕集方法

基于 CO_2 的物理化学性质及气体共存情况,开发了物理吸收法、化学吸收法、吸附法、微藻生物固定法、膜分离法等一系列 CO_2 捕集方法。具体如下:

(1) 吸收法

吸收法是一种成熟的 CO_2 分离方法,目前已在化学合成和石油领域得到广泛应用。吸收法可分为物理吸收和化学吸收两种类型。

物理吸收依赖于温度和压力,往往需要在非常大的压力和较低的温度下才得以实现。物理吸收法吸收剂种类及优缺点见表 2-4。物理吸收工艺有 Selexol 工艺(聚乙二醇二甲醚为混合溶剂）、Rectisol 工艺（低温甲醇溶剂）、Purisol 工艺（*N*-甲基吡咯烷酮为溶剂）和 Fluor 工艺（碳酸丙烯酯溶剂）。

表 2-4 物理吸收法吸收剂种类及优缺点

方法	吸收剂	优点	缺点
加压水洗法	水	加压水洗脱碳常在填料塔或筛板塔中进行，此法设备简单	CO_2 的净化度差，且水洗的喷淋密度大，动力消耗高
N-甲基吡咯烷酮法	*N*-甲基吡咯烷酮（NMP）	对 CO_2 溶解度高、黏度较小、沸点较高、蒸气压较低。特别适应气体压力大于 7 MPa 的场合	原料价格较贵
聚乙二醇二甲醚法	聚乙二醇二甲醚	一种淡黄色透明的有机液体，无毒、无特殊气味，化学性质稳定，腐蚀性低，不挥发，不降解，是理想的物理溶剂	价格高且 CO_2 回收率低，不能满足全部 NH_3 转化为尿素的需要
低温甲醇法	甲醇	不会加湿烟气，价格低廉，再生能耗低，可同时脱除 CO_2 和 H_2S	低温操作对设备和管道的材质要求比较高；换热设备多，流程复杂，有毒性。给操作和维修带来一定的困难和危险
碳酸丙烯酯法	碳酸丙烯酯	对 CO_2、H_2S 和一些有机硫有较大溶解能力，溶剂稳定性好，吸收 CO_2 和 H_2S 后溶剂的腐蚀性不强，价格便宜，对人体安全	投资费用较高

由于化石燃料燃烧后排放的烟气中 CO_2 含量一般在 3%～5%之间，烟气量大，使用物理吸收法难以捕集大量烟气中的 CO_2，故一般采用化学吸收法，如燃煤电厂采用醇胺、钾碱与氨水等溶液捕集 CO_2。化学吸收法吸收容量大、吸收反应速率快，适用于燃煤电厂、钢铁厂、水泥厂等低分压、低浓度气源。其缺点是能耗高、溶剂损失大。目前工业上针对 CO_2 化学捕集工艺常用的吸收剂及其优缺点见表 2-5。

表 2-5 化学吸收法吸收剂种类及优缺点

吸收剂	优点	缺点
一乙醇胺（MEA）	碱性强，与 CO_2 反应快，气体净化度高，价格低	吸收容量低，具腐蚀性，热容量高，解吸能耗高，容易被烟气中的 SO_2 和 O_2 毒化
二乙醇胺（DEA）	吸收速率快，热容量低	吸收容量低，有一定的腐蚀性
三乙醇胺（TEA）	吸收容量高，热容量低，腐蚀性低，气体特性佳，解吸能耗低	吸收速率慢
空间位阻胺（AMP）	吸收容量高，吸收速率快，气提特性佳，热容量高	价格过于昂贵，同时挥发损耗较大
碳酸钾（K_2CO_3）	吸收容量高	热容量高，腐蚀性强，解吸能耗高
强碱（NaOH、KOH）	吸收速率快，吸收容量高，去除效率佳	溶剂无法再生

常见的碳酸钾法工艺流程和醇胺法工艺流程分别见图 2-13、图 2-14。工艺对比见表 2-6。

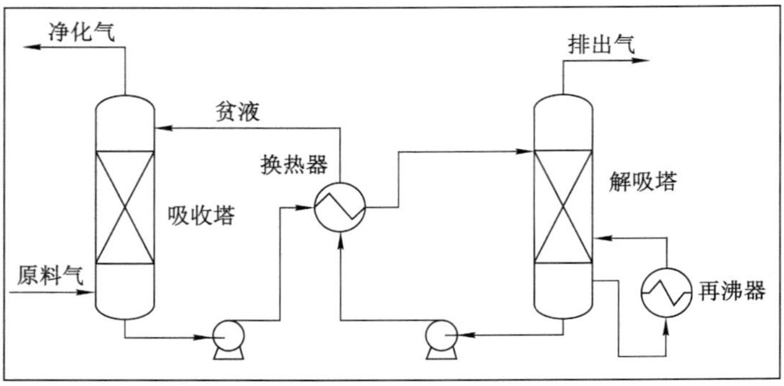

图 2-13　碳酸钾法工艺流程

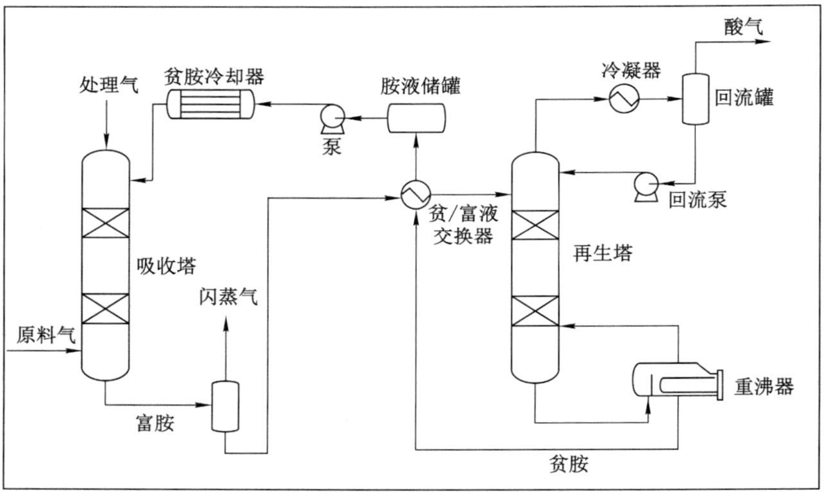

图 2-14　醇胺法工艺流程图

表 2-6　化学吸收工艺对比

方法	热钾碱工艺	醇胺工艺
原理	在 K_2CO_3 水溶液中加入 DEA 作为活化剂，V_2O_5 作为缓蚀剂。碳酸钾水溶液具有强碱性，与 CO_2 反应生成 $KHCO_3$，生成的 $KHCO_3$ 在减压和受热时，又可放出 CO_2，重新生成碳酸钾，因而可循环使用	弱酸（CO_2）和弱碱（如胺）反应生成可溶于水的盐，随着温度变化这一反应是可逆的，一般在 311 K 时形成盐，CO_2 被吸收；在 383 K 时反应逆向进行，放出 CO_2
优点	吸收与再生的温度基本相近；采用冷的支路，特别是具有支路的两段再生流程可以得到高的再生效率，从而使净化尾气中的 CO_2 分压很低；流程简单，碳酸钾的浓度高，吸收能力增加，再生能耗降低；可在高温下运行，再生热低。有效地把 CO_2 脱除到 1%～2%，提高了 CO_2 的吸收速率并降低溶液表面 CO_2 的平衡能力	吸收量大、吸收效果好；成本低；洗涤剂可循环使用；能回收高纯产品。其中 MDEA（*N*-甲基二乙醇胺）酸气负荷高，溶解度大，闪蒸放出的 CO_2 量多，CO_2 回收率高，溶液循环量相对较小；能耗较低；MDEA 热稳定性好，不易降解，溶剂挥发性小，溶液对碳钢设备腐蚀性弱

表 2-6(续)

方法	热钾碱工艺	醇胺工艺
缺点	需对设备进行可防腐蚀钒化处理；要求工人的操作水平较高	MEA：具有腐蚀性；在 CO_2 处于轻微至中等压力下才有效。 MEA、DEA：反应热大；加热再生较困难，蒸汽消耗较高。其成本、效率都不是很理想。 MDEA：水溶液与 CO_2 反应受液膜控制；反应速度较慢

(2) 吸附法

吸附法在燃烧后 CO_2 捕集中可作为低成本 CO_2 分离的替代方法。它是一种从气体、液体或溶解的离子中捕获原子、离子或分子的物理或化学过程。CO_2 在固体吸附剂表面的吸附主要是通过 CO_2 与固体表面形成一系列物理或化学作用，如 CO_2 通过与吸附剂形成化学键(高温有利于化学吸附)或者 CO_2 通过弱分子间作用力——范德瓦耳斯力(在较低温度下有利于物理吸附)黏附在吸附剂基体表面，从而选择性地从气体混合物中分离出来。吸附剂通过改变其温度或压力来改变 CO_2 吸附平衡进行再生，这个过程是可逆的且没有吸附剂降解以及解吸后的吸附剂可循环使用。

迄今为止，各种固体吸附剂被广泛用于燃烧前和燃烧后 CO_2 捕获技术中。一般来说，所使用的吸附剂主要有两种，一种是高温固体材料，另一种是低温固体材料。高温固体材料主要包括水滑石、碱或碱土金属氧化物如钙氧化物、碱硅酸盐和锆酸盐等，而低温固体材料则包括传统的多孔纳米材料如沸石、碳基材料(如活性炭、碳纳米管、碳纳米纤维、石墨烯)和分子筛，以及最近出现的金属有机框架(MOFs)、多孔聚合物网络(PPNs)和共价有机框架(COFs)等。

(3) 微藻生物固定法

微藻生物固定法是利用光合生物(微藻)进行光合作用将烟气中 CO_2 人为捕获和储存的方法。海洋微藻比陆地植物具有更突出的固碳潜力，主要表现在它们比陆地植物具有更显著的碳稳定率。微藻在固定 CO_2 的同时会产生大量的藻体，如不对藻体加以综合利用必然会带来污染。若开发合适的综合利用途径，不仅可以避免二次污染，还可降低过程成本。其综合利用主要包括在固定 CO_2 的过程中利用现代高新技术，将微藻转化为生物柴油等高价值液体燃料；生产有用物质如类脂和蛋白质；作为提取高附加值药物的原料；固定烟道气中 CO_2 的同时生产高蛋白、易消化的动物饲料；与 α-亚麻酸的生产结合，可得到高产量的 α-亚麻酸等。可见，微藻固定 CO_2 的综合利用有着非常广阔的应用前景。但微藻培养成本非常高，此方案目前还在实验室阶段，完全应用于工业上还有一段路程。

(4) 膜分离法

膜分离法是利用某些聚合材料如醋酸纤维、聚酰亚胺、聚砜等制成的薄膜对不同渗透率的气体进行分离的方法。膜分离的驱动力是压力差，当膜两边存在压力差时，渗透率高的气体组分以高的速率透过薄膜，形成渗透气流，渗透率低的气体则大部分在薄膜进气侧形成残留气体。两股气流分别引出,实现分离。膜分离法包括分离膜和吸收膜两种类型,在膜分离技术的实施过程中往往需要二者共同来完成。膜分离原理示意图如图 2-15 所示,膜分离法工艺流程如图 2-16 所示。

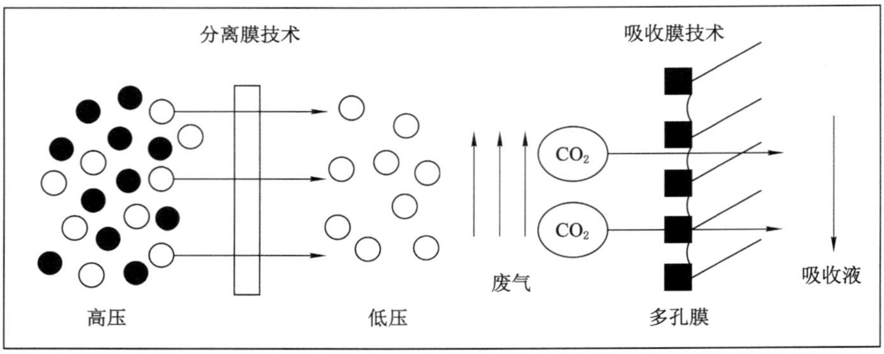

图 2-15　膜分离原理示意图

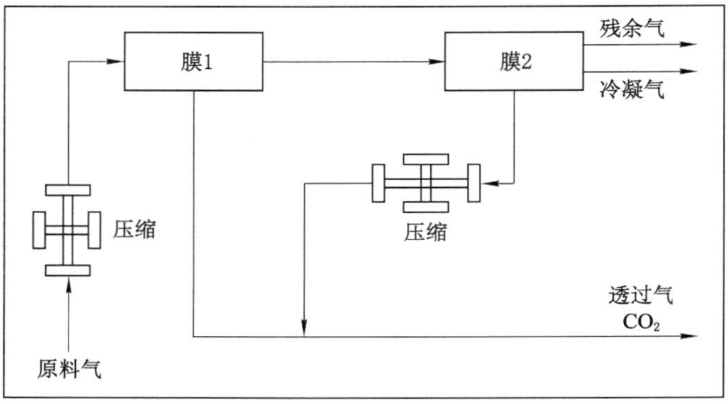

图 2-16　膜分离法工艺流程图

膜分离技术在燃烧后 CO_2 捕集中的应用非常具有挑战性,主要是由于烟气气流压力较低,如果烟气中粉尘或者水汽较大,容易堵塞分离膜并对其造成不同程度的损坏。膜分离技术更适合高压燃烧前 CO_2 捕集过程,膜分离技术与其他捕集过程不同,其涉及多级操作和气流循环,从而使得膜分离技术变得困难和复杂。此外,膜分离技术的大规模 CO_2 捕集技术的实施及其相关成本主要依赖于膜材料。

2.3.3　CO_2 运输

CO_2 运输是指将捕集的 CO_2 运送到利用或封存地的过程,是捕集和封存、利用阶段间的必要连接。根据运输方式的不同,主要分为管道、船舶、公路罐车和铁路罐车运输四种。各种运输方式对比见表 2-7,实际中应根据具体情况选择合适的运输方式。

表 2-7 CO_2 运输方式对比

运输方式		优点	缺点	适用条件
罐车运输	公路	适用于小规模、近距离、目的地较分散的场合	需要考虑 CO_2 的蒸发与泄漏	运输量较小的 CO_2 运输，如食品级 CO_2 运输
	铁路	运输量较大、距离较远、可靠性较高	运输调度和管理复杂、受铁路线路的限制	运输量大、运输距离远且管道运输体系还未建成时
管道运输		最广泛的大规模运输方式	管道建造成本高	大规模、长距离，负荷稳定地定向 CO_2 输送
船舶运输		运输方向灵活、运输距离远；成本同管道运输相当，甚至低于海底管道	需要考虑 CO_2 的蒸发与泄漏	远距离、大规模 CO_2 运输，如果 CO_2 排放源与封存地有水路相通的话，适宜于采用船舶运输

从目前已知的 CO_2 运输成本来看，管道和船舶的 CO_2 运输成本最低，且随着 CO_2 运输规模增大，其成本能够进一步降低。但是，对于小规模的 CO_2 运输，公路罐车运输相对较灵活，固定投资成本较小，也是经常采用的一种方法。总之，公路罐车适合小规模（$<10^5$ t/a）、近距离、目的地较分散的场合。铁路罐车适合较大规模（$10^5 \sim 10^6$ t/a）、较远距离的运输。但是对于大规模（$>10^6$ t/a）、远距离、运输目的地稳定的场合，管道运输的经济性会比较好。当然，对于未来海洋封存，船舶运输和管道运输一样具有成本优势。由于火电站每年的 CO_2 排放量在百万吨以上（30 万 kW 燃煤机组每年捕集的 CO_2 约为 1 Mt），且进行大规模封存时，其封存地相对稳定，因此适宜采用管道运输。

2.3.4 CO_2 利用

CO_2 利用技术可分为物理和化学利用技术。其中物理利用包括 CO_2 作为冷却剂和制冷剂的应用，CO_2 在灭火器和清洁过程中的应用及利用 CO_2 提高石油和天然气采收率。物理利用从根本上解决不了 CO_2 的排放量，真正减少其排放的要属于化学利用技术（CO_2 通过化学的方法转化为化学品）。据 Rafiee 等统计，全球 CO_2 的总利用量低于 2 亿 t/a，与全球人为 CO_2 排放量（超过 320 亿 t/a）相比，几乎可以忽略不计。但据最近的估计，燃料行业和化工行业的 CO_2 利用潜力分别为 10%和 1%～7%。每年超过 1.1 亿 t CO_2 转化为尿素（每 100 万 t 产品使用 7 000 万 t CO_2，年市场需求 1 亿 t）、甲醇（每 100 万 t 产品使用1 400万 t CO_2，年市场需求 4 000 万 t）、无机碳酸盐（每 100 万 t 产品使用 3 000 万 t CO_2，年市场需求 4 000 万 t）等化学品。部署好各种 CO_2 利用技术可能会使每年的 CO_2 排放量减少37 亿 t，相当于目前每年 CO_2 排放量的 10%左右。如果实现大规模部署，CO_2 资源化利用将形成规模效应，则对于 CO_2 减排从而实现碳中和就指日可待。目前 CO_2 化学利用的研究方向主要有 CO_2 的热化学转化、光化学转化、电化学转化、光电化学转化、光热转化和以 CO_2 作为软氧化剂脱氢。

CO_2 的热化学转化即通过热催化反应将 CO_2 转化为高价值的化学品，CO_2 分子具有热力学稳定性和动力学惰性。它的活化是转化为增值化学品的速率决定步骤。通常，CO_2 的高效转化需要另一个有价值的高能量反应物与其反应。H_2 无疑是一种最好的选择且是目前应用最广泛的还原剂，它可以通过相对成熟的水电解技术从可再生能源中提供。加速 CO_2 加氢反应速率或转移其化学反应平衡，需要相当苛刻的条件，如高温、高压等。CO_2 热催化转化为高价值化学品的代表性反应及典型催化剂如表 2-8 所示。

表 2-8　CO_2 热催化转化为高价值化学品的代表性反应及典型催化剂

代表性反应	反应方程	典型催化剂
水煤气逆转换(RWGS)	$CO_2+H_2 \longrightarrow CO+H_2O$ $\Delta H=41.5$ kJ/mol	Cu-Fe 双金属催化剂 Cu-In 双金属催化剂
甲醇合成	$CO_2+3H_2 \longrightarrow CH_3OH+H_2O$ $\Delta H=-49.5$ kJ/mol	Cu 基催化剂 贵金属基催化剂
费托合成	$CO_2+2H_2 \longrightarrow (-CH_2-)+H_2O$ $\Delta H=-111$ kJ/mol	Fe 基催化剂
甲烷合成	$CO_2+4H_2 \longrightarrow CH_4+2H_2O$ $\Delta H=-165$ kJ/mol	Ru-Na_2CO_3-CaO/Al_2O_3 Ni 负载型催化剂
甲酸合成	$CO_2+H_2 \longrightarrow HCOOH$ $\Delta H=-31.2$ kJ/mol	多孔骨架催化剂 Ru 负载型催化剂
二甲醚合成	$CO_2+3H_2 \longrightarrow CH_3OH+H_2O$ $\Delta H=-49.5$ kJ/mol	CuZn-分子筛
	$2CH_3OH \longrightarrow CH_3OCH_3+H_2O$ $\Delta H=-23.5$ kJ/mol	Pb 基催化剂

尽管将捕获的 CO_2 转化为化学品和燃料有很大的市场，但实验室规模技术仍远未实现普遍工业化。造成这种情况的原因，部分是目前所研究的催化材料价格昂贵，且尚未制成化学稳定的催化材料，部分是在大多数情况下，所制主要产品的 CO_2 转化率和总体收率较低，因而不满足大规模部署的要求。

CO_2 光化学转化即利用光能将 CO_2 转化为高价值化学品，其基本原理如图 2-17 所示，参与光化学 CO_2 还原反应的电子来源于光催化剂的光激发。在光催化反应过程中，还原和

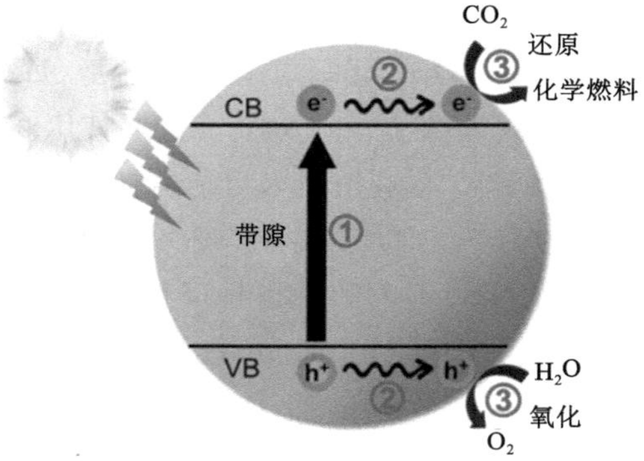

图 2-17　CO_2 光化学转化基本原理

氧化反应分别由光生电子和空穴从光催化剂的导带和价带引发，且 CO_2 还原反应与水蒸气或水相环境中的氧化反应同步发生。在此过程中光能的利用效率低、氢气（H_2）的析出和产物的选择性是面临的主要问题，这些问题严重制约着 CO_2 光化学转化的发展。

CO_2 电化学转化是通过电能在阴极产生电子转移给 CO_2 使其还原转化成化学品。CO_2 电化学还原过程涉及多个电子的转移，包括 $2e^-$、$4e^-$、$6e^-$、$8e^-$ 和 $12e^-$，根据转移电子的多少得到不同的化学产物。然而，电化学过程中同样受 H^+ 的影响发生 H_2 析出，减少了电子给予 CO_2 的机会。此外，一氧化碳（CO）和甲酸盐大多作为 CO_2 还原反应的主要产物，因为这两个转移过程只涉及两个电子，相比其他多电子转移过程要容易得多，从而限制了其他化学品的生产。

2.3.5 CO_2 封存

目前潜在的可用于封存 CO_2 的技术有：地质封存（在地质构造中，如石油和天然气田、不可开采的煤田以及深部咸水层构造）、海洋封存（直接释放到海洋水体中或海底）、森林和陆地生态系统封存以及将 CO_2 固化成无机碳酸盐等。相比来说，CO_2 的地质封存是最具潜力的封存技术，其优点如下：① 在油气田开发、废物处置和地下水保护中积累的经验有助于该项技术的顺利开展；② 在世界范围内有着较大容量的封存潜力；③ 有较好的安全性，可以保证注入的 CO_2 长期封存于储层中。

油气田是 CO_2 封存的首选之地。原因如下：这种地质构造在地质年代时期内一直保存流体；在油气田开发中已经积累了不少 CO_2 封存的专业技术经验；将 CO_2 注入油气藏，可提高采收率，在经济上抵消 CCUS 的整体成本。向煤层中注入 CO_2 提高 CH_4 回收率的研究正处于示范阶段。假设煤层有充分的渗透性且这些煤炭以后不可能被开采，则该煤层也可用于封存 CO_2。

CO_2 注入地层以后，储层构造上方的大页岩和黏质岩起到了阻挡 CO_2 向上流动的作用。毛细管力则可使 CO_2 停留在储层空隙中。当 CO_2 与地层流体和岩石发生化学反应时，CO_2 就从地质化学作用上被"俘获"了。首先，CO_2 会溶解在地层水中，而一旦溶解在地层中几百年乃至几千年，充满 CO_2 的水就变得越来越稠，沉落在储层构造中而不再向地面上升。其次，溶解的 CO_2 与矿石中的矿物质发生化学反应而形成离子类物质，经过数百万年，部分注入的 CO_2 将转化为坚固的碳酸盐矿物质。当 CO_2 被吸收能力强的煤或有机物丰富的页岩吸附时，就可置换 CH_4 类气体。在这种情况下，只要压力和温度保持稳定，那么 CO_2 将长期处于被"俘获"状态。总的来说，在地质封存过程中注入的 CO_2 是通过物理和化学俘获机制的共同作用被有效地封存于地质介质中的。

CO_2 封存的另一种潜在方案是将捕集到的 CO_2 直接注入深海（深度大于 1 km），大部分 CO_2 在这里将与大气隔离若干个世纪。该方案的实施办法是：通过管道或船舶将 CO_2 运输到海洋封存地点，把 CO_2 注入海洋的水柱体或海底。被溶解的 CO_2 随后会成为全球碳循环的一部分。

长期安全性和可靠性是 CO_2 地质封存技术发展所面临的主要障碍。全球陆上理论封存容量为 6 万亿～42 万亿 t，海底理论封存容量为 2 万亿～13 万亿 t。我国理论 CO_2 地质封存潜力为 1.21 万亿～4.13 万亿 t,容量较高。

2.3.6 CCUS 的应用现状

IEA(国际能源署)的研究结果显示,要达到巴黎 2 ℃的气候目标,到 2060 年,累计减排量的 14%来自 CCUS,且任何额外减排量的 37%也来自 CCUS。IPCC 等国际机构也证实没有 CCUS 就无法实现国际气候变化目标。但同时 CCUS 也面临着一定的环境风险。一方面,CO_2 在捕集、运输、利用与封存等环节都可能会有泄漏发生,会给附近的生态环境、人身安全等造成一定的影响;另一方面,大部分 CCUS 技术有额外增加能耗的特点,因而会带来污染物排放的问题。CCUS 和其他减排技术的对比见表 2-9。

表 2-9　CCUS 和其他减排技术的对比

项目	CCUS	能效技术	核电	太阳能发电	风电	水电
技术成熟度	相对不成熟	相对成熟	相对成熟	相对成熟	相对成熟	相对成熟
成本	高	提高化石燃料转换和使用效率成本较高	基建投入大,总发电成本低	较高,但在不断下降中,有望与火电持平	不断下降中,有望与火电持平	基建投入大,发电成本低
安全性	可能因 CO_2 泄漏导致安全隐患	安全可靠	核废料、反应堆放射性物质存在泄漏危险,潜在危害大	安全可靠	安全可靠	安全可靠,极端事件发生概率小
稳定性	高	高	高	相对低	相对低	较高
对生态环境影响	大规模工程施工可能对生态环境造成影响,CO_2 泄漏的环境影响大	小	如发生泄漏,对环境影响巨大	较小	较小	大水电对流域生态环境的影响大;小水电生态影响相对较小
优势	减排潜力大,促进煤的清洁利用,符合我国国情,CO_2 可用于工业	不会对现有产业进行大规模改造,不额外增加环境负担,总体较经济	核燃料储量大,储存运输方便,总体成本低,发电总成本稳定	太阳能资源丰富、清洁、可再生	风资源丰富、清洁、可再生,基建周期短,装机规模灵活	水资源丰富、清洁、可再生,发电效率高,发电启动快
问题	发电成本不稳定,捕集、封存、环境监测存在技术挑战,CO_2 泄漏带来安全隐患	效率提高越来越难,取决于技术突破,存在温室效应	核废料处理要求高,存在泄漏风险,投资成本大,放射性物质安全隐患大	能流密度低,能源利用率低,多晶硅的生产过程耗能大,并网存在挑战	风电不稳定、不可控,并网存在挑战,占用大片土地	受季节和旱涝灾害影响,蓄水会淹没大量土地,居民搬迁成本高,社会影响大

表 2-10 总结了 CCUS 技术的应用领域,主要包括物理应用、化工应用和生物应用等。

表 2-10　CCUS 技术的应用领域

技术	概　念	主要形式
物理应用	依据 CO_2 的物理特性，应用于生活中	在啤酒、碳酸饮料中的应用；将液体、固体 CO_2 的冷量用于食品蔬菜的冷藏、储运；在果蔬的自然降氧、气调保鲜剂等方面的应用
地质应用	指将 CO_2 注入地下，利用地下矿物或地质条件生产或强化有利用价值的产品，且相对于传统工艺可减少 CO_2 排放的过程	将 CO_2 注入油藏、煤层、天然气藏和页岩层，分别提高原油采收率、煤层气采收率、天然气采收率、页岩气采收率
化工应用	以化学转化为主要特征，将 CO_2 和共反应物转化成为目标产物，从而实现 CO_2 的资源化利用	CO_2 作为原料合成尿素、生产轻质纳米级超细性碳酸盐；CO_2 催化加氢制取甲醇；以 CO_2 为原料的一系列有机原料的合成；CO_2 与环氧化物共聚生产的高聚物；通过 CO_2 转化为 CO，从而合成一系列羟基化化学品
生物应用	以生物转化为主要特征，通过植物光合作用等，将 CO_2 用于生物质的合成，从而实现 CO_2 资源化利用	以微藻固定 CO_2 转化为生物燃料和化学品，生物肥料、食品和饲料添加剂等
矿化应用	主要利用地球上广泛存在的橄榄石、蛇纹石等碱土金属氧化物与 CO_2 反应，将其转化为稳定的碳酸盐类化合物，从而实现 CO_2 减排	基于氯化物的 CO_2 矿物碳酸化反应技术、湿法矿物碳酸法技术、干法碳酸法技术以及生物碳酸法技术等。目前我国开发的 CO_2 矿化磷石膏技术已取得一定成果

截至 2021 年，我国已投运或建设中的 CCUS 示范项目多达 40 个，捕集能力 300 万 t/a。从覆盖技术来看，目前我国 CO_2 捕集源覆盖燃煤电厂的燃烧前、燃烧后和富氧燃烧捕集等多种技术，CO_2 封存及利用涉及咸水层封存、EOR（二氧化碳驱油）等多种方式。相比国外，我国 CCUS 项目起步较晚，已投运或建设中的 CCUS 示范项目多以石油、煤化工、电力行业小规模的捕集驱油示范为主，缺乏大规模的多种技术组合的全流程工业化示范。我国 CCUS 各环节技术均取得了显著进展，目前大部分处在基础研究、中试阶段或工业示范阶段，具体见表 2-11。

表 2-11　我国大型 CCUS 示范项目

序号	项目	捕集方式	运输	封存/利用	规模/(万 t/a)	计划投运时间	未来预期
1	中石化齐鲁石化 CCUS 项目	炼油厂，燃烧前捕集	管道运输，距离 75 km	EOR	50	2014 年	滞后，经济效益原因
2	中石化胜利电厂 CCUS 项目	电厂，燃烧后捕集	管道运输，距离 80 km	EOR	100	2014 年	滞后，经济效益原因
3	大唐集团 CO_2 捕集和示范封存	电厂，富氧燃烧捕集	管道运输，距离 50～100 km	EOR 或咸水层封存	100	2016 年	中止

表 2-11(续)

序号	项目	捕集方式	运输	封存/利用	规模/(万 t/a)	计划投运时间	未来预期
4	中石油吉林油田EOR项目二期	天然气处理,燃烧前捕集	管道运输,距离50 km	EOR	50	2017年	滞后,CO_2供应不足
5	延长集团 EOR项目	煤化工,燃烧前捕集	管道运输,距离140 km+42 km	EOR	40	2017年	滞后
6	山西国际能源集团CCUS项目	电厂,富氧燃烧捕集	管道运输	未明确	200	2020年	滞后,项目可能取消
7	国家能源集团宁夏煤制油项目	煤制油,燃烧前捕集	管道运输,距离200~250 km	未明确	200	2020年	滞后
8	华能绿色煤电IGCC项目三期	电厂,燃烧前捕集	管道运输,距离50~100 km	EOR或咸水层封存	200	2020年	滞后
9	国家能源集团鄂尔多斯煤制油项目二期	煤制油,燃烧前捕集	管道运输,距离200~250 km	咸水层封存	100	2020年	未知
10	国家能源集团国华电力神木电厂CCS项目	电厂,富氧燃烧捕集	管道运输,距离80 km	EOR或咸水层封存	100	2020年	滞后
11	华润电力碳捕集与封存集成示范项目	电厂、炼油厂,燃烧后、燃烧前捕集	管道运输,距离150 km	离岸EOR或咸水层封存	100	2025年	滞后
12	中海油大同煤制气	煤制气,燃烧前捕集	管道运输,距离300 km	EOR或咸水层封存	100	无公布数据	未知
13	中海油鄂尔多斯煤制气	煤制气,燃烧前捕集	管道运输,距离300 km	EOR或咸水层封存	100	无公布数据	未知
14	中电投-道达尔鄂尔多斯煤制烯烃	煤制烯烃,燃烧前捕集	管道运输,距离300 km	EOR或咸水层封存层封存	100	无公布数据	未知

据《中国二氧化碳捕集利用与封存(CCUS)年度报告(2021)》预计,到2030年我国全流程CCUS(按250 km运输计)技术成本为310~770元/tCO_2,到2060年将逐步降至140~410元/tCO_2。未来随着技术成本的持续下降,CCUS项目应用广度有望进一步提升。根据《中国碳捕集利用与封存技术发展路线图(2019)》的规划,到2050年,我国CCUS产值将超过3 300亿元/a。CCUS技术在我国发展趋势和目标如表2-12所示。

表 2-12　CCUS 技术在我国发展趋势和目标

项目		2025 年	2030 年	2035 年	2040 年	2050 年
发展目标	技术要求	掌握现有技术的设计建造能力	掌握现有技术产业化能力，验证新型技术的可行性	掌握新型技术的产业化能力	掌握 CCUS 项目集群的产业化能力	实现 CCUS 的广泛部署
	CO_2 利用封存量/(万 t)	2 000	5 000	10 000	27 000	97 000
	产值/(亿元/a)	390	1 100	1 700	2 700	5 700
捕集	单体规模/(万 t/a)	100	300～500	300～500	300～500	300～500
	成本（以 CO_2 计）/(元/t)	150～400	130～300	120～280	115～250	110～240
	能耗（以 CO_2 计）/(GJ/t)	2.0～3.0	1.8～2.8	1.65～2.6	1.5～2.4	1.5～2.4
	水耗（以 CO_2 计）/(kg/t)	80～300	70～240	70～220	60～200	60～200
输送	运输管道/km	200～400	1 500	6 000	8 000	10 000
	成本/[元/(t·km)]	0.75	0.4	0.3	0.2	0.15
	年输送能力/(万 t/a)	200	1 500	6 000	20 000	100 000
化工利用	CO_2 利用量/(万 t/a)	1 500	3 500	4 900	7 100	14 400
	产值/(亿元/a)	270	740	1 100	1 800	3 600
生物利用	CO_2 利用量/(万 t/a)	40	160	200	300	900
	产值/(亿元/a)	90	320	400	600	1 500
地质利用	CO_2 利用量/(万 t/a)	330	700	2 400	5 300	15 500
	产值/(亿元/a)	30	30	200	300	600
地质封存	成本(以 CO_2 计)/(元/t)	100～200	70～180	60～160	40～100	30～70
	封存量/(万 t/a)	200	700	3 100	14 500	67 000

典型案例介绍：

中石油吉林油田 CCUS-EOR 项目先导试验区于 2008 年 4 月底建成，标志着中国第一个 CCUS-EOR 项目示范区的正式建立。吉林油田 CCUS-EOR 项目是中国第一个全流程 CCUS 项目，其起源来自中石油长岭气田，通过管道运输至与之相距仅十几千米的驱油示范区。自 2008 年陆续建成投产了黑 59、黑 79 南、黑 79 北小井距、伊 59 及黑 46 等 5 个驱油封存试验区,注气井组 69 个,年产油能力达到 12 万 t,年封存二氧化碳能力 30 万 t。目前中石油吉林油田 CCUS-EOR 项目已实现伴生气中二氧化碳回收循环注入,达到二氧化碳零排放的目的。

华润电力海丰电厂 CCUS 示范项目是一个集测试平台区、二氧化碳储存区、化学实验室以及技术与国际交流中心于一体的项目。该项目二氧化碳捕集装置于 2018 年 4 月正式开工,2019 年 5 月正式投产。这个依托于华润电力海丰电厂 1 号机组建设的,世界第三、亚洲首个多技术开放国际碳捕集测试平台正式开工,标志着国家碳捕集示范工程步入重要的里程碑。华润电力海丰电厂 CCUS 项目已被广东省政府确认为省级 CCUS 示范项目,已建成碳捕集测试平台、化学实验室以及技术中心。海丰电厂毗邻南海,具有利用二氧化碳进行海水微藻养殖的天然条件,同时与南海北部油田有很好的源汇匹配关系,未来可以进一步考虑利用二氧化碳驱油提高海上油藏采收率以及地质封存减排,建立多种二氧化碳利用与封存减排产业园和示范区,推动 CCUS 一体化工业应用,为中国化石能源低碳转型提供支持。

2.4 温室气体排放核算

2.4.1 温室气体量化方法

(1) 温室气体活动强度数据收集及汇总

收集与统计企业内各项活动数据如各种燃料或原料使用单据、电费单、商务旅行或货品运输车辆行驶里程数、废水操作测量数据等。温室气体活动强度数据收集过程中,应尽量查询是否有可重复核对之数据以作为对比。有时某些温室气体的年度活动强度数据可能同时存在于不同的部门,在统计过程中应评估其差异性,并选取较正确的数据作为代表。若不同活动/设施有相同的排放源而又无法分开记录时,则可采用合并记录的方式作为替代方案。

(2) 温室气体排放系数收集及汇总

排放系数是将每单位原燃物料使用量换算成产生温室气体排放量的重要依据,因此在量化过程中是十分重要的因子。一般而言,排放系数应使用现场或本土化的数据较为适当,而准确识别排放系数来源,并确保其使用的适当性,即为本阶段首要工作。

碳排放系数是指每一种能源燃烧或使用过程中单位能源所产生的碳排放数量。根据 IPCC(政府间气候变化专门委员会)的假定,一般在使用过程中,可以认为某种能源的碳排放系数是不变的。碳排放系数是每单位经济产出所排出的二氧化碳数量,通常以吨计,以国内货币计量的国内生产总值(GDP)代表经济产出。另外,甲烷等其他温室气体亦以对全球变暖的影响程度,折算成二氧化碳后加入计量。排放量的计算通常采用间接办法,如看发电厂用了多少量的煤炭来燃烧发电,而不是去捕获并计算二氧化碳气体的质量。碳排放系数的计算涉及原煤、洗精煤、原油、天然气、焦炭、焦炉煤气、汽油、煤油、柴油、液化石油气、其他石油制品、其他焦化产品、热力、电力等能源品种。IPCC 规定的碳排放系数如下,原煤:0.755 9;燃料油:0.618 5;洗精煤:0.755 9;其他石油制品:0.585 7;焦炭:0.855 0;液化石油气:0.504 2;其他焦化产品:0.644 9;天然气:0.448 3;原油:0.585 7;焦炉煤气:0.354 8;汽油:0.553 8;炼厂干气:0.460 2;煤油:0.571 4;其他煤气:0.354 8;柴油:0.592 1;水电、核电:0.0。

(3) 温室气体排放量计算

在收集汇总包含活动强度及排放系数等所有温室气体排放源数据后,即可进行温室气体最后的量化计算。六种不同温室气体中,由于 CO_2 与其他五种气体有造成不同温室效应的特点,为了校正这种差距,需要利用全球增温潜能值(global warming potential,GWP),将其换算为实际的 CO_2 当量(carbon dioxide equivalent,用符号 CO_2e 表示),即以特定气体的排放量乘以此气体的全球暖化潜势而计算得出。计算公式如下:

$$一种气体的二氧化碳当量 = 该气体的质量(t) \times 全球增温潜能值(GWP) \tag{2-1}$$

式中,全球增温潜能值(GWP)是衡量一种物质产生温室效应的一个指数。GWP 是指在 100 年时间内,各种温室气体的温室效应对应于相同效应的二氧化碳的质量。即某一温室气体的 GWP 是指在某指定时间内,单位质量该气体吸收的热量与单位质量 CO_2 吸收的热量的比值。二氧化碳被作为参照气体,是因为其对全球变暖的影响最大,增温效应最显著。由此可见,减少 1 t 甲烷排放就相当于减少了 25 t 二氧化碳排放,即 1 t 甲烷的二氧化碳当量是 25 t;而 1 t 一氧化二氮的二氧化碳当量就是 298 t。

最后汇总完成整个计算。在计算过程中,应特别注意活动强度及排放系数的单位是否能够匹配;此外由于除 CO_2 以外五种温室气体有不同的 GWP 值,在换算成 CO_2 当量时亦应特别注意,若引用错误则可能造成量化结果数千甚至数万倍的差异。

2.4.2　工业企业温室气体排放核算

1. 核算工作流程

根据《工业企业温室气体排放核算和报告通则》(GB/T 32150—2015),工业企业温室气体排放的核算和报告的工作流程见图 2-18。

2. 温室气体排放核算边界

应以企业法人或视同法人的独立核算单位为边界,核算和报告其生产系统产生的温室气体排放,生产系统包括主要生产系统、辅助生产系统及直接为生产服务的附属生产系统,其中辅助生产系统包括动力、供电、供水、化验、机修、库房、运输等,附属生产系统包括生产指挥系统(厂部)和厂区内为生产服务的部门和单位(如职工食堂、车间浴室、保健站等)。

温室气体排放核算边界的确定宜参考设施和业务范围及生产工艺流程图。核算边界应包括:燃料燃烧排放,过程排放,购入的电力、热力产生的排放,输出的电力、热力产生的排放等。其中,生物质燃料燃烧产生的温室气体排放,应单独核算并在报告中给予说明,但不计入温室气体排放总量。核算温室气体的范围宜包括二氧化碳、甲烷、氧化亚氮、氢氟碳化物、全氟碳化物、六氟化硫和三氟化硫。报告主体应该根据行业实际排放情况确定温室气体种类。在所确定的核算边界范围内,宜按表 2-13 对各类温室气体源进行识别。

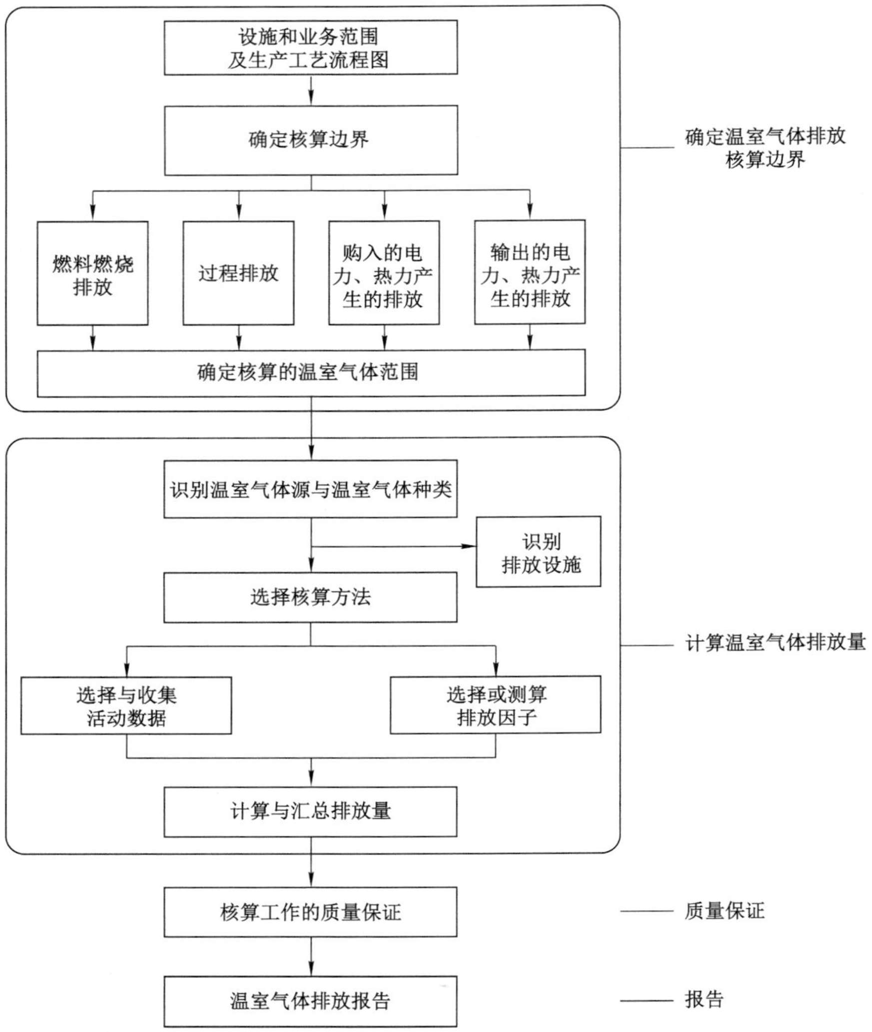

图 2-18　工业企业温室气体排放的核算和报告的工作流程图

表 2-13　企业温室气体源温室气体种类示意表(不限于)

核算边界	温室气体源类型	排放源举例	
		排放源	温室气体种类
燃料燃烧排放	固定燃烧源	电站锅炉、燃气轮机、工业锅炉、熔炼炉	CO_2
	移动燃烧源	汽车、火车、船舶、飞机	CO_2
过程排放	生产过程排放源*	氧化铝回转炉、合成氨造气炉、水泥回转窑、水泥立窑	CO_2、CH_4、N_2O
	废弃物处理处置排放源	污水处理系统	CO_2、CH_4
	逸散排放源	矿坑、天然气处理设施、变压器	CH_4、SF_4

表2-13(续)

核算边界	温室气体源类型	排放源举例	
		排放源	温室气体种类
购入的电力与热力产生的排放	由报告主体外输入的电力、热力或蒸汽消耗源	电加热炉窑、电动机系统、泵系统、风机系统、变压器、调压器、压缩机械、制热设备、制冷设备、交流电焊机、照明设备	CO_2、SF_6
特殊排放	生物质燃料燃烧源	生物燃料汽车、生物燃料飞机、生物质锅炉	CO_2、CH_4
	产品隐含碳	钢铁产品	CO_2

注:"生产过程排放源"在很多情况下也同时消耗能源,此处的分类更多关注其能够产生"过程排放"的属性,但在后续核算步骤中,也不应忽视其由于能源消耗引起的排放。

3. 核算方法

核算方法有排放因子法、物料平衡法和实测法。应当根据核算结果的数据准确度要求、可获得的计算用数据情况及排放源的可识别程度选择合适的核算方法。

(1) 排放因子法

温室气体排放量为温室气体活动数据与温室气体排放因子的乘积:

$$E_{GHG} = \mathrm{AD} \times \mathrm{EF} \times \mathrm{GWP} \tag{2-2}$$

式中　E_{GHG}——温室气体排放量,单位为吨二氧化碳当量(tCO_2e);

AD——温室气体活动数据,单位根据具体排放源确定;

EF——温室气体排放因子,单位与活动数据的单位相匹配;

GWP——全球增温潜能值,数值可参考政府间气候变化专门委员会(IPCC)提供的数据。

注:在计算燃料燃烧排放二氧化碳时,排放因子也可为含碳量、碳氧化率及二氧化碳折算系数(44/12)的乘积。

(2) 物料平衡法

使用物料平衡法计算时,根据质量守恒定律,用输入物料中的含碳量减去输出物料中的含碳量进行平衡计算得到二氧化碳排放量,见式(2-3)

$$E_{GHG} = \left[\sum (M_1 \times CC_1) - \sum (M_0 \times CC_0)\right] \times \omega \times \mathrm{GWP} \tag{2-3}$$

式中　E_{GHG}——温室气体排放量,tCO_2e(吨二氧化碳当量);

M_1——输入物料的量,单位根据具体排放源确定;

M_0——输出物料的量,单位根据具体排放源确定;

CC_1——输入物料的含碳量,单位与输入物料的量的单位相匹配;

CC_0——输出物料的含碳量,单位与输出物料的量的单位相匹配;

ω——输出物料的含碳量,单位与输出物料的量的单位相匹配;

GWP——全球增温潜能值,数值可参考政府间气候变化专门委员会(IPCC)提供的数据。

注:本公式只适用于含碳温室气体的计算。如需计算其他温室气体排放量,可根据具

体情况确定计算公式。

(3) 实测法

通过安装监测仪器、设备(如烟气排放连续监测系统,CEMS),并采用相关技术文件中要求的方法测量温室气体源排放到大气中的温室气体排放量。

4. 选择和收集温室气体活动数据

根据所选定的核算方法的要求,按照优先级由高到低的次序选择和收集温室气体活动数据。表 2-14、表 2-15 分别为温室气体活动数据收集优先级、报告主体数据及来源。

表 2-14 温室气体活动数据收集优先级

数据类型	描 述	优先级
原始数据	直接计量、监测获得的数据	高
二次数据	通过原始数据折算获得的数据,如:根据年度购买量及库存量的变化确定的数据;根据财务数据折算的数据等	中
替代数据	来自相似过程或活动的数据,如:计算冷媒逸散量时可采用相似制冷设备的冷媒填充量等	低

表 2-15 报告主体数据及来源

温室气体排放源	数据来源
固定燃烧源	企业能源平衡表
移动燃烧源	企业能源平衡表
过程排放源	原料消耗表、水平衡表(废水量)、废水监测报表(BOD、COD 浓度)、财务报表(原料购买量/购买额)
逸散排放源	监测报表
购入电力、热力或蒸汽	企业能源平衡表、财务报表(相关销售额)、采购发票或凭证
生物燃料运输设备	企业能源平衡表、财务报表(生物燃料消耗量/运输货物重量、里程)、采购发票或凭证
固碳产品	产品产量表、财务报表(产值)

5. 选择或测算排放因子

排放因子通过实测或测算得到,若缺乏基础数据,可采用排放因子参考值,表 2-16 所示为温室气体排放因子获取优先级,报告主体应对温室气体排放因子的来源作出说明。

表 2-16 温室气体排放因子获取优先级

数据类型	描 述	优先级
排放因子实测值或测算值	通过工业企业内的直接测量、能量平衡或物料平衡等方法得到的排放因子或相关参数值	高
排放因子参考值	采用相关指南或文件中提供的排放因子	低

6. 温室气体排放量的计算与汇总

报告主体应根据所选定的核算方法对温室气体排放量进行计算。所有温室气体的排放量均应折算为二氧化碳当量。

(1) 燃料燃烧排放

按照燃料种类分别计算其燃烧产生的温室气体排放量,并以二氧化碳当量为单位进行加总,见式(2-4):

$$E_{燃烧} = \sum E_{燃烧i} \tag{2-4}$$

式中 $E_{燃烧}$——燃料燃烧产生的温室气体排放量总和,tCO_2e;

$E_{燃烧i}$——第 i 种燃料燃烧产生的温室气体排放量,tCO_2e。

(2) 过程排放

按照过程分别计算其产生的温室气体排放量,并以二氧化碳当量为单位进行加总,见式(2-5):

$$E_{过程} = \sum E_{过程i} \tag{2-5}$$

式中 $E_{过程}$——过程温室气体排放量总和,tCO_2e;

$E_{过程i}$——第 i 个过程产生的温室气体排放量,tCO_2e。

(3) 购入的电力、热力产生的排放

购入的电力、热力产生的二氧化碳排放通过报告主体购入的电力、热力量与排放因子的乘积获得,见式(2-6)、式(2-7):

$$E_{购入电} = AD_{购入电} \times EF_{电} \times GWP \tag{2-6}$$

$$E_{购入热} = AD_{购入热} \times EF_{热} \times GWP \tag{2-7}$$

式中 $E_{购入电}$——购入的电力所产生的二氧化碳排放,tCO_2;

$AD_{购入电}$——购入的电力量,MW·h;

$EF_{电}$——电力生产排放因子,$tCO_2/(MW \cdot h)$;

$E_{购入热}$——购入的热力所产生的二氧化碳排放量,tCO_2;

$AD_{购入热}$——购入的热力量,GJ;

$EF_{热}$——热力生产排放因子,tCO_2/GJ;

GWP——全球增温潜能值,数值可参考政府间气候变化专门委员会(IPCC)提供的数据。

(4) 输出的电力、热力产生的排放

输出的电力、热力产生的二氧化碳排放通过报告主体输出的电力、热力量与排放因子的乘积获得,见式(2-8)、式(2-9):

$$E_{输出电} = AD_{输出电} \times EF_{电} \times GWP \tag{2-8}$$

$$E_{输出热} = AD_{输出热} \times EF_{热} \times GWP \tag{2-9}$$

式中 $E_{输出电}$——输出的电力所产生的二氧化碳排放,tCO_2;

$AD_{输出电}$——输出的电力量,MW·h;

$EF_{电}$——电力生产排放因子,$tCO_2/(MW \cdot h)$;

$E_{输出热}$——输出的热力所产生的二氧化碳排放量，tCO_2；

$AD_{输出热}$——输出的热力量，GJ；

$EF_{热}$——热力生产排放因子，tCO_2/GJ；

GWP——全球增温潜能值，数值可参考政府间气候变化专门委员会（IPCC）提供的数据。

（5）温室气体排放总量

温室气体排放总量见式（2-10）：

$$E = E_{燃烧} + E_{过程} + E_{购入电} - E_{输出电} + E_{购入热} - E_{输出热} - E_{回收利用} \tag{2-10}$$

式中 E——温室气体排放总量，tCO_2e；

$E_{燃烧}$——燃料燃烧产生的温室气体排放量总和，tCO_2e；

$E_{过程}$——过程温室气体排放量总和，tCO_2e；

$E_{购入电}$——购入的电力所产生的二氧化碳排放量，tCO_2e；

$E_{输出电}$——输出的电力所产生的二氧化碳排放量，tCO_2e；

$E_{购入热}$——购入的热力所产生的二氧化碳排放量，tCO_2e；

$E_{输出热}$——输出的热力所产生的二氧化碳排放量，tCO_2e；

$E_{回收利用}$——燃料燃烧、工艺过程产生的温室气体经回收作为生产原料自用或作为产品外供所对应的温室气体排放量，tCO_2e。

2.4.3 煤炭生产企业温室气体排放核算

《温室气体排放核算与报告要求 第 11 部分：煤炭生产企业》（GB/T 32151.11—2018）规定了煤炭生产企业温室气体排放量的核算和报告相关的术语、核算边界、核算步骤和核算方法、数据质量管理、报告内容和格式，适用于煤炭生产企业温室气体排放量的核算和报告，涉及的温室气体包含二氧化碳（CO_2）和甲烷（CH_4）。

1. 核算主体

报告主体应以企业法人或视同法人的独立核算单位为边界，核算和报告其生产系统产生的温室气体排放。生产系统包括主要生产系统、辅助生产系统以及直接为生产服务的附属生产系统，核算边界见图 2-19。

2. 煤炭企业的温室气体源

煤炭生产企业宜核算报告以下温室气体源：

（1）化石燃料燃烧排放：化石燃料在各种类型的固定或移动燃烧设备中与氧气充分燃烧生成的二氧化碳排放。若报告主体回收甲烷用作自身燃料，应将该部分甲烷回收利用产生的二氧化碳排放纳入化石燃料燃烧排放。

（2）甲烷逃逸排放：包括井工开采、露天开采和矿后活动的甲烷逃逸排放，并扣减甲烷的火炬燃烧或催化氧化销毁量和甲烷的回收利用量。

（3）二氧化碳逃逸排放：包括煤炭井工开采的二氧化碳逃逸排放，以及甲烷火炬燃烧或催化氧化产生的二氧化碳排放。

（4）购入的电力、热力对应的排放：企业消费的购入电力、热力所对应的生产环节产生

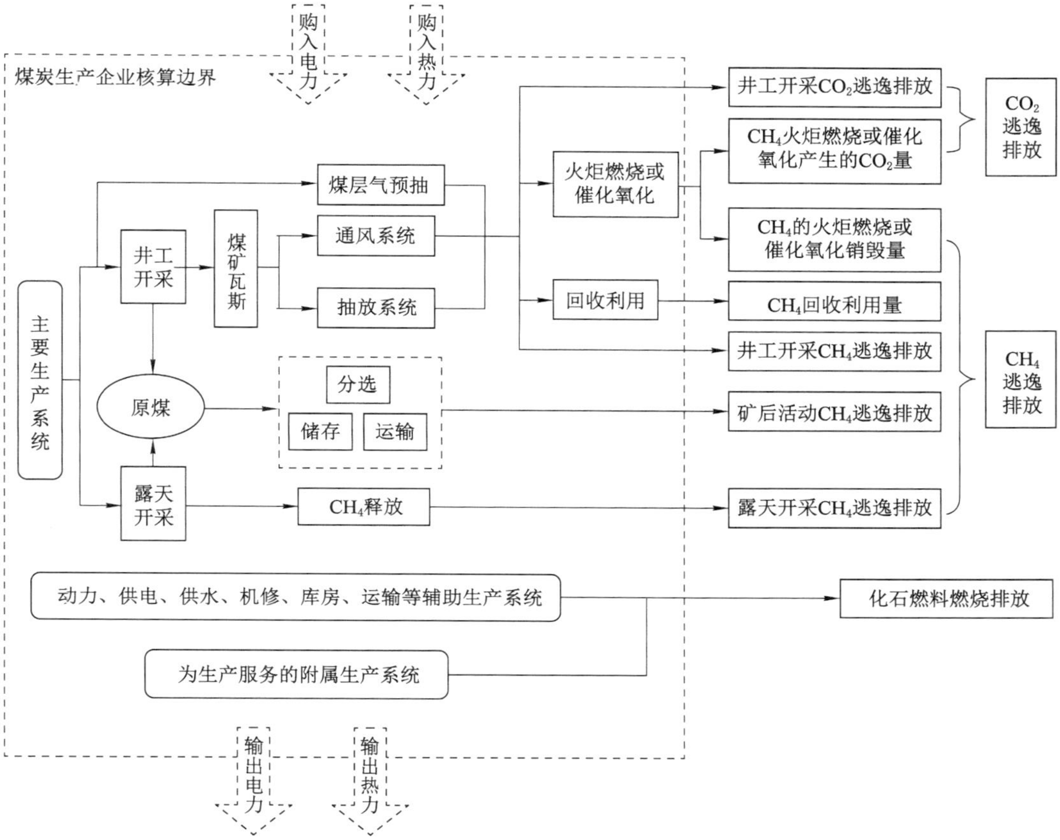

图 2-19 煤炭生产企业核算边界图

的二氧化碳排放。

(5) 输出的电力、热力对应的排放：企业输出的电力、热力所对应的生产环节产生的二氧化碳排放。

3. 核算的步骤和方法

(1) 核算步骤

报告主体进行企业温室气体排放核算与报告的工作流程包括以下步骤：

① 确定核算边界，识别温室气体源；

② 制订监测计划，收集活动数据；

③ 选择和获取排放因子数据；

④ 分别计算化石燃料燃烧二氧化碳排放量、甲烷逃逸排放量、二氧化碳逃逸排放量、购入电力对应的排放量、购入热力对应的排放量、输出电力对应的排放量和输出热力对应的排放量；

⑤ 汇总计算企业温室气体排放量；

⑥ 编制排放报告并做好数据质量管理和文件存档工作。

（2）核算方法

① 煤炭生产企业的温室气体排放总量

煤炭生产企业的温室气体排放总量等于化石燃料燃烧二氧化碳排放量、甲烷逃逸排放量、二氧化碳逃逸排放量、购入的电力和热力对应的排放量之和，减去输出的电力和热力对应的排放量。按式(2-11)计算：

$$E = E_{燃烧} + E_{CH_4\_逃逸} + E_{CO_2\_逃逸} + E_{购入电} + E_{购入热} - E_{输出电} - E_{输出热} \tag{2-11}$$

式中　E——报告主体的温室气体排放总量，tCO_2e；

$E_{燃烧}$——报告主体的化石燃料燃烧二氧化碳排放量，tCO_2；

$E_{CH_4\_逃逸}$——报告主体的甲烷逃逸排放量，tCO_2e；

$E_{CO_2\_逃逸}$——报告主体的二氧化碳逃逸排放量，tCO_2；

$E_{购入电}$——报告主体购入电力对应的二氧化碳排放量，tCO_2；

$E_{购入热}$——报告主体购入热力对应的二氧化碳排放量，tCO_2；

$E_{输出电}$——报告主体输出电力对应的二氧化碳排放量，tCO_2；

$E_{输出热}$——报告主体输出热力对应的二氧化碳排放量，tCO_2。

② 化石燃料燃烧二氧化碳排放量

报告主体的化石燃料燃烧二氧化碳排放量等于其核算边界内各种化石燃料燃烧的二氧化碳排放量之和，按式(2-12)计算：

$$E_{燃烧} = \sum\left(AD_i \times CC_i \times OF_i \times \frac{44}{12}\right) \tag{2-12}$$

式中　$E_{燃烧}$——报告主体化石燃料燃烧产生的二氧化碳排放量，tCO_2；

AD_i——第 i 种化石燃料的消费量，对固体或液体燃料，单位为吨(t)，对气体燃料，单位为万立方米($10^4 m^3$)；

CC_i——第 i 种化石燃料的含碳量，对固体和液体燃料，单位为吨碳每吨(tC/t)，对气体燃料，单位为吨碳每万立方米($tC/10^4 m^3$)；

OF_i——化石燃料 i 在燃烧设备内的碳氧化率，%；

44/12——二氧化碳与碳的相对分子质量之比；

i——化石燃料类型代号。

企业应根据自身监测能力和条件，选取以下合适的方法监测获取化石燃料的含碳量：

a. 由有资质的机构定期检测燃料的含碳量，对人工煤气、天然气等气体燃料，根据检测到的气体组分、每种气体组分的体积浓度及该组分化学分子式中碳原子的数目按式(2-13)计算含碳量。若某种燃料的含碳量变动范围较大，则应每月至少进行一次检测，并按月消费量加权平均作为该种燃料的含碳量。

$$CC_g = \sum\left(\frac{12 \times CN_n \times \varphi_n}{22.4} \times 10\right) \tag{2-13}$$

式中　CC_g——待测气体 g 的含碳量，$tC/10^4 m^3$；

CN_n——气体组分 n 化学分子式中碳原子的数目；

φ_n——待测气体每种气体组分 n 的体积分数，%；

12——碳的摩尔质量，kg/kmol；

22.4——标准状况下理想气体摩尔体积，m^3/kmol。

b. 定期检测燃料的低位发热量，并按式(2-14)估算燃料的含碳量：

$$CC_i = NCV_i \times EF_i \tag{2-14}$$

式中 CC_i——化石燃料品种 i 的含碳量，对固体和液体燃料，单位为吨碳每吨(tC/t)；对气体燃料，单位为吨碳每万立方米(tC/10^4 m^3)；

NCV_i——化石燃料品种 i 的低位发热量，对固体和液体燃料，单位为吉焦每吨(GJ/t)；对气体燃料，单位为吉焦每万立方米(GJ/10^4 m^3)；

EF_i——化石燃料品种 i 的单位热值含碳量，单位为吨碳每吉焦(tC/GJ)。

表 2-17 所示为常见化石燃料特性参数缺省值。

表 2-17 常见化石燃料特性参数缺省值

燃料品种		计量单位	低位发热量 /(GJ/t)或(GJ/10^4 m^3)	单位热值含碳量 /(tC/GJ)	燃料碳氧化率 /%
固体燃料	无烟煤	t	26.7[a]	27.4×10^{-3} [b]	94
	烟煤	t	19.570[c]	$26.1\times10—^{3}$ [b]	93
	褐煤	t	11.9[a]	28.0×10^{-3} [b]	96
	洗精煤	t	26.334[d]	25.41×10^{-3} [b]	93
	其他洗煤	t	12.545[d]	25.41×10^{-3} [b]	90
	型煤	t	17.460[c]	33.60×10^{-3} [c]	90
	焦炭	t	28.435[c]	27.4×10^{-3} [b]	93
	石油焦	t	32.5[a]	29.5×10^{-3} [b]	98
液体燃料	原油	t	41.816[d]	20.1×10^{-3} [b]	98
	燃料油	t	41.816[d]	21.1×10^{-3} [b]	98
	汽油	t	43.070[d]	18.9×10^{-3} [b]	98
	柴油	t	42.652[d]	20.2×10^{-3} [b]	98
	一般煤油	t	43.070[d]	19.6×10^{-3} [b]	98
	其他石油制品	t	40.2[a]	20.0×10^{-3} [a]	98
	焦油	t	33.453[d]	22.0×10^{-3} [a]	98
	粗苯	t	41.816[d]	22.7×10^{-3} [c]	98
	液化石油气	t	50.179[d]	17.2×10^{-3} [b]	98
	液化天然气	t	51.44[d]	15.3×10^{-3} [b]	98
气体燃料	天然气	10^4 m^3	389.31[d]	15.3×10^{-3} [b]	99
	炼厂干气	t	45.998[d]	18.2×10^{-3} [b]	99
	焦炉煤气	10^4 m^3	179.81[d]	13.58×10^{-3} [b]	99
	高炉煤气	10^4 m^3	33.00[c]	70.8×10^{-3} [a]	99
	转炉煤气	10^4 m^3	84.00[c]	49.6×10^{-3} [c]	99

表 2-17(续)

燃料品种		计量单位	低位发热量 /(GJ/t)或(GJ/10^4 m^3)	单位热值含碳量 /(tC/GJ)	燃料碳氧化率 /%
气体燃料	密闭电石炉气	$10^4 m^3$	111.190[c]	39.51×10^{-3} [c]	99
	其他煤气	$10^4 m^3$	52.270[d]	12.2×10^{-3} [b]	99

注：[a] 数据取值来源为《2006 年 IPCC 国家温室气体清单指南》。

[b] 数据取值来源为《省级温室气体清单指南(试行)》。

[c] 数据取值来源为《中国温室气体清单研究》(2007)。

[d] 数据取值来源为《中国能源统计年鉴 2013》。

③ 甲烷逃逸排放总量

煤炭生产企业甲烷的逃逸排放总量等于井工开采、露天开采和矿后活动甲烷逃逸排放量之和，减去甲烷的火炬燃烧或催化氧化销毁量和甲烷的回收利用量，计算见式(2-15)：

$$E_{CH_4\_逃逸}=(Q_{CH_4\_井工}+Q_{CH_4\_露天}+Q_{CH_4\_矿后}-Q_{CH_4\_销毁}-Q_{CH_4\_利用})\times0.67\times10\times GWP_{CH_4} \tag{2-15}$$

式中 $E_{CH_4\_逃逸}$——煤炭生产企业的甲烷逃逸排放总量，tCO_2e；

$Q_{CH_4\_井工}$——井工开采的甲烷逃逸排放量，10^4 m^3(常温常压下)；

$Q_{CH_4\_露天}$——露天开采的甲烷逃逸排放量，10^4 m^3(常温常压下)；

$Q_{CH_4\_矿后}$——矿后活动的甲烷逃逸排放量，10^4 m^3(常温常压下)；

$Q_{CH_4\_销毁}$——甲烷的火炬燃烧或催化氧化销毁量，10^4 m^3(常温常压下)；

$Q_{CH_4\_利用}$——甲烷的回收利用量，10^4 m^3(常温常压下)；

0.67——甲烷在 20 ℃、1 个大气压下的密度，kg/m^3；

GWP_{CH_4}——甲烷相比二氧化碳的全球增温潜能值(GWP)，缺省值为 21。

a. 井工开采的甲烷逃逸排放

煤炭生产企业井工开采甲烷逃逸排放量按式(2-16)计算：

$$Q_{CH_4\_井工}=\sum AD_{井工i}\times q_{相CH_4 i}\times10^{-4} \tag{2-16}$$

式中 $Q_{CH_4\_井工}$——井工开采的甲烷逃逸排放量，10^4 m^3(常温常压下)；

i——以井工方式开采的各个矿井的编号；

$AD_{井工i}$——矿井 i 当年的原煤产量，t；

$q_{相CH_4 i}$——矿井 i 当年的相对瓦斯涌出量，m^3CH_4/t。

b. 露天开采的甲烷逃逸排放

煤炭生产企业露天开采的甲烷逃逸排放量按式(2-17)计算：

$$Q_{CH_4\_露天}=\sum AD_{露天i}\times EF_{露天i}\times10^{-4} \tag{2-17}$$

式中 $Q_{CH_4\_露天}$——露天开采的甲烷逃逸排放量，$10^4 m^3$(常温常压下)；

i——煤炭生产企业露天煤矿的编号；

$AD_{露天i}$——露天煤矿 i 当年的原煤产量，t；

$EF_{露天i}$——露天煤矿 i 的甲烷排放因子，m^3/t，企业可实测露天煤矿的甲烷排放因子，也可采用缺省值 2 m^3/t。

c. 矿后活动的甲烷逃逸排放

矿后活动的甲烷逃逸排放仅考虑井工煤矿的排放，按式(2-18)计算：

$$Q_{CH_4\_矿后} = \sum_i AD_{矿后i} \times EF_{矿后i} \times 10^{-4} \tag{2-18}$$

式中 $Q_{CH_4\_矿后}$——矿后活动的甲烷逃逸排放量，10^4 m^3（常温常压下）；

i——煤炭生产企业井工煤矿的瓦斯等级，包括突出矿井、高瓦斯矿井、瓦斯矿井；

$AD_{矿后i}$——瓦斯等级为 i 的所有矿井的原煤产量之和，t；

$EF_{矿后i}$——瓦斯等级为 i 的矿井的矿后活动甲烷排放因子，m^3/t，突出矿井和高瓦斯矿井的矿后活动甲烷排放因子都采用缺省值 3 m^3/t，瓦斯矿井排放因子缺省值为 0.94 m^3/t。

d. 甲烷的火炬燃烧或催化氧化销毁量

甲烷的火炬燃烧或催化氧化销毁量按式(2-19)计算：

$$Q_{CH_4\_销毁} = Q_{瓦斯\_火炬/催化氧化} \times \varphi_{CH_4} \times OF_{火炬/催化氧化} \tag{2-19}$$

式中 $Q_{CH_4\_销毁}$——甲烷的火炬燃烧或催化氧化销毁量，10^4 m^3（常温常压下）；

$Q_{瓦斯\_火炬/催化氧化}$——煤层气（煤矿瓦斯）的火炬燃烧量及催化氧化量之和，10^4 m^3（常温常压下）；

φ_{CH_4}——用于火炬燃烧或催化氧化的煤层气（煤矿瓦斯）中甲烷的平均体积分数，%；

$OF_{火炬/催化氧化}$——甲烷火炬燃烧或催化氧化的碳氧化率，%，如无实测数据可取缺省值 98%。

e. 甲烷的回收利用量

甲烷的回收利用量按式(2-20)计算：

$$Q_{CH_4\_利用} = Q_{瓦斯\_利用} \times \varphi_{CH_4} \tag{2-20}$$

式中 $Q_{CH_4\_利用}$——甲烷的回收利用量，10^4 m^3（常温常压下）；

$Q_{瓦斯\_利用}$——煤层气（煤矿瓦斯）回收利用量，包括回收自用和回收外供的量（火炬燃烧和催化氧化除外），10^4 m^3（常温常压下）；

φ_{CH_4}——回收利用的煤层气（煤矿瓦斯）中甲烷的平均体积分数，%。

④ 二氧化碳逃逸排放量

煤炭生产企业二氧化碳逃逸排放总量等于井工开采的二氧化碳逃逸排放量与甲烷火炬燃烧或催化氧化产生的二氧化碳排放量之和，按式(2-21)计算：

$$E_{CO_2\_逃逸} = Q_{CO_2\_井工} \times 1.84 \times 10 + E_{CO_2\_火炬/催化氧化} \tag{2-21}$$

式中 $E_{CO_2\_逃逸}$——煤炭生产企业的二氧化碳逃逸排放总量，tCO_2；

$Q_{CO_2\_井工}$——井工开采的二氧化碳逃逸排放量，10^4 m^3（常温常压下）；

1.84——二氧化碳在 20 ℃、1 个大气压下的密度，kg/m^3；

$E_{CO_2\_火炬/催化氧化}$——甲烷火炬燃烧或催化氧化产生的二氧化碳排放量，tCO_2。

a. 井工开采的二氧化碳逃逸排放

煤炭生产企业井工开采二氧化碳逃逸排放量按式(2-22)计算：

$$Q_{CO_2\_井工} = \sum AD_{井工i} \times q_{相CO_2 i} \times 10^{-4} \tag{2-22}$$

式中 $Q_{CO_2\_井工}$——井工开采的二氧化碳逃逸排放量，10^4 m^3(常温常压下)；

i——以井工方式开采的各个矿井的编号；

$AD_{井工i}$——矿井 i 当年的原煤产量，t；

$q_{相CO_2 i}$——矿井 i 的相对二氧化碳涌出量，m^3 CO_2/t。

b. 甲烷火炬燃烧或催化氧化产生的二氧化碳排放

甲烷火炬燃烧或催化氧化产生的二氧化碳排放量按式(2-23)计算：

$$E_{CO_2\_火炬/催化氧化} = Q_{瓦斯\_火炬/催化氧化} \times CC_{非CO_2} \times OF_{火炬/催化氧化} \times \frac{44}{12} \tag{2-23}$$

式中 $E_{CO_2\_火炬/催化氧化}$——甲烷火炬燃烧或催化氧化产生的二氧化碳排放量，tCO_2；

$Q_{瓦斯\_火炬/催化氧化}$——煤层气(煤矿瓦斯)的火炬燃烧量及催化氧化量之和，10^4 m^3(常温常压下)；

$CC_{非CO_2}$——煤层气(煤矿瓦斯)中除二氧化碳外其他含碳化合物的总含碳量，$tC/10^4$ m^3；

$OF_{火炬/催化氧化}$——甲烷火炬燃烧或催化氧化的碳氧化率，%，甲烷火炬燃烧或催化氧化的碳氧化率，如无实测数据可取缺省值98%。

c. 购入和输出的电力、热力对应的二氧化碳排放量

购入电力对应的二氧化碳排放量按式(2-24)计算：

$$E_{购入电} = AD_{购入电} \times EF_{电} \tag{2-24}$$

式中 $E_{购入电}$——购入电力所对应的二氧化碳排放量，tCO_2；

$AD_{购入电}$——核算报告期内购入电力量，MW·h；

$EF_{电}$——电力的平均二氧化碳排放因子，tCO_2/(MW·h)。

购入热力对应的二氧化碳排放量按式(2-25)计算：

$$E_{购入热} = AD_{购入热} \times EF_{热} \tag{2-25}$$

式中 $E_{购入热}$——购入热力所对应的二氧化碳排放量，tCO_2；

$AD_{购入热}$——核算报告期内购入热力量，GJ；

$EF_{热}$——热力的平均二氧化碳排放因子，tCO_2/GJ。

输出电力对应的二氧化碳排放量按式(2-26)计算：

$$E_{输出电} = AD_{输出电} \times EF_{电} \tag{2-26}$$

式中 $E_{输出电}$——输出电力所对应的二氧化碳排放量，tCO_2；

$AD_{输出电}$——核算报告期内输出电力量，MW·h；

$EF_{电}$——电力的平均二氧化碳排放因子，tCO_2/(MW·h)。

输出热力对应的二氧化碳排放量按式(2-27)计算：

$$E_{输出热} = AD_{输出热} \times EF_{热} \tag{2-27}$$

式中 $E_{输出热}$——输出热力所对应的二氧化碳排放量，tCO_2；

$AD_{输出热}$——核算报告期内输出热力量，GJ；

$EF_{热}$——热力的平均二氧化碳排放因子，tCO_2/GJ。

以质量单位计量的热水可按式(2-28)转换为热量单位：

$$AD_{热水} = M_{aw} \times (T_w - 20) \times 4.1868 \times 10^{-3} \quad (2\text{-}28)$$

式中 $AD_{热水}$——热水的热量，GJ；

M_{aw}——热水的质量，t；

T_w——热水温度，℃；

4.186 8——水在常温常压下的比热容，kJ/(kg·℃)。

以质量单位计量的蒸汽可按式(2-29)转换为热量单位：

$$AD_{蒸汽} = Ma_{st} \times (En_{st} - 83.74) \times 10^{-3} \quad (2\text{-}29)$$

式中 $AD_{蒸汽}$——蒸汽的热量，GJ；

Ma_{st}——蒸汽的质量，t；

En_{st}——蒸汽所对应的温度、压力下每千克蒸汽的热焓，kJ/kg。

饱和蒸汽和过热蒸汽的热焓可参考表2-18和表2-19，表中未列明的温度、压力状态下的蒸汽热焓可参考邻近温度、压力下的蒸汽热焓采用内插法计算。电力的平均二氧化碳排放因子应选用国家主管部门公布的对应年份(若无对应年份则选最近年份)的电网平均二氧化碳排放因子。热力的平均二氧化碳排放因子优先采用供热单位提供的实际排放因子，无法获取的可暂取缺省值0.11 t CO_2/GJ。

表2-18 饱和蒸汽热焓表

压力/MPa	温度/℃	焓/(kJ/kg)	压力/MPa	温度/℃	焓/(kJ/kg)
0.001	6.96	2 513.8	1.00	179.88	2 777.0
0.002	17.51	2 533.2	1.10	184.06	2 780.4
0.003	24.10	2 545.2	1.20	187.96	2 783.4
0.004	28.98	2 554.1	1.30	191.6	2 786.0
0.005	32.90	2 561.2	1.40	195.04	2 788.4
0.006	36.18	2 567.1	1.50	198.28	2 790.4
0.007	39.02	2 572.2	1.60	201.37	2 792.2
0.008	41.53	2 576.7	1.40	204.3	2 793.8
0.009	43.79	2 580.8	1.50	207.1	2 795.1
0.010	45.83	2 584.4	1.90	209.79	2 796.4
0.015	54.00	2 598.9	2.00	212.37	2 797.4
0.020	60.09	2609.6	2.20	217.24	2 799.1
0.025	64.99	2 618.1	2.40	221.78	2 800.4
0.030	69.12	2 625.3	2.60	226.03	2 801.2
0.040	75.89	2 636.8	2.80	230.04	2 801.7
0.050	81.35	2 645.0	3.00	233.84	2 801.9

表 2-18(续)

压力/MPa	温度/℃	焓/(kJ/kg)	压力/MPa	温度/℃	焓/(kJ/kg)
0.060	85.95	2 653.6	3.50	242.54	2 801.3
0.070	89.96	2 660.2	4.00	250.33	2 799.4
0.080	93.51	2 666.0	5.00	263.92	2 792.8
0.090	96.71	2 671.1	6.00	275.56	2 783.3
0.10	99.64	2 675.7	7.00	285.8	2 771.4
0.12	104.81	2 683.8	8.00	294.98	2 757.5
0.14	109.32	2 690.8	9.00	303.31	2 741.8
0.16	113.32	2 696.8	10.0	310.96	2 724.4
0.18	116.93	2 702.1	11.0	318.04	2 705.4
0.20	120.23	2 706.9	12.0	324.64	2 684.8
0.25	127.43	2717.2	13.0	330.81	2 662.4
0.30	133.54	2725.5	14.0	336.63	2 638.3
0.35	138.88	2 732.5	15.0	342.12	2 611.6
0.40	143.62	2 738.5	16.0	347.32	2 582.7
0.45	147.92	2 743.8	17.0	352.26	2 550.8
0.50	151.85	2 748.5	18.0	356.96	2 514.4
0.60	158.84	2 756.4	19.0	361.44	2 470.1
0.70	164.96	2 762.9	20.0	365.71	2 413.9
0.80	170.42	2 768.4	21.0	369.79	2 340.2
0.90	175.36	2 773.0	22.0	373.68	2 192.5

表 2-19　过热蒸汽热焓表

温度/℃	焓/(kJ/kg)											
	0.01 MPa	0.1 MPa	0.5 MPa	1 MPa	3 MPa	5 MPa	7 MPa	10 MPa	14 MPa	20 MPa	25 MPa	30 MPa
0	0	0.1	0.5	1	3	5	7.1	10.1	14.1	20.1	25.1	30
10	42	42.1	42.5	43	44.9	46.9	48.8	51.7	55.6	61.3	66.1	70.8
20	83.9	84	84.3	84.8	86.7	88.6	90.4	93.2	97	102.5	107.1	111.7
40	167.4	167.5	167.9	168.3	170.1	171.9	173.6	176.3	179.8	185.1	189.4	193.8
60	2611.3	251.2	251.2	251.9	253.6	255.3	256.9	259.4	262.8	267.8	272	276.1
80	2 649.3	335	335.3	335.7	337.3	338.8	340.4	342.8	346	350.8	354.8	3 58.7
100	2 687.3	2 676.5	419.4	419.7	421.2	422.7	424.2	426.5	429.5	434	437.8	441.6
120	2 725.4	2 716.8	503.9	504.3	505.7	507.1	508.5	510.6	513.5	517.7	521.3	524.9
140	2 763.6	2 756.6	589.2	589.5	590.8	592.1	593.4	595.4	598	602	605.4	603.1
160	2 802	2 796.2	2 767.3	675.7	676.9	678	679.2	681	683.4	687.1	690.2	693.3

表 2-19(续)

温度/℃	焓/(kJ/kg)											
	0.01 MPa	0.1 MPa	0.5 MPa	1 MPa	3 MPa	5 MPa	7 MPa	10 MPa	14 MPa	20 MPa	25 MPa	30 MPa
180	2 840.6	2 835.7	2 812.1	2 777.3	764.1	765.2	766.2	767.8	769.9	773.1	775.9	778.7
200	2 879.3	2 875.2	2 855.5	2 827.5	853	853.8	854.6	855.9	857.7	860.4	862.8	856.2
220	2 918.3	2 914.7	2 898	2 874.9	943.9	944.4	945.0	946	947.2	949.3	951.2	953.1
240	2 957.4	2 954.3	2 939.9	2 920.5	2 823	1 037.8	1 038.0	1 038.4	1 039.1	1 040.3	1 041.5	1 024.8
260	2 996.8	2 994.1	2 981.5	2 964.8	2 885.5	1 135	1 134.7	1 134.3	1 134.1	1 134	1 134.3	1 134.8
280	3 036.5	3 034	3 022.9	3 008.3	2 914.8	2 857	1 236.7	1 235.2	1 233.5	1 231.6	1 230.5	1 229.9
300	3 076.3	3 074.1	3 064.2	3 051.3	2 994.2	2 925.4	2 839.2	1 343.7	1 339.5	1 334.6	1 331.5	1 329
350	3 177	3 175.3	3 167.6	3 157.7	3 115.7	3 069.2	3 017.0	2 924.2	2 753.5	1 648.4	1 626.4	1 611.3
400	3 279.4	3 278	3 217.8	3 264	3 231.6	3 196.9	3 159.7	3 098.5	3 004	2 820.1	2 583.2	2 159.1
420	3 320.96	3 319.68	3 313.8	3 306.6	3 276.9	3 245.4	3 211.0	3 155.98	3 072.72	2 917.02	2 730.76	2 424.7
440	3 362.52	3 361.36	3 355.9	3 349.3	3 321.9	3 293.2	3 262.3	3 213.46	3 141.44	3 013.94	2 878.32	2 690.3
450	3 383.3	3 382.2	3 377.1	3 370.7	3 344.4	3 316.8	3 288.0	3 242.2	3 175.8	3 062.4	2 952.1	2 823.1
460	3 404.42	3 403.34	3 398.3	3 392.1	3 366.8	3 340.4	3 312.4	3 268.58	3 205.24	3 097.96	2 994.68	2 875.26
480	34 466.66	3 445.62	3 440.9	3 435.1	3 411.6	3 387.2	3 361.3	3 321.34	3 264.12	3 169.08	3 079.84	2 979.58
500	3 488.9	3 487.9	3 483.7	3 478.3	3 456.4	3 433.8	3 410.2	3 374.1	3 323	3 240.2	3 165	3 083.9
520	3 531.82	3 530.9	3 526.9	3 521.86	3 501.28	3 480.12	3 458.6	3 425.1	3 378.4	3 303.7	3 237	3 166.1
540	3 574.74	3 573.9	3 570.1	3 565.42	3 546.16	3 526.44	3 506.4	3 475.4	3 432.5	3 364.6	3 304.7	3 241.7
550	3 593.2	3 595.4	3 591.7	3 587.2	3 568.6	3 549.6	3 530.2	3 500.4	3 459.2	3 394.3	3 337.3	3 277.7
560	3 618	3 617.22	3 613.64	3 609.24	3 591.18	3 572.76	3 554.1	3 525.4	3 485.8	3 423.6	3 369.2	3 312.6
580	3 661.6	3 660.86	3 657.52	3 653.32	3 636.34	3 619.08	3 601.6	3 574.9	3538.2	3 480.9	3 431.2	3 379.8
600	3 705.2	3 704.2	3 701.4	3 697.4	3 681.5	3 665.4	3 649.0	3 624	3 589.8	3 536.9	3 491.2	3 444.2

第3章 循环经济

3.1 循环经济的定义和原则

3.1.1 循环经济的定义

循环经济思想萌芽可追溯到环境保护兴起的20世纪60年代。1962年美国生态学家蕾切尔·卡逊发表了《寂静的春天》,指出生物界以及人类所面临的危险,引发了公众对环境保护与可持续发展的深刻思考,为循环经济理念的萌生奠定了思想基础。“循环经济”一词,首先由美国经济学家肯尼思·鲍尔丁提出,主要指在人、自然资源和科学技术的大系统内,在资源投入、企业生产、产品消费及其废弃的全过程中,把传统的依赖资源消耗的线性增长经济,转变为依靠生态型资源循环来发展的经济。其“宇宙飞船经济理论”可以作为循环经济的早期代表。大致内容是:地球就像在太空中飞行的宇宙飞船,要靠不断消耗自身有限的资源而生存,如果不合理开发资源、破坏环境,就会像宇宙飞船那样走向毁灭。因此,宇宙飞船经济要求一种新的发展观:第一,必须改变过去那种“增长型”经济为“储备型”经济;第二,要改变传统的“消耗型经济”,而代之以休养生息的经济;第三,实行福利量的经济,摒弃只着重于生产量的经济;第四,建立既不会使资源枯竭,又不会造成环境污染和生态破坏、能循环使用各种物资的“循环式”经济,以代替过去的“单程式”经济。

循环经济发端于生态经济。从美国经济学家K.波尔丁在1966年发表《一门科学——生态经济学》,开创性地提出生态经济的概念和生态经济协调发展的理论后,人们越来越认识到,在生态经济系统中,增长型的经济系统对自然资源需求的无止境性,与稳定型的生态系统对资源供给的局限性之间就必然构成一个贯穿始终的矛盾。围绕这个矛盾来推动现代文明的进程,就必然要走更加理性地强调生态系统与经济系统相互适应、相互促进、相互协调的生态经济发展道路。生态经济就是把经济发展与生态环境保护和建设有机结合起来,使二者互相促进的经济活动形式。它要求在经济与生态协调发展的思想指导下,按照物质能量层级利用的原理,把自然、经济、社会和环境作为一个系统工程统筹考虑,立足于生态,着眼于经济,强调经济建设必须重视生态资本的投入效益,认识到生态环境不仅是经济活动的载体，还是重要的生产要素，要实现经济发展、资源节约、环境保护、人与自然和谐四者的相互协调和有机统一。

“循环经济”这一术语于20世纪90年代中期在中国出现，学术界在研究过程中从不同角度的资源综合利用、环境保护、技术范式、经济形态和增长方式、广义和狭义等不同角度对其作了多种界定。此后对于循环经济的理论研究和实践不断深入。

社会上普遍推行的是国家发展改革委对循环经济的定义：循环经济是一种以资源的高效利用和循环利用为核心，以“减量化、再利用、资源化”为原则，以低消耗、低排放、高效率为基本特征，符合可持续发展理念的经济增长模式，是对“大量生产、大量消费、大量废弃”的传统增长模式的根本变革。这一定义不仅指出了循环经济的核心、原则、特征，同时也指出了循环经济是符合可持续发展理念的经济增长模式，抓住了当前中国资源相对短缺而又大量消耗的症结，对解决中国资源对经济发展的瓶颈制约具有迫切的现实意义。

3.1.2 循环经济的特征和原则

(1) 基本特征

传统经济是“资源—产品—废弃物”的单向直线过程，创造的财富越多，消耗的资源和产生的废弃物就越多，对环境资源的负面影响也就越大。循环经济则以尽可能小的资源消耗和环境成本，获得尽可能大的经济和社会效益，从而使经济系统与自然生态系统的物质循环过程相互和谐，促进资源永续利用。其基本特征是：

在资源开采环节，要大力提高资源综合开发和回收利用率。

在资源消耗环节，要大力提高资源利用效率。

在废弃物产生环节，要大力开展资源综合利用。

在再生资源产生环节，要大力回收和循环利用各种废旧资源。

在社会消费环节，要大力提倡绿色消费。

(2) 基本原则

“3R原则”是循环经济活动的行为准则，所谓“3R”原则，即减量化(reduce)原则、再使用(reuse)原则和再循环(recycle)原则。

减量化(reduce)原则：要求用尽可能少的原料和能源来完成既定的生产目标和消费目的。这就能在源头上减少资源和能源的消耗，大大改善环境污染状况。例如，使产品小型化和轻型化；使包装简单实用而不是豪华浪费；在生产和消费的过程中，使废弃物排放量最少。

再使用(reuse)原则：要求生产的产品和包装物能够被反复使用。生产者在产品设计和生产中，应摒弃一次性使用而追求利润的思维，尽可能使产品经久耐用和反复使用。

再循环(recycle)原则：要求产品在完成使用功能后能重新变成可以利用的资源，同时也要求生产过程中所产生的边角料、中间物料和其他一些物料也能返回到生产过程中或是另外加以利用。

循环经济“3R”原则的排序，实际上反映了20世纪下半叶以来人们在环境与发展问题上思想进步的三个历程：第一阶段，认识到以环境破坏为代价追求经济增长的危害，人们的思想从排放废弃物提高到要求通过末端治理净化废弃物：第二阶段，认识到环境污染的实质是资源浪费，因此，要求进一步从净化废弃物升华到通过再利用和再循环利用废弃物；第三阶段，认识到利用废弃物仍然只是一种辅助性手段，环境与发展协调的最高目标应该是实现从利用废弃物到减少废弃物的质的飞跃。与此相应，在人类经济活动中，不同的思想认识导致形成三种不同的资源使用方式：一是线性经济与末端治理相结合的传统方式；二是仅仅让再利用和再循环原则起作用的资源恢复方式；三是包括整个“3R”原则且强调避免废弃物的低排放甚至零排放方式。

除“3R”原则外，学术界提出了“4R”“5R”“6R”原则，如除“3R”外加上“再组织”“再思考”“再制造”“再修复”等等，这些原则是针对某些不同层次或领域，如管理层面、意识层面或某些行业领域提出的更加具体、具有针对性的原则，具有合理性，但不能取代“3R”原则的基本性和普遍性。

3.1.3 发展循环经济的主要途径

发展循环经济主要在组织、技术、法律三个层面上通过资源的高效利用、循环利用和废弃物的无害化处理去实现。

(1) 组织层面

从资源流动的组织层面，循环经济可以从企业、生产基地等经济实体内部的小循环，产业集中区域内企业之间、产业之间、生产区域的中循环，包括生产、生活领域的整个社会的大循环三个层面来展开。

以企业内部的物质循环为基础，构筑企业、生产基地等经济实体内部的小循环。企业、生产基地等经济实体是经济发展的微观主体，是经济活动的最小细胞。依靠科技进步，充分发挥企业的能动性和创造性，以提高资源能源的利用效率、减少废物排放为主要目的，构建循环经济微观建设体系。

以产业集中区域内的物质循环为载体，构筑企业之间、产业之间、生产区域之间的中循环。以生态园区在一定地域范围内的推广和应用为主要形式，通过产业的合理组织，在产业的纵向、横向上建立企业间能流、物流的集成和资源的循环利用，重点在废物交换、资源综合利用上，以实现园区内生产的污染物低排放甚至“零排放”，形成循环型产业集群，或是循环经济区，实现资源在不同企业之间和不同产业之间的充分利用，建立以二次资源的再利用和再循环为重要组成部分的循环经济产业体系。

以整个社会的物质循环为着眼点，构筑包括生产、生活领域的整个社会的大循环。统筹城乡发展、统筹生产生活，通过建立城镇城乡之间、人类社会与自然环境之间循环经济圈，在整个社会内部建立生产与消费的物质能量大循环，包括生产、消费和回收利用，构筑符合循环经济的社会体系，建设资源节约、环境友好型社会，实现经济效益、社会效益和生态效益的最大化。

(2) 技术层面

从资源利用的技术层面来看，遵循“减量化、再利用、再循环”原则，可包括三个层次的内容：

① 产品在绿色设计中贯穿“减量化、再利用、再循环”的理念。绿色设计包含了各种设计工作领域，凡是建立在对地球生态与人类生存环境高度关怀的认识基础上，一切有利于社会可持续发展，有利于人类乃至生物生存、环境健康发展的设计，都属于绿色设计的范畴。绿色设计具体包含了产品从创意、构思，原材料与工艺的无污染、无毒害选择到制造、使用以及废弃后的回收处理、再生利用等各个环节的设计，也就是包括产品的整个生命周期的设计。要求设计师在考虑产品基本功能属性的同时，还要预先考虑防止产品及工艺对环境的负面影响。

② 物质资源在其开发、利用的整个生命周期内贯穿“减量化、再利用、再循环”的理念。即在资源开发阶段考虑合理开发和资源的多级重复利用；在产品和生产工艺设计阶段考虑面向产品的再利用和再循环的设计思想；在生产工艺体系设计中考虑资源的多级利用、生产工艺的集成化标准化设计思想，在生产过程、产品运输及销售阶段考虑过程集成化和废物的再利用；在流通和消费阶段考虑延长产品使用寿命和实现资源的多次利用；在生命周期末端阶段考虑资源的重复利用和废物的再回收、再循环。

③ 生态环境资源的再开发利用和循环利用，即环境中可再生资源的再生产和再利用，空间、环境资源的再修复、再利用和循环利用。

对于再利用和再循环之间的界限，要认识到废弃物的再利用具有以下局限性：其一是再利用本质上仍然是事后解决问题，而不是一种预防性的措施。废弃物再利用虽然可以减少废弃物最终的处理量，但不一定能够减少经济过程中的物质流动速度以及物质使用规模。其二是再利用本身还不能保证是一种环境友好的处理活动。因为运用再利用技术处理废弃物需要耗费矿物能源、水、电及其他许多物质，并将许多新的污染物排放到环境中，造成二次污染。其三是如果再利用资源的含量太低，收集的成本就会很高，再利用就没有经济价值。

(3) 法律层面

中国的循环经济立法主要体现在两个基本法律，即：2002年6月全国人大常委会通过，2003年1月1日起实施的《中华人民共和国清洁生产促进法》；2008年8月全国人大常委会通过，2009年1月1日起实施的《中华人民共和国循环经济促进法》；2018年10月，全国人大常委会修正《中华人民共和国循环经济促进法》。

循环经济体系是以产品清洁生产、资源循环利用和废物高效回收为特征的生态经济体系。由于它将对环境的破坏降到最低程度，并且最大限度地利用资源，因而大大降低了经济发展的社会成本，有利于经济的可持续发展。对于我国而言，大力发展循环经济，是走新型工业化道路的重要途径。各级政府作为建立循环经济社会机制的主体，应抓紧制定相关的法规政策，逐步建立健全适应循环经济发展要求的管理体制和机制。尽管我国各地区的经济发展水平有一定的差异，但在制定相关法规政策时应遵循以下几条原则：

① 注重技术标准而不是具体技术。政府在制定适应循环经济要求的法规政策时，应当注重规定最终产品的指标含量，以及在生产过程中所排放的废弃物的指标含量，而不是直接规定企业必须使用某种具体的节能环保技术。只有这样，才能使不同的企业发挥自身优势，各展所长，创造出一个广阔的技术创新平台。否则，就容易限制企业多路径的创造力。

② 控制标准尽量贴近最终用户，同时鼓励上游行业创新。贴近终端用户的标准规定，能使企业在产品设计、生产和分销渠道上有很大的创新空间，从而有助于实现对各种中间废弃物的循环再利用。

③ 考虑产业投资循环节奏，多阶段加以推进。产业投资循环有其自身的规律性节奏，即投资—经营—回报—积累—再投资。政府在制定相关法规政策时，应当考虑到相关行业的产业投资循环节奏，而不应一味地要求企业迅速应用高标准的环保技术，甚至不顾及其应用成本。

④ 整合协调有技术关联的法规政策。制定鼓励技术创新的法规政策，应避免把行业作为主要的划分标准，而应当把技术性质作为主要的划分标准。就我国的国情来看，实现循环经济的最重要环节是变革许多现行的生产技术和经营技术，而行业之间的技术影响往往不是垂直而是交叉扩散的。比如，塑料工业的发展会直接影响冰箱、电视、空调、洗衣机、家庭日用品等许多行业的发展，通信行业的技术发展会直接影响证券、航空、军工等行业的发展。因此，以技术性质作为主要划分标准来制定鼓励技术创新的法规政策，是实现循环经济的内在要求和必然选择。

循环经济是一系统工程，不是单纯的经济问题，但要着眼于经济。循环经济与可持续发展一脉相承，强调社会经济系统与自然生态系统和谐共生，是集经济、技术和社会于一体的系统工程。实施循环经济需要技术、投资，还有运行成本，必须注意物质、能量循环利用在时间-空间配置上的可能性和合理性。我国循环经济的发展要注重从不同层面协调发展，即小循环、中循环、大循环加上资源再生产业（也可称为第四产业或静脉产业），从根本上解决资源在全社会的循环利用问题。

3.2 循环经济发展评价指标体系

为了科学评价循环经济发展状况，推动实施循环发展引领行动，2016 年 12 月国家发展改革委发布了《关于印发〈循环经济发展评价指标体系（2017 年版）〉的通知》（发改环资〔2016〕2749 号），并于 2017 年 1 月 1 日起开始实施。具体见表 3-1。

该指标体系分为综合指标、专项指标和参考指标。综合指标包括“主要资源产出率”和“主要废弃物循环利用率”，主要从资源利用水平和资源循环水平两方面进行考虑；专项指标包括 11 个具体指标，主要分为资源产出效率指标、资源循环利用（综合利用）指标和资源循环产业指标；参考指标主要是废弃物末端处理处置指标，主要用于描述工业固体废物、工业废水、城市垃圾和污染物的最终排放量。参考指标不作为评价指标。

表 3-1　循环经济发展评价指标体系（2017 年版）

分类	指标	单位
综合指标	主要资源产出率	元/t
	主要废弃物循环利用率	%

表3-1(续)

分类	指标	单位
专项指标	能源产出率	万元/t标煤
	水资源产出率	元/t
	建设用地产出率	万元/hm^2
	农作物秸秆综合利用率	%
	一般工业固体废物综合利用率	%
	规模以上工业企业重复用水率	%
	主要再生资源回收率	%
	城市餐厨废弃物资源化处理率	%
	城市建筑垃圾资源化处理率	%
	城市再生水利用率	%
	资源循环利用产业总产值	亿元
参考指标	工业固体废物处置量	亿t
	工业废水排放量	亿t
	城镇生活垃圾填埋处理量	亿t
	重点污染物排放量(分别计算)	亿t

在专项指标的选择上,资源产出效率指标主要从能源资源、水资源、建设用地等方面进行考察,包括:能源产出率、水资源产出率和建设用地产出率。资源循环利用(综合利用)指标的选择,兼顾了农业、工业、城市生产生活等,在农业方面,重点从大宗废弃物方面进行考察,包括:农作物秸秆综合利用率;在工业方面,重点从工业固体废物处理和水循环利用方面进行考察,包括:一般工业固体废物综合利用率和规模以上工业企业重复用水率等指标;在城市指标方面,重点从再生资源回收、城市典型废弃物处理、城市污水资源化等方面进行考察,包括:主要再生资源回收率、城市餐厨废弃物资源化处理率、城市建筑垃圾资源化处理率、城市再生水利用率等指标。资源循环产业指标,主要是从产业规模方面进行考察,包括:资源循环利用产业总产值指标。

该指标体系适用于国家、省域等两个层面。各省级单位应当根据该指标体系原则制定本省级单位的市县级层面的循环经济评价指标体系。各产业园区和行业企业可针对本园区或行业特点,从能源资源减量、过程及末端废弃物利用等角度制定本园区或企业的特色指标。

3.3 典型循环经济发展模式

3.3.1 煤炭工业

(1) 推动煤矿绿色开采。根据资源赋存条件选择先进高效的开采技术,推广矸石充填、以矸换煤等即采即填技术工艺,鼓励采用保水开采、煤与瓦斯共采等开采方式,提高煤炭资源回采率。

(2) 推进煤系共伴生资源综合开发利用。加强煤系高岭土(岩)、油母页岩、硅藻土、石墨、膨润土、耐火土等共伴生矿综合利用,提高产品附加值。鼓励煤层气发电或将煤层气作为矿区、城市的生产生活用气。推动矿井水用于矿区补充水源和周边地区生产、生活和生态用水。

(3) 实施系统节能降耗。鼓励煤矿和选煤厂开展系统节能,淘汰老旧设备和选煤工艺,加强工序能耗管理,加大风机、水泵及选煤厂技术改造,加强选煤废水循环利用,减少电耗、水耗和介质消耗。加大煤泥脱水技术的攻关力度,提高煤泥利用率。

(4) 推进矿区生态环境保护。鼓励利用矿区矸石对采空区进行填充,对沉陷区进行立体生态整治,利用矸石、灰渣等进行土地复垦,发展生态农业和旅游业等适宜产业。鼓励复垦土地的再利用。

(5) 构建煤基循环经济产业链。推进煤矸石、洗中煤、煤泥发电以及煤矸石制砖和生产水泥,构建煤—电—建材产业链。推进煤制烯烃、煤制乙二醇、煤制合成氨等已纳入国家相关规划的示范项目建设,构建煤-焦-化等煤基多联产产业链。煤炭工业发展循环经济基本模式见图 3-1。

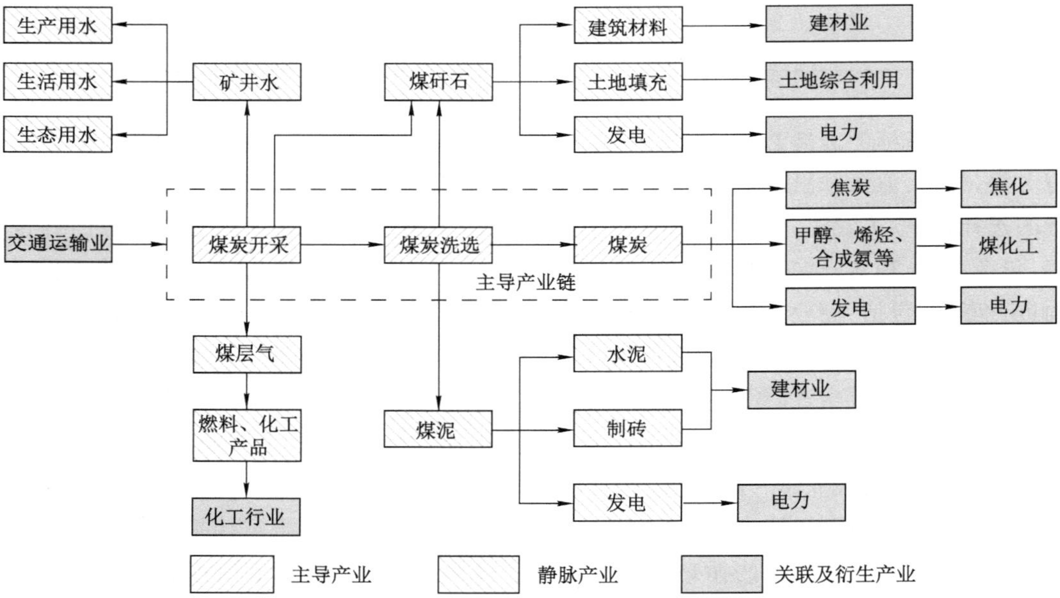

图 3-1　煤炭工业发展循环经济基本模式图

3.3.2　电力工业

(1) 加强节能降耗。调整优化电源结构,淘汰落后小火电机组,提高火电机组技术装备水平。加大锅炉、风机、水泵等设备节能改造,推广等离子无油点火等节能技术,降低厂用电率。鼓励发展热电联产和热电冷三联供,严格实行"以热定电"。加快智能电网建设和电网节能技术改造,提高电网传输效率,有效降低线损。在有条件的地方鼓励将中水、海水等非常规水源作为冷却水。

（2）推进粉煤灰、脱硫石膏综合利用。鼓励利用粉煤灰生产建材产品，推广粉煤灰在市政建设、筑路等工程中的应用，有序推进在高铝粉煤灰中提取氧化铝，支持粉煤灰经超细化加工作为造纸、橡胶等的填充材料。鼓励利用脱硫石膏生产纸面石膏板、高档装饰建材及改良盐碱土壤等。

（3）支持可再生能源发电和资源综合利用电厂建设。加强准入监管，优先支持风能、太阳能、生物质能等可再生能源发电以及符合条件的煤层气、煤矸石、余热余压、垃圾等综合利用电厂并网发电。强化电力调度交易监管，推行节能发电调度，提高可再生能源和综合利用电厂发电量比例，促进区域间电力交易，减少“窝电”。推广分布式能源。

（4）构建发电与相关产业的循环经济链。构建发电—粉煤灰—建材、筑路、建筑工程，发电—高铝粉煤灰—氧化铝，发电—脱硫石膏—建材及装饰材料，发电—余热—海水淡化—浓海水制盐—盐化工，煤矸石、垃圾、污泥—发电—灰渣—建材等产业链。电力工业发展循环经济基本模式见图 3-2。

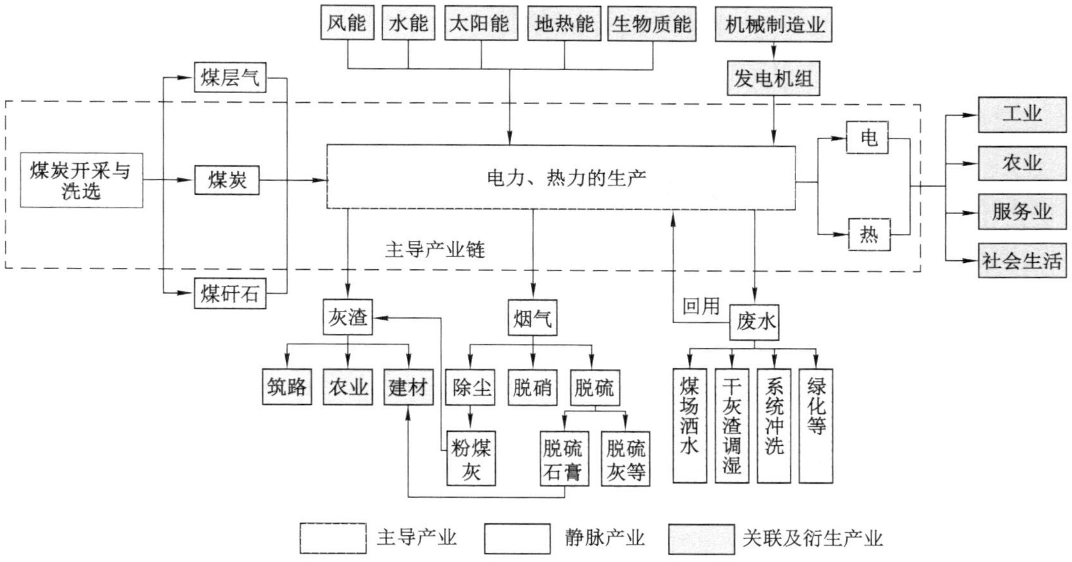

图 3-2　电力工业发展循环经济基本模式图

3.3.3　钢铁工业

（1）推进铁矿石资源综合开发利用。加强低品位矿产及难分选矿产综合利用。推动高磷铁矿、高硫铁矿中磷、硫等伴生元素的提取利用。推进铁尾矿伴生金属的高效提取利用、富铁老尾矿低成本再选和低铁富硅尾矿整体高值利用。鼓励利用尾矿砂生产建材、进行井下充填和开展生态环境治理等。

（2）强化节能降耗。加快淘汰落后高炉、转炉等。推广连铸坯热送热装和直接轧制技术。优化烧结、球团生产工艺，提高精料水平。优化高炉炉料结构。推广干熄焦、干法除尘、烧结余热回收、干式压差发电(TRT)、高效喷煤、蓄热式燃烧、全燃煤气发电等技术。推动建立企业能源管理中心。

(3) 推动余热余压、固体废物和废水资源化利用。大力推广焦炉、高炉、转炉副产煤气回收利用和各工序余热余压发电,鼓励燃气蒸汽联合循环发电。鼓励转炉渣、含铁尘泥、氧化铁皮回炉烧结,利用高炉渣、转炉渣生产水泥等建材产品。推动利用焦油、焦炉煤气、粗苯等焦化副产品生产化工产品。鼓励建立企业内部水循环系统,对废水进行分质串级循环利用。

(4) 鼓励钢铁生产系统与社会生活系统循环链接。在有条件的地区,鼓励钢铁企业利用余热资源为城市供暖供热,利用再生水、矿井水、海水淡化水等非常规水补充新水。大力推动钢铁企业消纳铬渣、废塑料等废弃物。建立废钢回收体系,支持钢铁企业建设废钢加工配送基地。

(5) 构建钢铁行业循环经济产业链。构建焦化、冶炼—副产煤气、余热余压—发电,冶炼—废渣—建材,冶炼—含铁尘泥—烧结,炼焦—焦油、煤气—化工产品,冶炼—钢铁产品—废钢铁—电炉炼钢等产业链。钢铁工业发展循环经济基本模式见图 3-3。

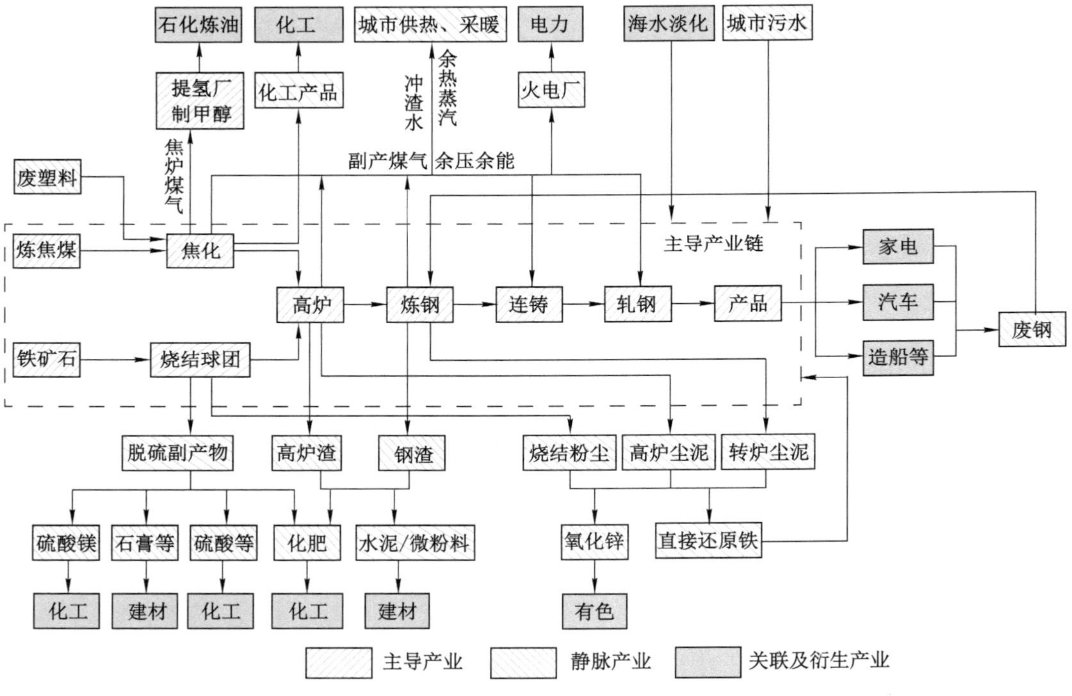

图 3-3　钢铁工业发展循环经济基本模式图

3.3.4 有色金属工业

(1) 推进共伴生矿和尾矿综合开发利用。加强对低品位矿、共伴生矿、难选冶矿、尾矿等的综合利用。大力推进铜、钴、镍尾矿多元素与铅、锌、银多元素伴生矿的综合利用,推进低品位铝土矿浮选脱硅工艺技术优化,加快铝土矿高效选矿药剂开发,推进黄金尾矿硫化物深度分选及有价组分提取。加快开发和推广铜、镍、铅、锌、铝等矿产加压浸出、生物冶金等技术、工艺及设备。加强稀贵金属矿产资源和复杂难处理贵金属共生矿综合开发利用。

(2) 强化节能降耗。淘汰落后冶炼、加工等产能，大力推广先进适用技术和装备，优化生产工艺流程，强化节能管理。重点推广新型阴极结构铝电解槽、低温高效铝电解等先进节能工艺技术。推进氧气底吹熔炼技术、闪速技术等广泛应用。加快短流程连续炼铅、液态铅渣直接还原炼铅等技术开发和推广应用。鼓励热送热装、直接铸造。

(3) 推动冶炼废渣、废气、废液和余热资源化利用。推进从冶炼废渣中提取有价组分，从赤泥中提取回收铁、贵金属、碱等，从铜冶炼渣、阳极泥中提取稀贵金属，从铅锌冶炼废渣中提取镉、锗、铁等，从黄金矿渣和氰化尾渣中提取铜、银、铅等。推动冶炼废液的综合利用，从氧化铝母液回收镓、钪等，从电解液回收镍等。推动从冶炼废气中回收铅、锌、铜、锑、铋和硫、磷等。加强余热利用和冶炼废水循环利用。

(4) 推进废有色金属再生利用。淘汰再生金属落后产能，抑制低水平重复建设。推进再生铜、再生铝等再生金属高值利用，提高在有色金属产量中的比重。支持从废铅酸蓄电池提取废酸和铅等，从废镀锌钢板提取锌，从废感光材料提取银，从废催化剂提取铂族元素和稀土材料等，从废弃电子产品提取贵金属。支持利用境外可用作原料的废有色金属资源。

(5) 构建有色金属行业循环经济产业链。构建采选—尾矿—有价组分—冶炼—有色金属，冶炼—废渣—有色金属，冶炼—炉渣—建材，冶炼—尾气—磷、硫—化工产品，冶炼—余热—发电，冶炼—有色金属—再生金属—冶炼等产业链。有色金属工业循环经济基本模式见图 3-4。

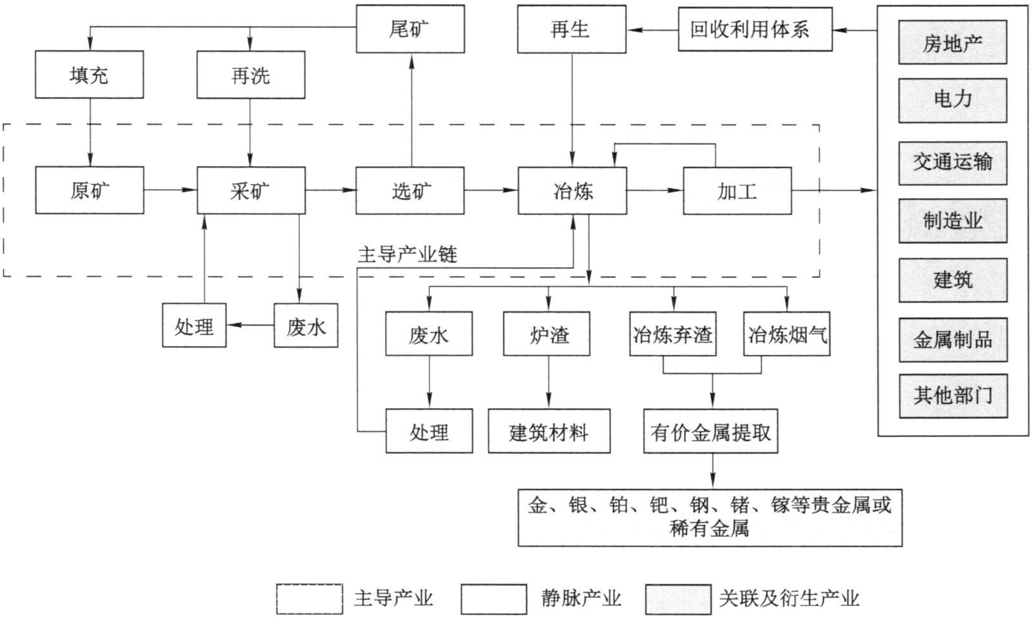

图 3-4 有色金属工业循环经济基本模式图

3.3.5 石油石化工业

(1) 加强油气资源综合开发利用。推广高效油气分离、原油稳定和伴生气处理、高效真空加热等技术，加强对非常规油气资源的开采回收，鼓励有条件的地区运用二氧化碳驱油技术，提高油气采收率。加强油田伴生气、酸性气体等回收利用，推动油砂、油页岩利用产业化发展，加强高含硫化氢天然气中硫黄的综合利用。大力推动天然气分布式能源和大型液化天然气(LNG)接收站的冷能利用，提高天然气利用效率。

(2) 加强节能降耗。原油开采环节全面实施抽油机、驱动电机节能改造，推广不加热集油技术和油田采出水余热回收利用技术。加快淘汰落后工艺设备。鼓励采用先进的节能环保技术和装备，重点推广优化换热流程、提高冷凝液回收率、优化中段回流取热比例、降低汽化率、增加塔顶循环回流换热等节能技术。

(3) 推动废渣、废气、废水资源化利用。鼓励从石油炼制废催化剂中提取钴、铑、钯等稀贵金属。加强炼制各环节余热余压的回收利用。鼓励采用自动点火系统，加强火炬气回收，探索利用火炬气发电。提高硫黄回收率。推动稠油产出污水等采油废水深度处理回用，以及石化废水分类处理利用。

(4) 构建石油石化行业循环经济产业链。构建油气开采—油砂、油页岩—炼油，炼化—废催化剂—稀贵金属，炼化—废气—硫黄—化工产品，炼化—废气—供热、发电，炼化—余热余压—发电等产业链。石油石化工业发展循环经济基本模式见图 3-5。

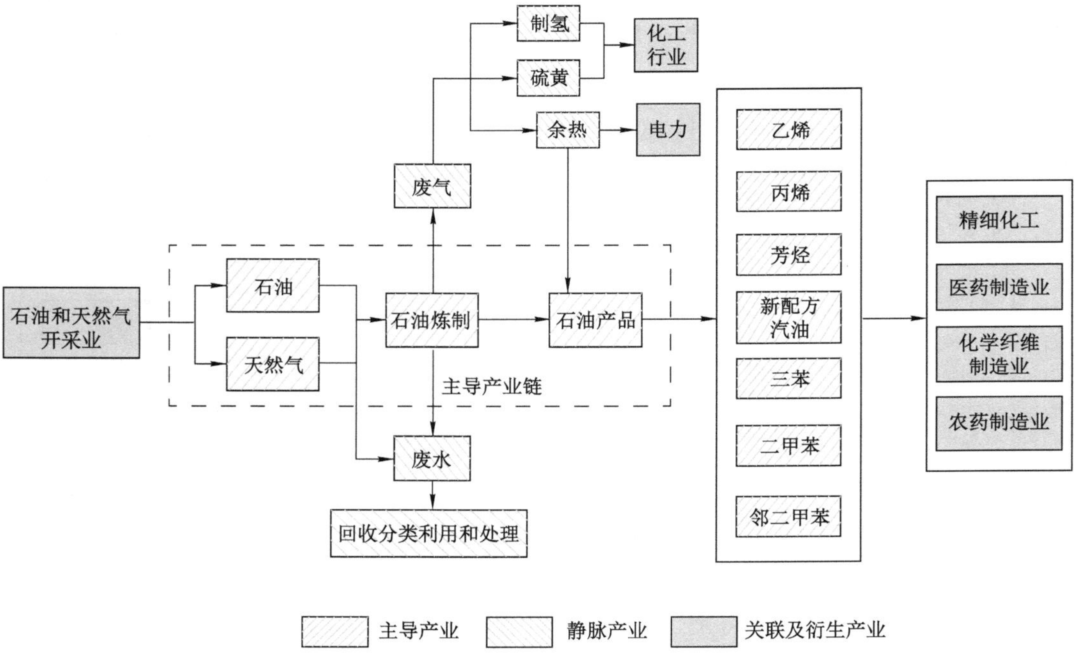

图 3-5　石油石化工业发展循环经济基本模式图

3.3.6 化学工业

（1）推动磷、硫、钾等矿产资源综合开发利用。加强对中低品位磷矿、硫铁矿、硼铁矿、钾矿等资源的开发利用。推进磷矿中氟、碘，硫铁矿和硼铁矿中铁，盐湖中锂、钾、钠、硼、镁等伴生资源的综合利用。

（2）推进节能降耗。合成氨行业实施“上大压小”淘汰落后产能，重点推广先进煤气化、节能高效脱硫脱碳、低位能余热吸收制冷等技术。烧碱行业要逐步淘汰隔膜法烧碱工艺，提高离子膜法烧碱工艺比重。纯碱行业重点推动蒸汽多级利用、变换气制碱技术，积极推广应用新型盐析结晶器和循环泵等。电石行业要加快采用大型密闭式电石炉，重点推广电石炉炉气利用、空心电极等节能技术。煤化工行业鼓励再生水、矿井水利用及余热回收发电。

（3）推动“三废”资源化利用。纯碱行业重点推动氨碱废渣用于锅炉烟气湿法脱硫和蒸氨废液综合利用。氯碱化工行业重点推动利用电石渣生产水泥或用于脱硫，加强电石渣上清液回收利用以及电石炉尾气中一氧化碳、氢气综合利用。磷化工行业重点推动磷石膏制建材、分解制酸并联产水泥，黄磷炉尾气回收生产碳一化学品及热能回收利用。硫化工行业重点推动利用硫酸生产废渣炼钢和生产水泥，加强余热回收利用。煤化工行业重点推进废渣用于生产水泥等建材产品，推广煤制烯烃水循环利用、碎粉加压气化含酚废水治理、中水回用、高浓盐水处理、低温余热利用、高温气体热利用等技术。

（4）构建化学工业循环经济产业链。构建磷矿—磷肥—磷石膏—建材，磷石膏—制酸—废渣—水泥，磷矿—磷肥—尾气—磷酸，电石—聚氯乙烯—电石渣—水泥，合成氨—造气炉渣—建材，焦化—废渣—水泥等产业链。化学工业发展循环经济基本模式见图3-6。

3.3.7 建材工业

（1）加强节能降耗。重点推进窑炉等热工设备节能改造。继续推广大型新型干法水泥生产线，推进水泥粉磨、熟料生产等节能改造。推广纯低温余热发电等窑炉余热梯级利用技术，推进玻璃生产线低温余热发电。加强粉尘回收利用。进一步扩大禁止生产和使用实心黏土砖范围。

（2）推动利废建材规模化发展。推进利用矿渣、煤矸石、粉煤灰、尾矿、工业副产石膏、建筑废弃物和废旧路面材料等大宗固体废物生产建材。在大宗固体废物产生量、堆存量大的地区，优先发展高档次、高掺量的利废新型建材产品。推动废玻璃、废玻纤、废陶瓷、废复合材料、废碎石及石粉等回收利用并生产建材产品。培育利废建材行业龙头企业。

（3）发展绿色建材产品。鼓励发展绿色建材产品。重点加快发展节能玻璃、太阳能玻璃、复合多功能墙体材料、木塑复合材料等新材料。提高高标号水泥及高性能混凝土的应用比例，推进水泥及混凝土用量的减量化。

（4）推进水泥窑协同资源化处理废弃物。鼓励水泥窑协同资源化处理城市生活垃圾、污水厂污泥、危险废物、废塑料等废弃物，替代部分原料、燃料，推进水泥行业与相关行业、社会系统的循环链接。

（5）构建建材行业循环经济产业链。构建工业生产—废渣—建材，建筑废弃物、路面材

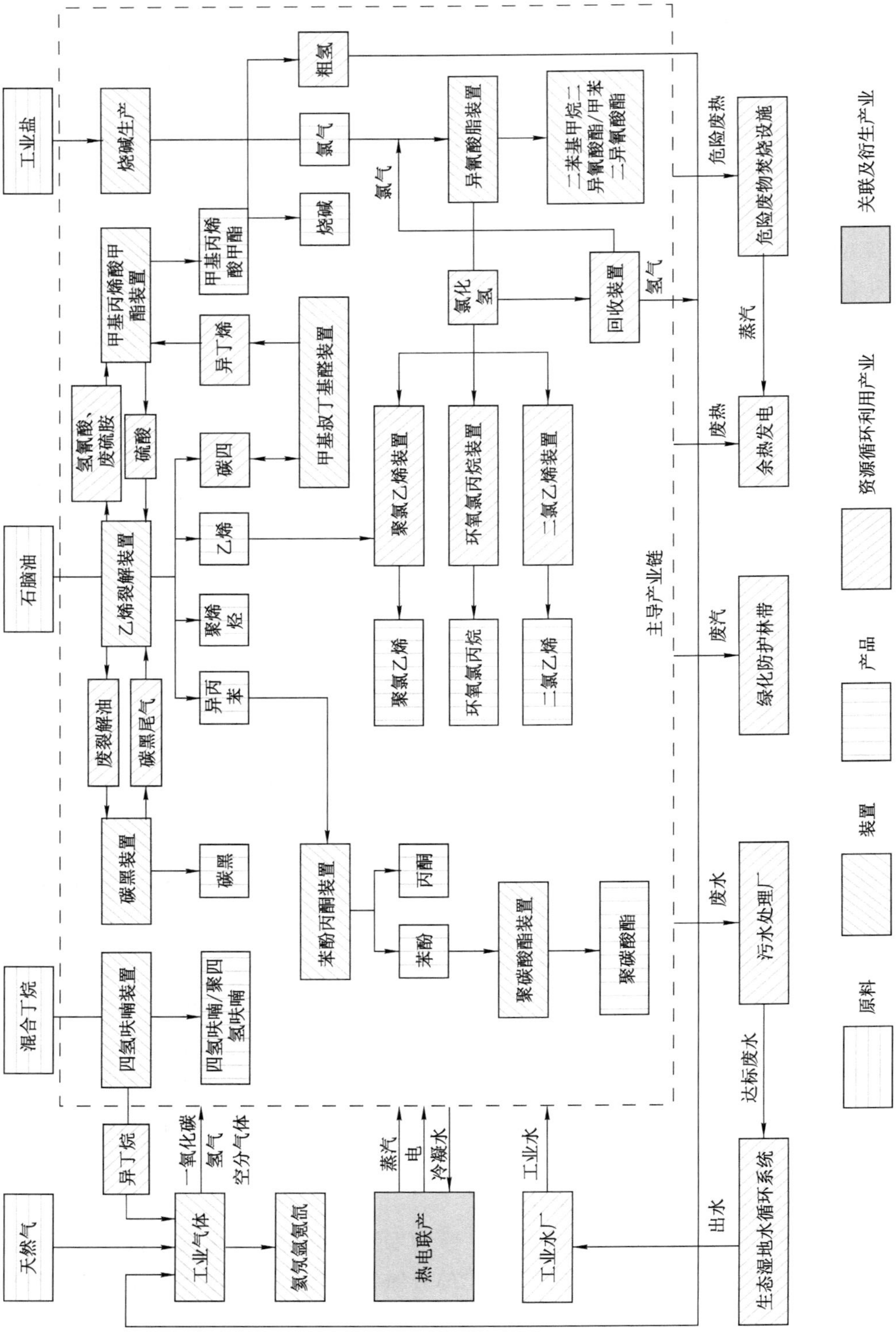

图3-6 化学工业发展循环经济基本模式图

料—建材，水泥、玻璃生产—余热—发电，水泥—粉尘—水泥，玻璃—废玻璃—玻璃，陶瓷—废陶瓷—陶瓷，石材—废碎石、石粉—人造石、砖，复合材料—废复合材料—复合材料等产业链。建材工业发展循环经济基本模式见图3-7。

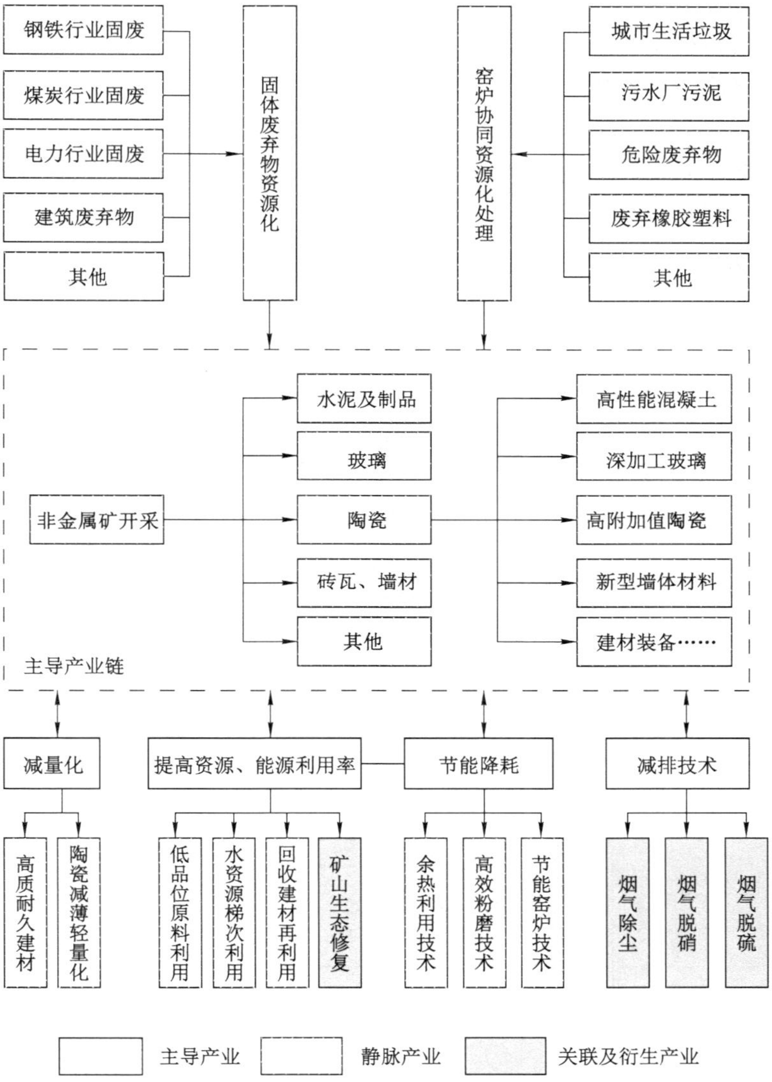

图3-7 建材工业发展循环经济基本模式图

3.3.8 造纸工业

(1) 推进节能降耗。淘汰小制浆、小造纸等落后产能。推广低固形物连蒸、低能耗蒸煮、新型高速纸机、纸板机等先进节能工艺设备。鼓励使用高得率木片磨浆系统。推广无元素氯漂白、氧脱木素等工艺。鼓励生产低白度纸和本色纸等清洁产品。

(2) 加强废物资源化利用。鼓励从制浆黑液中回收碱，利用黑液中的有机物发电，推动副产白泥用于生产水泥或氧化钙。推进造纸废水资源化利用，鼓励应用厌氧生化技术生产沼气，加强废水循环利用。鼓励利用树皮、锯木屑等备料工序剩余物、造纸废水处理污泥作为锅炉燃料。

(3) 推进造纸行业与上下游产业一体化发展。推进林浆纸一体化发展，鼓励利用林业速生材、间伐材、小径材、林竹"三剩物"及农作物秸秆等制浆。提高废纸回收利用率，积极推动新闻纸全部使用再生纸。

(4) 构建造纸行业循环经济产业链。构建制浆—黑液—白泥—水泥，制浆—黑液—白泥—氧化钙—碱—制浆，制浆—黑液—白泥—精制碳酸钙填料—造纸，纸浆—黑液等有机质—燃烧余热—热电—制浆、造纸，制浆、造纸—废液—沼气—热能、发电—制浆、造纸，制浆、造纸—固体废物—燃料—热电—制浆、造纸，废纸—制浆—造纸等产业链。造纸工业发展循环经济基本模式见图 3-8。

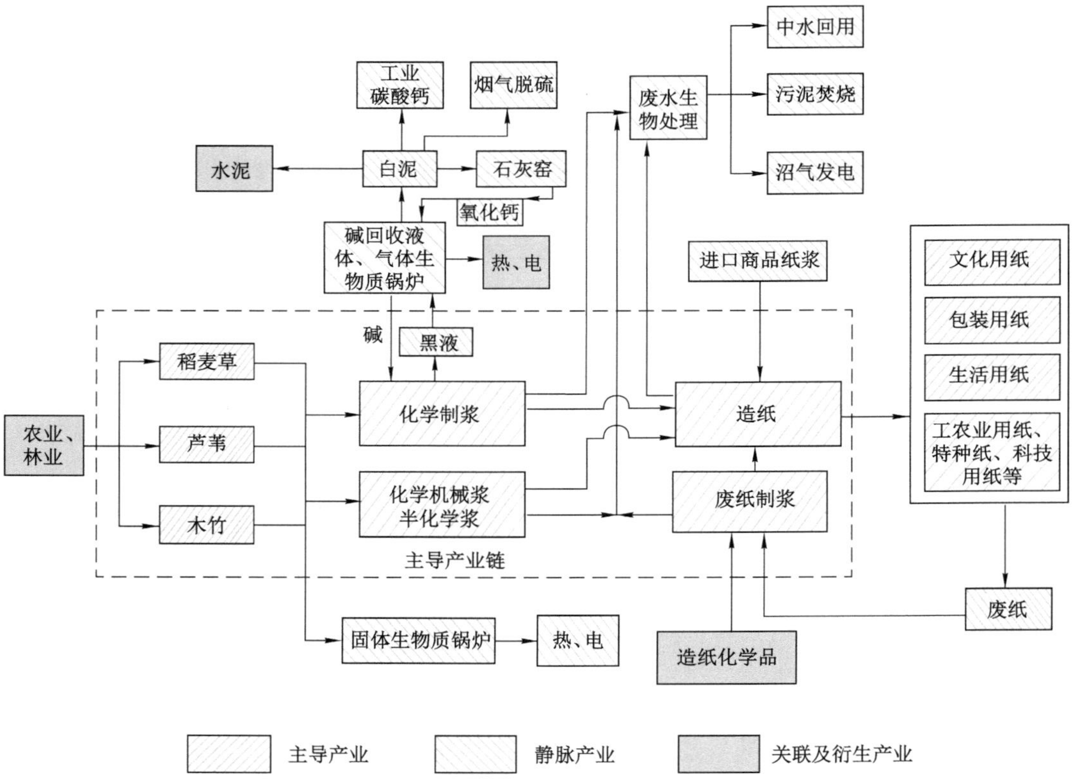

图 3-8　造纸工业发展循环经济基本模式图

3.3.9　食品工业

(1) 加强节能降耗。加快淘汰落后产能，加快推广节能、节水、节粮工艺技术和装备。优化生产工艺，实现生产过程中水和热的循环梯级利用。大幅度减少食品过度包装。

(2) 推进食品加工副产物和废弃物资源化利用。粮食加工行业重点推进利用稻壳、米糠、麦胚、麸皮等副产物生产稻壳碳、米糠油、米糠蛋白、玉米油、麦胚油、膳食纤维等。肉类、水产品加工行业重点推进利用皮毛、内脏、血液等副产物生产医药、生化产品等。发酵、酿酒行业重点推进利用酒糟、废液等进行无害化处理，将其作为生产饲料、有机肥料、生物质能等原料利用。制糖行业重点推进利用蔗渣发电、造纸、生产建材产品，利用废糖蜜制酒精等。饮料行业重点对果渣、茶渣等进行无害化处理，将其作为生产饲料或肥料的原料利用。加强废水循环利用。加强过期食品、召回食品的无风险资源化利用。

(3) 推动食品行业与上下游产业一体化发展。鼓励食品行业向上下游产业延伸，建立从原料生产到终端消费的全产业链，促进各环节有效衔接。推广以种植、养殖、加工一体化为特征的工农业复合型循环经济发展模式。

(4) 构建食品行业循环经济产业链。构建稻谷加工—稻壳—稻壳碳、生物质能，稻谷加工—米糠—米糠油、米糠蛋白，小麦加工—麦胚、麸皮—麦胚油、膳食纤维，肉类加工—皮毛、内脏、血液—医药、生化产品等，发酵/酿酒—酒糟、残渣—无害化处理—有机肥、饲料，发酵/酿酒—废液—沼气，甘蔗制糖—蔗渣—造纸、建材，蔗渣—发电—灰渣—无害化处理—有机肥，制糖—废糖蜜—酒精，水果蔬菜加工—果渣—饲料，茶叶加工—茶渣—无害化处理—肥料等产业链。食品工业发展循环经济基本模式见图3-9。

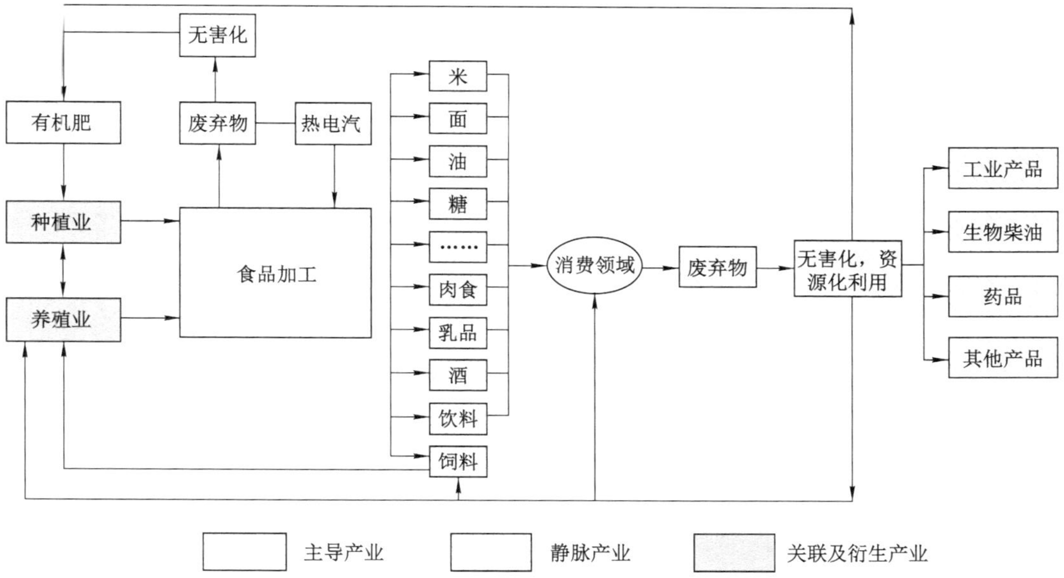

图3-9　食品工业发展循环经济基本模式图

3.3.10　纺织工业

(1) 推进节能降耗。加快淘汰落后产能，加大工艺设备节能节水改造力度。推广应用高效节能电机和空调自动控制技术，优化能源系统。推广使用可生物降解浆料和清洁型气相导热油，从源头减少有毒有害物质的使用。印染行业全面推广高效短流程前处理工艺，以及冷轧堆染色、气流染色、数码喷印等印染加工技术。加快开发替代石油的生物质纺织纤维材料，鼓励利用废聚酯瓶、废旧丙纶等生产高附加值再生纤维，减少原生资源消耗。

(2) 加强废弃物资源化利用。鼓励进行废水循环利用和废水、废气热能回收利用。推动从印染废水中回收染化料、助剂，从印染废碱液中回收碱。鼓励利用化纤生产废气制酸。加强对生产废料、边角料的再利用。

(3) 推动废旧纺织品再生利用规范化发展。以废旧职业装再生利用为突破口，完善社会化废旧纺织品回收再利用体系。选择经济合理的废旧纺织品再生利用技术路线，推动废旧纺织品分类与安全环保加工处理，鼓励利用废旧纺织品生产建筑保温材料等产品。

(4) 构建纺织行业循环经济产业链。构建印染—废液—碱，化纤生产—废气—制酸，纺织—废水、废气—热能—纺织，纺织—边角料—纺织，纺织品—废旧纺织品—再利用产成品—纺织品，纺织品—废旧纺织品—保温材料，废弃聚酯—化纤—纺织品等产业链。纺织工业发展循环经济基本模式见图 3-10。

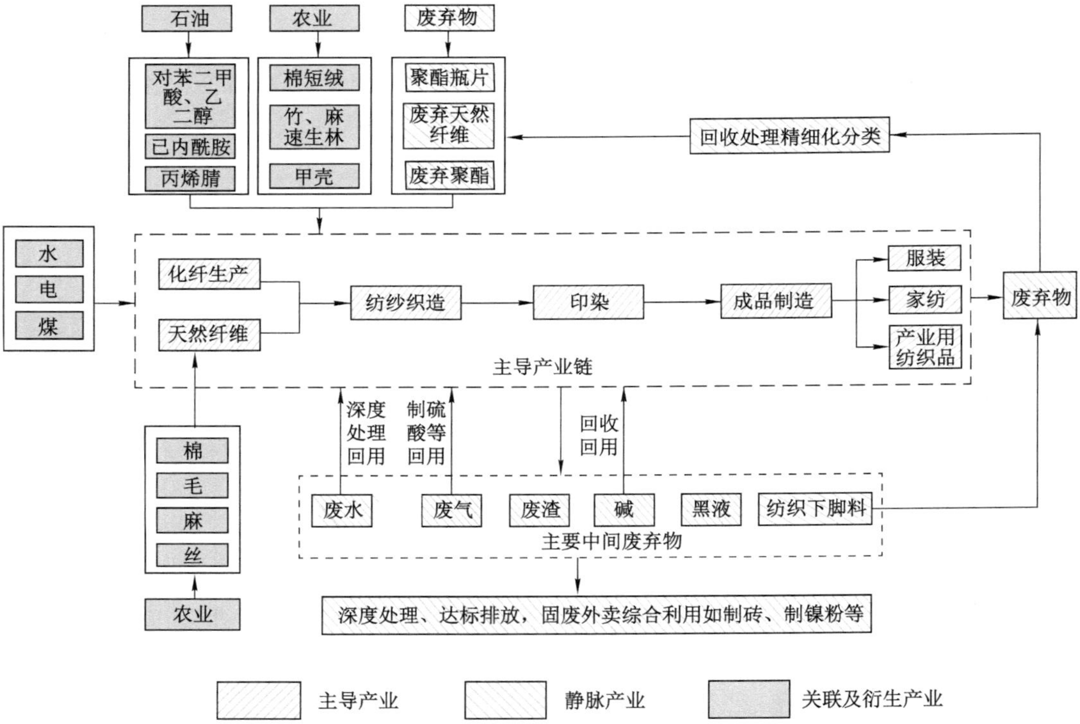

图 3-10　纺织工业发展循环经济基本模式图

3.3.11　工农业复合

工农业复合循环经济发展主要推进种植业、养殖业、农产品加工业、生物质能产业、农林废弃物循环利用产业、高效有机肥产业、休闲农业等产业循环链接，形成无废高效的跨企业、跨农户循环经济联合体，构建粮、菜、畜、林、加工、物流、旅游一体化和一、二、三产业联动发展的现代工农复合型循环经济产业体系。大力推广农业循环经济典型模式，重点培育推广畜(禽)—沼—果(菜、林、果)复合型模式、农林牧渔复合型模式、上农下渔模式、工农业复合型模式等,提升农业综合效益。工农复合型发展循环经济基本模式见图3-11。

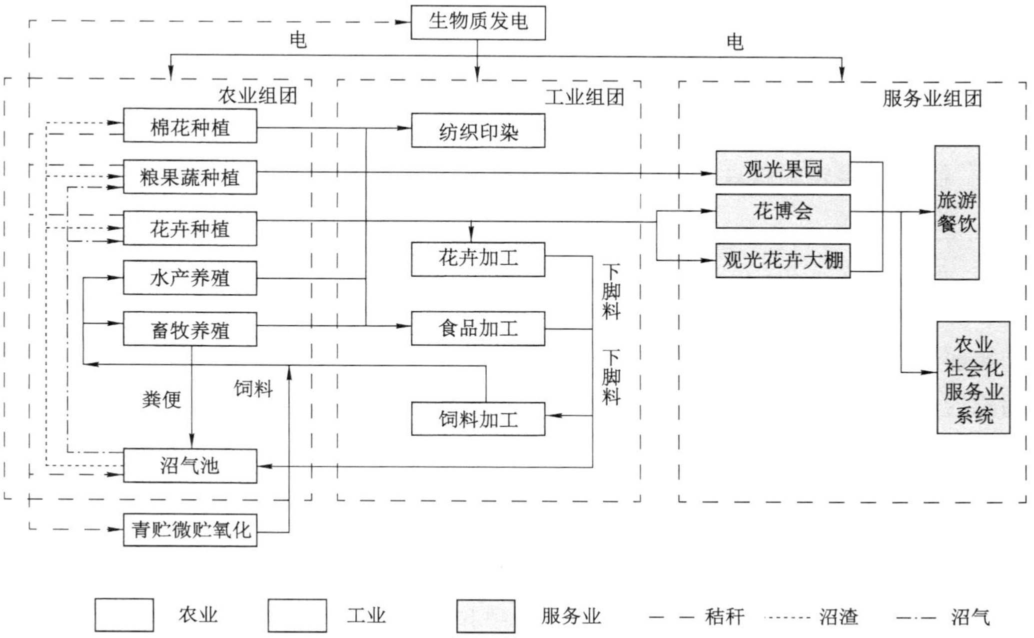

图3-11 工农复合型发展循环经济基本模式图

3.3.12 产业园区

按照"布局优化、企业集群、产业成链、物质循环、集约发展"的要求,推进新建、搬迁企业和项目园区化、集聚化发展,推动各类产业园区实施循环化改造,构建循环经济产业链,实现企业、产业间的循环链接,提高产业关联度和循环化程度,促进园区绿色低碳循环发展。

(1) 构建园区循环经济产业链。根据物质流和产业关联性,对园区进行功能分区,合理布局企业、产业、基础设施及生活区。推进园区改造,提升传统产业,培育发展战略性新兴产业,促进产业结构优化升级。重化工业要实现园区化发展,按照"横向耦合、纵向延伸、循环链接"的原则构建产业链,形成园区企业之间原料(产品)互供、资源共享的一体化。专业性产业园区要纵向延伸产业链。综合性产业园区要"补链"招商,促进产业横向耦合。工农业复合型产业园区要推进农副产品深加工利用,延长产业链,提高附加值。提高新建和搬迁改造园区的产业关联度和循环化程度。

(2) 推进园区资源高效循环利用。实施清洁生产,促进源头减量。推动园区内企业废物交换利用、废水循环利用、能源梯级利用、土地节约集约利用。推进园区生活污水再生利用,建设雨水收集利用设施,鼓励有条件的地区发展海水淡化产业。大力发展清洁能源和可再生能源。鼓励专业化服务公司为园区废物管理提供"嵌入式"服务。

(3) 推行园区基础设施绿色化。对园区内供水、供电、供热、道路、通信等公共基础设施实施绿色化改造,促进共建共享、集成优化。加快园区污染物集中治理设施建设及升级改造,鼓励园区创新环境服务模式,积极推进污水、垃圾处理设施建设和运行专业化、社会化。

3.4 循环经济发展目标和重点任务

3.4.1 循环经济发展目标

"十三五"以来,我国循环经济发展取得积极成效,2020 年主要资源产出率比 2015 年提高了约 26%,单位国内生产总值(GDP)能源消耗继续大幅下降,单位 GDP 用水量累计降低 28%。2020 年农作物秸秆综合利用率达 86%以上,大宗固废综合利用率达 56%。再生资源利用能力显著增强,2020 年建筑垃圾综合利用率达 50%;废纸利用量约 5 490 万 t;废钢利用量约 2.6 亿 t,替代 62%品位铁精矿约 4.1 亿 t;再生有色金属产量为 1 450 万 t,占国内十种有色金属总产量的 23.5%,其中再生铜、再生铝和再生铅产量分别为 325 万 t、740 万 t、240 万 t。

"十四五"时期我国进入新发展阶段,开启全面建设社会主义现代化国家新征程。大力发展循环经济,推进资源节约集约利用,构建资源循环型产业体系和废旧物资循环利用体系,对保障国家资源安全,推动实现碳达峰、碳中和,促进生态文明建设具有重大意义。

从国际看,"十四五"时期,一方面绿色低碳循环发展成为全球共识,世界主要经济体普遍把发展循环经济作为破解资源环境约束、应对气候变化、培育经济新增长点的基本路径。美国、欧盟、日本等发达国家和地区已系统部署新一轮循环经济行动计划,加速循环经济发展布局,应对全球资源环境新挑战。另一方面世界格局深刻调整,单边主义、保护主义抬头,叠加全球新冠肺炎疫情影响,全球产业链、价值链和供应链受到非经济因素严重冲击,国际资源供应不确定性、不稳定性增加,对我国资源安全造成重大挑战。

从国内看,"十四五"时期,我国将着力构建以国内大循环为主体、国内国际双循环相互促进的新发展格局,释放内需潜力,扩大居民消费,提升消费层次,建设超大规模的国内市场,资源能源需求仍将刚性增长,同时我国一些主要资源对外依存度高,供需矛盾突出,资源能源利用效率总体上仍然不高,大量生产、大量消耗、大量排放的生产生活方式尚未根本性扭转,资源安全面临较大压力。发展循环经济、提高资源利用效率和再生资源利用水平的需求十分迫切,且空间巨大。

当前,我国循环经济发展仍面临重点行业资源产出效率不高,再生资源回收利用规范化水平低,回收设施缺乏用地保障,低值可回收物回收利用难,大宗固废产生强度高、利用不充分,综合利用产品附加值低等突出问题。我国单位 GDP 能源消耗、用水量仍大幅高于世界平均水平,铜、铝、铅等大宗金属再生利用仍以中低端资源化为主。动力电池、光伏组件等新型废旧产品产生量大幅增长,回收拆解处理难度较大。稀有金属分选的精度和深度不足,循环再利用品质与成本难以满足战略性新兴产业关键材料要求,亟须提升高质量循环利用能力。

无论从全球绿色发展趋势和应对气候变化要求看，还是从国内资源需求和利用水平看，我国都必须大力发展循环经济，着力解决突出矛盾和问题，实现资源高效利用和循环利用，推动经济社会高质量发展。

“十四五”循环经济发展主要目标如下：

到2025年，循环型生产方式全面推行，绿色设计和清洁生产普遍推广，资源综合利用能力显著提升，资源循环型产业体系基本建立。废旧物资回收网络更加完善，再生资源循环利用能力进一步提升，覆盖全社会的资源循环利用体系基本建成。资源利用效率大幅提高，再生资源对原生资源的替代比例进一步提高，循环经济对资源安全的支撑保障作用进一步凸显。

到2025年，主要资源产出率比2020年提高约20%，单位GDP能源消耗、用水量比2020年分别降低13.5%、16%左右，农作物秸秆综合利用率保持在86%以上，大宗固废综合利用率达到60%，建筑垃圾综合利用率达到60%，废纸利用量达到6 000万t，废钢利用量达到3.2亿t，再生有色金属产量达到2 000万t，其中再生铜、再生铝和再生铅产量分别达到400万t、1 150万t、290万t，资源循环利用产业产值达到5万亿元。

3.4.2 循环经济重点任务

(1) 构建资源循环型产业体系，提高资源利用效率

① 推行重点产品绿色设计。健全产品绿色设计政策机制，引导企业在生产过程中使用无毒无害、低毒低害、低(无)挥发性有机物(VOCs)含量等环境友好型原料。推广易拆解、易分类、易回收的产品设计方案，提高再生原料的替代使用比例。推动包装和包装印刷减量化。加快完善重点产品绿色设计评价技术规范，鼓励行业协会发布产品绿色设计指南，推广绿色设计案例。

② 强化重点行业清洁生产。依法在“双超双有高耗能”行业实施强制性清洁生产审核，引导其他行业自觉自愿开展审核。进一步规范清洁生产审核行为，提高清洁生产审核质量。推动石化、化工、焦化、水泥、有色、电镀、印染、包装印刷等重点行业“一行一策”，制订清洁生产改造提升计划。加快清洁生产技术创新、成果转化与标准体系建设，建立健全差异化奖惩机制，探索开展区域、工业园区和行业清洁生产整体审核试点示范工作。

③ 推进园区循环化发展。推动企业循环式生产、产业循环式组合，促进废物综合利用、能量梯级利用、水资源循环使用，推进工业余压余热、废水废气废液的资源化利用，实现绿色低碳循环发展，积极推广集中供气供热。鼓励园区推进绿色工厂建设，实现厂房集约化、原料无害化、生产洁净化、废物资源化、能源低碳化、建材绿色化。制定园区循环化发展指南，推广钢铁、有色、冶金、石化、装备制造、轻工业等重点行业循环经济发展典型模式。鼓励创建国家生态工业示范园区。

④ 加强资源综合利用。加强对低品位矿、共伴生矿、难选冶矿、尾矿等的综合利用，推进有价组分高效提取利用。进一步拓宽粉煤灰、煤矸石、冶金渣、工业副产石膏、建筑垃圾等大宗固废综合利用渠道，扩大在生态修复、绿色开采、绿色建材、交通工程等领域的利用规模。加强赤泥、磷石膏、电解锰渣、钢渣等复杂难用工业固废规模化利用技术研发。推动

矿井水用于矿区补充水源和周边地区生产、生态用水。加强航道疏浚土、疏浚砂综合利用。

⑤ 推进城市废弃物协同处置。完善政策机制和标准规范，推动协同处置设施参照城市环境基础设施管理，保障设施持续稳定运行。通过市场化方式确定城市废弃物协同处置付费标准，有序推进水泥窑、冶炼窑炉协同处置医疗废物、危险废物、生活垃圾等，统筹推进生活垃圾焚烧炉协同应急处置医疗废物。推进厨余垃圾、园林废弃物、污水厂污泥等低值有机废物的统筹协同处置。

(2) 构建废旧物资循环利用体系，建设资源循环型社会

① 完善废旧物资回收网络。将废旧物资回收相关设施纳入国土空间总体规划，保障用地需求，合理布局、规范建设回收网络体系，统筹推进废旧物资回收网点与生活垃圾分类网点“两网融合”。

放宽废旧物资回收车辆进城、进小区限制并规范管理，保障合理路权。积极推行“互联网＋回收”模式，实现线上线下协同，提高规范化回收企业对个体经营者的整合能力，进一步提高居民交投废旧物资便利化水平。规范废旧物资回收行业经营秩序，提升行业整体形象与经营管理水平。因地制宜完善乡村回收网络，推动城乡废旧物资回收处理体系一体化发展。支持供销合作社系统依托销售服务网络，开展废旧物资回收。

② 提升再生资源加工利用水平。推动再生资源规模化、规范化、清洁化利用，促进再生资源产业集聚发展，高水平建设现代化“城市矿产”基地。实施废钢铁、废有色金属、废塑料、废纸、废旧轮胎、废旧手机、废旧动力电池等再生资源回收利用行业规范管理，提升行业规范化水平，促进资源向优势企业集聚。加强废弃电器电子产品、报废机动车、报废船舶、废铅蓄电池等拆解利用企业规范管理和环境监管，加大对违法违规企业整治力度，营造公平的市场竞争环境。加快建立再生原材料推广使用制度，拓展再生原材料市场应用渠道，强化再生资源对战略性矿产资源供给保障能力。

③ 规范发展二手商品市场。完善二手商品流通法规，建立完善车辆、家电、手机等二手商品鉴定、评估、分级等标准，规范二手商品流通秩序和交易行为。鼓励“互联网＋二手”模式发展，强化互联网交易平台管理责任，加强交易行为监管，为二手商品交易提供标准化、规范化服务，鼓励平台企业引入第三方二手商品专业经营商户，提高二手商品交易效率。推动线下实体二手市场规范建设和运营，鼓励建设集中规范的“跳蚤市场”。鼓励在各级学校设置旧书分享角、分享日，促进广大师生旧书交换使用。鼓励社区定期组织二手商品交易活动，促进辖区内居民家庭闲置物品交易和流通。

④ 促进再制造产业高质量发展。提升汽车零部件、工程机械、机床、文办设备等再制造水平，推动盾构机、航空发动机、工业机器人等新兴领域再制造产业发展，推广应用无损检测、增材制造、柔性加工等再制造共性关键技术。培育专业化再制造旧件回收企业。支持建设再制造产品交易平台。鼓励企业在售后服务体系中应用再制造产品并履行告知义务。推动再制造技术与装备数字化转型结合，为大型机电装备提供定制化再制造服务。在监管部门信息共享、风险可控的前提下，在自贸试验区支持探索开展航空、数控机床、通信设备等保税维修和再制造复出口业务。加强再制造产品评定和推广。

(3) 深化农业循环经济发展，建立循环型农业生产方式

① 加强农林废弃物资源化利用。推动农作物秸秆、畜禽粪污、林业废弃物、农产品加工副产物等农林废弃物高效利用。加强农作物秸秆综合利用，坚持农用优先，加大秸秆还田力度，发挥耕地保育功能，鼓励秸秆离田产业化利用，开发新材料新产品，提高秸秆饲料、燃料、原料等附加值。加强畜禽粪污处理设施建设，鼓励种养结合，促进农用有机肥就地就近还田利用。因地制宜鼓励利用次小薪材、林业“三剩物”(采伐剩余物、造材剩余物、加工剩余物)进行复合板材生产、食用菌栽培和能源化利用，推进农产品加工副产物的资源化利用。

② 加强废旧农用物资回收利用。引导种植大户、农民合作社、家庭农场、农用物资企业、废旧物资回收企业等相关责任主体主动参与回收。支持乡镇集中开展回收设施建设，健全农膜、化肥与农药包装、灌溉器材、农机具、渔网等废旧农用物资回收体系。建设区域性废旧农用物资集中处置利用设施，提高规模化、资源化利用水平。

③ 推行循环型农业发展模式。推行种养结合、农牧结合、养殖场建设与农田建设有机结合，推广畜禽、鱼、粮、菜、果、茶协同发展模式。打造一批生态农场和生态循环农业产业联合体，探索可持续运行机制。推进农村生物质能开发利用，发挥清洁能源供应和农村生态环境治理综合效益。构建林业循环经济产业链，推广林上、林间、林下立体开发产业模式。推进种植、养殖、农产品加工、生物质能、旅游康养等循环链接，鼓励一二三产融合发展。

3.4.3 重点工程与行动

(1) 城市废旧物资循环利用体系建设工程

城市废旧物资循环利用体系建设工程主要以直辖市、省会城市、计划单列市及人口较多的城市为重点，选择约60个城市开展废旧物资循环利用体系建设。统筹布局城市废旧物资回收交投点、中转站、分拣中心建设。在社区、商超、学校、办公场所等设置回收交投点，推广智能回收终端。合理布局中转站，建设功能健全、设施完备、符合安全环保要求的综合型和专业型分拣中心。统筹规划建设再生资源加工利用基地，推进废钢铁、废有色金属、报废机动车、退役光伏组件和风电机组叶片、废旧家电、废旧电池、废旧轮胎、废旧木制品、废旧纺织品、废塑料、废纸、废玻璃、厨余垃圾等城市废弃物分类利用和集中处置，引导再生资源加工利用项目集聚发展。鼓励京津冀、长三角、珠三角、成渝等重点城市群建设区域性再生资源加工利用基地。

(2) 园区循环化发展工程

制定各地区循环化发展园区清单，按照“一园一策”原则逐个制定循环化改造方案。组织园区企业实施清洁生产改造。积极利用余热余压资源，推行热电联产、分布式能源及光伏储能一体化系统应用，推动能源梯级利用。建设园区污水集中收集处理及回用设施，加强污水处理和循环再利用。加强园区产业循环链接，促进企业废物资源综合利用。建设园区公共信息服务平台，加强园区物质流管理。

到2025年年底，具备条件的省级以上园区(包括经济技术开发区、高新技术产业开发区、出口加工区等各类产业园区)全部实施循环化改造，显著提升园区绿色低碳循环发展水平。通过循环化改造，实现园区的能源、水、土地等资源利用效率大幅提升，二氧化碳、固体废物、废水、主要大气污染物排放量大幅降低。

园区循环化改造围绕构建产业链条，坚持副产物减量化，通过优化空间布局，调整产业结构，合理延伸产业链并构建循环链接，形成循环经济关键链接技术突破，搭建基础设施和公共服务平台，创新组织形式和管理机制，实现园区资源高效、循环利用和废物“零排放”。总体从空间布局优化、产业结构调整、企业清洁生产、公共基础设施建设、环境保护、组织管理创新等方面，推进现有各类园区进行循环化改造。

循环化改造的主要任务如下：

① 优化产业空间布局。根据物质流和产业关联性，优化园区内的企业、产业和基础设施的空间布局，体现产业集聚和循环链接效应，积极推广集中供气供热供水，实现土地的节约集约高效利用。

② 促进产业循环链接。按照“横向耦合、纵向延伸、循环链接”原则，建设和引进关键项目，合理延伸产业链，推动产业循环式组合、企业循环式生产，促进项目间、企业间、产业间物料闭路循环、物尽其用，切实提高资源产出率。

③ 推动节能降碳。开展节能降碳改造，推动企业产品结构、生产工艺、技术装备优化升级，推进能源梯级利用和余热余压回收利用。因地制宜发展利用可再生能源，开展清洁能源替代改造，提高清洁能源消费占比。提高能源利用管理水平。

④ 推进资源高效利用、综合利用。园区重点企业全面推行清洁生产，促进原材料和废弃物源头减量。加强资源深度加工、伴生产品加工利用、副产物综合利用，推动产业废弃物回收及资源化利用。加强水资源高效利用、循环利用，推进中水回用和废水资源化利用。因地制宜开展海水淡化等非常规水利用。

⑤ 加强污染集中治理。加强废水、废气、废渣等污染物集中治理设施建设及升级改造，实行污染治理的专业化、集中化和产业化。强化园区的环境综合管理，构建园区、企业和产品等不同层次的环境治理和管理体系，最大限度地降低污染物排放。

近年来，园区循环化改造已呈燎原之势，影响并带动众多地方园区开展循环化改造工作，助力绿色发展。2011—2017 年，国家发展改革委、财政部已在全国范围内开展了 7 批次 129 个园区循环化改造示范试点，到 2020 年，已有 69 个园区顺利通过验收，累计完成中央资金支持重点项目 1 100 个，撬动社会投资超过 1 300 亿元。

(3) 大宗固废综合利用示范工程

聚焦粉煤灰、煤矸石、冶金渣、工业副产石膏、尾矿、共伴生矿、农作物秸秆、林业三剩物等重点品种，推广大宗固废综合利用先进技术、装备，实施具有示范作用的重点项目，大力推广使用资源综合利用产品，建设 50 个大宗固废综合利用基地和 50 个工业资源综合利用基地。

(4) 建筑垃圾资源化利用示范工程

建设 50 个建筑垃圾资源化利用示范城市。推行建筑垃圾源头减量，建立建筑垃圾分类管理制度，规范建筑垃圾堆放、中转和资源化利用场所建设和运营管理。完善建筑垃圾回收利用政策和再生产品认证标准体系，推进工程渣土、工程泥浆、拆除垃圾、工程垃圾、装修垃圾等资源化利用，提升再生产品的市场使用规模。培育建筑垃圾资源化利用行业骨干企业，加快建筑垃圾资源化利用新技术、新工艺、新装备的开发、应用与集成。

（5）循环经济关键技术与装备创新工程

深入实施循环经济关键技术与装备重点专项。围绕典型产品生态设计、重点行业清洁生产、大宗固废综合利用、再生资源高质循环、高端装备再制造等领域，突破一批绿色循环关键共性技术及重大装备；在京津冀、长三角、珠三角等区域，开展循环经济绿色技术体系集成示范，推动形成政产学研用一体化的科技成果转化模式。

（6）再制造产业高质量发展行动

结合工业智能化改造和数字化转型，大力推广工业装备再制造，扩大机床、工业电机、工业机器人再制造应用范围。支持隧道掘进、煤炭采掘、石油开采等领域企业广泛使用再制造产品和服务。在售后维修、保险、商贸、物流、租赁等领域推广再制造汽车零部件、再制造文办设备，再制造产品在售后市场使用比例进一步提高。壮大再制造产业规模，引导形成10个左右再制造产业集聚区，培育一批再制造领军企业，实现再制造产业产值达到2 000亿元。

（7）废弃电器电子产品回收利用提质行动

利用互联网信息技术，鼓励多元参与，构建线上线下相融合的废弃电器电子产品回收网络，继续开展电器电子产品生产者责任延伸试点。支持电器电子产品生产企业通过自主回收、联合回收或委托回收等方式建立回收体系，引导并规范生产企业与回收企业、电商平台共享信息。引导废弃电器电子产品流入规范化拆解企业。保障手机、电脑等电子产品回收利用全过程的个人隐私信息安全。强化科技创新，鼓励新技术、新工艺、新设备的推广应用，支持规范拆解企业工艺设备提质改造，推进智能化与精细化拆解，促进高值化利用。

（8）汽车使用全生命周期管理推进行动

研究制定汽车使用全生命周期管理方案，构建涵盖汽车生产企业、经销商、维修企业、回收拆解企业等的汽车使用全生命周期信息交互系统，加强汽车生产、进口、销售、登记、维修、二手车交易、报废、关键零部件流向等信息互联互通和交互共享。建立认证配件、再制造件、回用外观件的标识制度和信息查询体系。开展汽车产品生产者责任延伸试点。选择部分地区率先开展汽车使用全生命周期管理试点，条件成熟后向全国推广。

（9）塑料污染全链条治理专项行动

科学合理推进塑料源头减量，严格禁止生产超薄农用地膜、含塑料微珠日化产品等危害环境和人体健康的产品，鼓励公众减少使用一次性塑料制品。深入评估各类塑料替代品全生命周期资源环境影响。因地制宜、积极稳妥推广可降解塑料，健全标准体系，提升检验检测能力，规范应用和处置。推进标准地膜应用，提高废旧农膜回收利用水平。加强塑料垃圾分类回收和再生利用，加快生活垃圾焚烧处理设施建设，减少塑料垃圾填埋量。开展江河、湖泊、海岸线塑料垃圾清理，实施海洋垃圾清理专项行动。加强政策解读和宣传引导，营造良好社会氛围。

（10）快递包装绿色转型推进行动

强化快递包装绿色治理，推动电商与生产商合作，实现重点品类的快件原装直发。鼓励包装生产、电商、快递等上下游企业建立产业联盟，支持建立快递包装产品合格供应商制度，推动生产企业自觉开展包装减量化。实施快递包装绿色产品认证制度。开展可循环快递包装规模化应用试点，大幅提升循环中转袋(箱)应用比例。加大绿色循环共用标准化周转箱推广应用力度。鼓励电商、快递企业与商业机构、便利店、物业服务企业等合作设立可循环快递包装协议回收点，投放可循环快递包装的专业化回收设施。到2025年，电商快件基本实现不再二次包装，可循环快递包装应用规模达1 000万个。

(11) 废旧动力电池循环利用行动

加强新能源汽车动力电池溯源管理平台建设，完善新能源汽车动力电池回收利用溯源管理体系。推动新能源汽车生产企业和废旧动力电池梯次利用企业通过自建、共建、授权等方式，建设规范化回收服务网点。推进动力电池规范化梯次利用，提高余能检测、残值评估、重组利用、安全管理等技术水平。加强废旧动力电池再生利用与梯次利用成套化先进技术装备推广应用。完善动力电池回收利用标准体系。培育废旧动力电池综合利用骨干企业，促进废旧动力电池循环利用产业发展。

第 4 章　清洁生产审核

4.1　清洁生产

我国自 20 世纪 90 年代初引入清洁生产理念并开展清洁生产试点、示范。2002 年 6 月 29 日第九届全国人大常委会第二十八次会议审议通过了《中华人民共和国清洁生产促进法》(简称《清洁生产促进法》),2003 年 1 月 1 日正式施行。这是我国第一部以污染预防为主要内容的专门法律,是我国全面推行清洁生产的里程碑,标志着我国清洁生产进入法制化轨道。

国家发展改革委和原国家环保总局于 2004 年颁布实施的《清洁生产审核暂行办法》促使清洁生产审核成为我国推进清洁生产最有效的手段和方法,确定了自愿性审核和强制性审核协同推进的模式,建立了清洁生产审核一系列配套制度,清洁生产工作也取得了明显进展与成就。2012 年 2 月 29 日,第十一届全国人大常委会第二十五次会议通过了《全国人民代表大会常务委员会关于修改〈中华人民共和国清洁生产促进法〉的决定》,对《清洁生产促进法》进行了修订,并于 2012 年 7 月 1 日起施行。修订后的《清洁生产促进法》明确了强制性清洁生产审核制度。

4.1.1　清洁生产的定义与内涵

(1) 清洁生产的定义

清洁生产是人们思想和观念的转变,是环保战略由被动反应向主动行动的转变。清洁生产在不同阶段或不同国家有不同叫法,如“废弃物最小化”“无废工艺”“污染预防”等,但基本内涵一致,即对产品和产品的生产过程采用预防污染的策略来减少污染物的产生。

联合国环境规划署在 1989 年首次提出了清洁生产的定义,并于 1996 年修订如下:清洁生产是一种新的创造性思想。该思想将整体预防的环境战略持续应用于生产过程、产品和服务中,以增加生态效率和减少人类及环境的风险。

——对生产过程。要求节约原材料和能源,淘汰有毒原材料,削减所有废弃物的数量和毒性。

——对产品，要求减少从原材料提炼到产品最终处置的全生命周期的不利影响。

——对服务，要求将环境因素纳入服务的设计和提供过程中。

2012 年新修订的《清洁生产促进法》第二条对清洁生产定义：清洁生产，是指不断采取改进设计、使用清洁的能源和原料、采用先进的工艺技术设备、改善管理、综合利用等措施，从源头削减污染，提高资源利用效率，减少或者避免生产、服务和产品使用过程中污染物的产生和排放，以减轻或者消除对人类健康和环境的危害。

(2) 清洁生产内容

清洁生产主要包括自然资源的合理与有效利用、经济效益最大化、人类健康和环境的危害与风险最小化三个方面的内容。

自然资源的合理与有效利用要求投入的原材料和能源以最合理和有效的方式，生产出在数量或价值上尽可能高的产品，提供尽可能多的服务。

经济效益最大化通过节约资源、降低损耗、提高生产效率和产品质量，达到降低生产成本、提升企业竞争力的目的。

对人类健康和环境的危害与风险最小化，主要通过最大限度地减少有毒有害物质的使用、采用无废或者少废的清洁生产技术和工艺、减少生产过程中的各种危险因素、回收和循环利用各类废物、采用可降解材料生产产品和包装、合理包装以及改善产品功能等措施，实现对人类健康和环境的危害与风险最小化。

(3) 清洁生产的意义

推进清洁生产是实现可持续发展的重要保障。国家经济快速发展，经济增长与环境、资源矛盾激化，清洁生产成了必然选择。

推进清洁生产是提高资源能源利用效率、促进环境保护从末端治理向污染预防转变的根本途径。

推进清洁生产是破解贸易保护壁垒、提高企业竞争力的重要手段。一些国家还酝酿把碳排放与贸易挂钩，征收“碳关税”，将对我国的对外贸易和相关产业发展构成较大影响。

(4) 清洁生产的主要任务

清洁生产的实施主体是企业，推行主体是各级政府部门。

企业层次实施清洁生产有以下几个方面：① 采用清洁的原辅材料和资源能源；② 采用清洁生产技术和工艺；③ 进行产品和包装生态设计；④ 注明大型机电设备、机动运输工具的材料成分；⑤ 使用绿色农业肥料；⑥ 对服务性企业采用环境友好型技术和工艺；⑦ 采用绿色建筑和装修材料；⑧ 采用合理利用资源的矿产工艺技术。

从政府角度出发，推行清洁生产有以下几项工作：① 在财政税收、工业开发、科技发展、宣传教育等方面制定特殊的政策以鼓励企业推行清洁生产；② 从国家、地方、部门层面制定清洁生产推行规划；③ 从国家、地方层面设立清洁生产专项资金；④ 建立清洁生产技术支撑体系，包括建立清洁生产信息系统和技术咨询服务体系，发布清洁生产技术、工艺、设备和产品导向目录及限期淘汰名录，开展培训、宣传和教育等以提高公众清洁生产意识；⑤ 公布高能耗、重污染的企业名单；⑥ 对企业实施强制性清洁生产审核的情况进行监督，必要时可以组织对企业实施清洁生产的效果进行评估验收。

4.1.2 清洁生产发展阶段

我国清洁生产总体上经历了清洁生产理念引入(1983—1992 年)、清洁生产试点、示范及立法(1993—2003 年)、清洁生产循序推进制度化(2003 年—至今)三个阶段。

(1) 清洁生产理念引入阶段

1992 年 8 月国务院制定了《环境与发展十大对策》,发布了"中国清洁生产行动计划"草案"。清洁生产成为解决我国环境与发展问题的对策之一。

(2) 清洁生产试点、示范及立法阶段

1997 年 4 月,原国家环保局制定并发布了《关于推行清洁生产的若干意见》,要求地方环境保护主管部门将清洁生产纳入已有的环境管理政策中。1999 年 5 月,原国家经贸委发布了《关于实施清洁生产示范试点的通知》,选择 10 个试点城市和 5 个试点行业开展清洁生产示范和试点。

(3) 清洁生产循序推进制度化阶段

根据《清洁生产促进法》中的要求与职能分工,出台和制定了较为详细的清洁生产政策、法规、标准、技术规范、评价指标体系等一系列政策和技术支撑文件。

2004 年 8 月颁布实施的《清洁生产审核暂行办法》确定了自愿性审核和强制性审核协同推进的模式,建立了清洁生产审核一系列配套制度;2012 年 2 月 29 日,修订后的《清洁生产促进法》明确建立了强制性清洁生产审核制度。

各省(区、市)也在国家政策的支持和引导下,相继制定和发布了配套政策和制度,如《清洁生产促进条例》《清洁生产管理办法》等,为各地区清洁生产工作的落实保驾护航。总体来说,我国清洁生产经历了 20 余年的发展,已基本上建立并形成了一套比较完善的、自上而下的清洁生产政策法规体系,为我国清洁生产工作的全面开展提供了政策支持和法律保障。

4.2 清洁生产审核概述

4.2.1 清洁生产审核的概念

清洁生产审核是清洁生产的一种方法学工具。根据联合国环境规划署给出的定义,清洁生产审核是一种从对环境以及工业生产过程的影响角度出发,分析识别出资源能源利用效率低、废弃物管理水平差的环节的方法。这一方法是围绕对企业及其生产过程进行全面评估,从而找出可以降低资源能源消耗、有毒有害物质的使用以及废弃物产生的环节和部位。

《清洁生产促进法》对清洁生产审核的定义:清洁生产审核是一套对正在运行的生产过程进行系统分析和评价的程序,是通过对一家公司(工厂)的具体生产工艺、设备和操作的诊断,找出能耗高、物耗高、污染重的原因,掌握废物的种类、数量以及产生原因的详尽情况,提出如何减少有毒和有害物料的使用、产生以及废物产生的方案,经过对备选方案的技术经济及环境可行性分析,选定可实施的清洁生产方案的分析过程。

《清洁生产审核暂行办法》对清洁生产审核的定义：清洁生产审核是指按照一定程序，对生产和服务过程进行调查和诊断，找出能耗高、物耗高、污染重的原因，提出降低能耗、物耗、废物产生以及减少有毒有害物料的使用、产生和废弃物资源化利用的方案，进而选定并实施技术经济及环境可行的清洁生产方案的过程。清洁生产审核方法学适用于第一、第二和第三产业。

具体来说，清洁生产审核是借助物质流分析和能量流分析等技术手段，通过建立物料平衡、水平衡、能量平衡或污染因子分析，摸清物质流、能量流、废弃物流等流动方向、方式和数量，对企业从原辅材料和能源、产品、技术工艺、设备、过程控制、管理、员工等八个方面进行系统的分析，深入分析物料损耗、能量损失、废弃物产生的原因，结合国内外先进水平，系统、全面又突出重点地进行分析，找出存在的差距和问题，制定解决存在问题的清洁生产方案，通过实施可行的清洁生产方案，最终达到节能、降耗、减污、增效的目的。

4.2.2 清洁生产审核制度

（1）强制性清洁生产审核制度

① 明确清洁生产审核以企业为主体，遵循企业自愿审核与强制性审核相结合原则。

《清洁生产促进法》第二十七条规定：企业应当对生产和服务过程中的资源消耗以及废弃物的产生情况进行监测，并根据需要对生产和服务实施清洁生产审核。

《清洁生产审核办法》第五条规定：清洁生产审核应当以企业为主体，遵循企业自愿审核与国家强制审核相结合、企业自主审核与外部协助审核相结合的原则，因地制宜、有序开展、注重实效。

② 明确强制性清洁生产审核企业的范围

《清洁生产促进法》第二十七条规定：有下列情形之一的企业，应当实施强制性清洁生产审核：污染物排放超过国家或者地方规定的排放标准，或者虽未超过国家或者地方规定的排放标准，但超过重点污染物排放总量控制指标的；超过单位产品能源消耗限额标准构成高耗能的；使用有毒、有害原料进行生产或者在生产中排放有毒、有害物质的。

③ 明确企业开展强制性清洁生产审核的法律责任

《清洁生产促进法》第三十六条规定：未按照规定公布能源消耗或者重点污染物产生、排放情况的，由县级以上地方人民政府负责清洁生产综合协调的部门、环境保护部门按照职责分工责令公布，可以处十万元以下的罚款。

第三十九条规定：不实施强制性清洁生产审核或者在清洁生产审核中弄虚作假的，或者实施强制性清洁生产审核的企业不报告或者不如实报告审核结果的，由县级以上地方人民政府负责清洁生产综合协调的部门、环境保护部门按照职责分工责令限期改正；拒不改正的，处以五万元以上五十万元以下的罚款。

④ 明确企业开展清洁生产审核的方式和途径

《清洁生产审核办法》第十五条规定：清洁生产审核以企业自行组织开展为主。不具备独立开展清洁生产审核能力的企业，可以聘请外部专家或委托具备相应能力的咨询服务机构协助开展清洁生产审核。

（2）清洁生产审核推进的政策法规体系

建立了以《清洁生产促进法》、《清洁生产审核办法》为核心的清洁生产政策法规体系。

原环境保护部相继颁布实施了《重点企业清洁生产审核程序的规定》（环发〔2005〕151 号）、《关于进一步加强重点企业清洁生产审核工作的通知》（环发〔2008〕60 号）以及 2010 年印发的《关于深入推进重点企业清洁生产的通知》（环发〔2010〕54 号）；

工信部、科学技术部、财政部下发了《工业清洁生产推行"十二五"规划》（工信部联规〔2012〕29 号）。

20 多个省市颁布《清洁生产审核实施细则》《清洁生产审核评估验收管理规定》《清洁生产审核咨询机构管理规定》及相关审核管理文件，形成较完善的清洁生产审核政策法规体系。

（3）重点企业强制性清洁生产审核推进机制

近几年，我国重点企业强制性清洁生产审核工作从公布重点企业名单、开展强制性清洁生产审核，到实施评估验收形成了一套有效的重点企业清洁生产推进机制。

原环境保护部建立了重点企业清洁生产审核通报制度，会发布年度全国重点企业清洁生产审核情况的通报，自 2008 年起，建立了全国重点企业清洁生产公告制度，如 2010—2012 年共发布了 5 批《全国重点企业清洁生产公告》，向社会公布了 17 862 家通过清洁生产审核评估、验收的重点企业及基本信息。

（4）清洁生产审核推进的技术支撑体系

从国家到地方，我国建立了多层次清洁生产管理与技术培训体系，为清洁生产推进提供技术服务支撑。

国家发展改革委陆续发布 45 个行业清洁生产评价指标体系，生态环境部颁布实施了 58 项行业清洁生产标准（其中 2 项为导则）、两批需重点审核的有毒有害物质名录和《重点企业清洁生产行业分类管理名录》，指导企业开展清洁生产审核。

建立了从国家到地方各个层面的清洁生产推进技术支撑单位（清洁生产中心）体系，目前全国已经建立了近 20 个省级清洁生产中心，全国共有 800 多个清洁生产技术咨询服务机构为企业提供清洁生产审核、技术服务。

国家发展改革委和生态环境部共同组建了"国家清洁生产专家库"，为清洁生产推进提供清洁生产审核方法、行业清洁生产工艺的技术支撑。

4.2.3　清洁生产审核的思路和程序

1. 清洁生产审核的思路

清洁生产审核的总体思路：判明问题发生的部位，分析问题的产生原因，提出方案解决问题（图 4-1）。

（1）问题在哪里产生？通过现场调查、物质流分析、能量流分析等找出问题的产生部位并加以量化，这里的"问题"统指企业能耗高、物耗高、污染重、使用或产生排放有毒有害物质的问题。

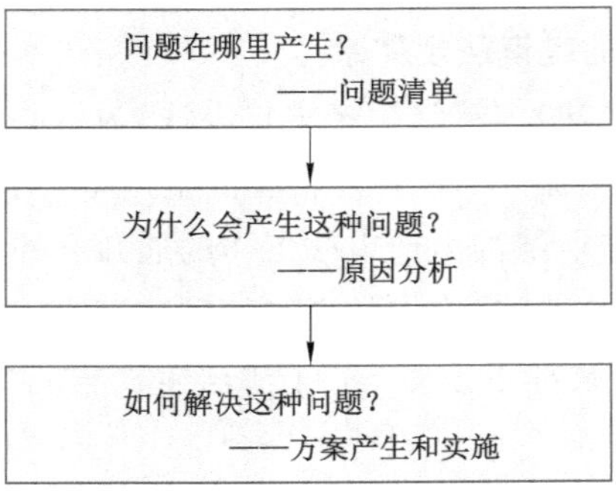

图 4-1　清洁生产审核思路框图

（2）为什么会产生这种问题？一个生产过程一般可以用图 4-2 简单表示出来。

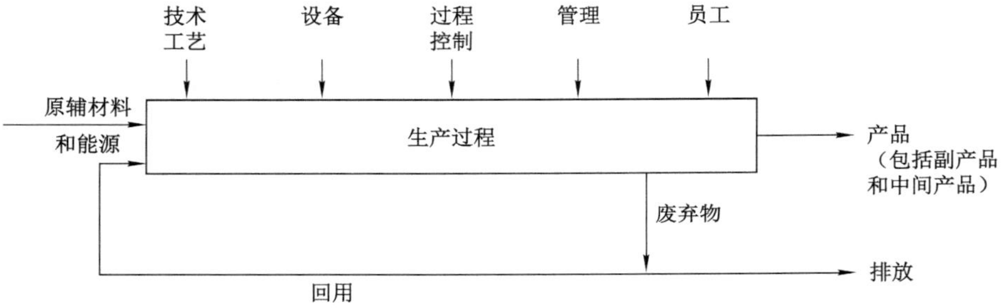

图 4-2　生产过程框图

对问题的产生原因分析主要针对 8 个方面进行：

① 原辅材料和能源。选择对环境无害的原辅材料，节约能源、使用可再生能源和清洁能源也将有利于减少污染物的产生。

② 技术工艺。先进而有效的技术可以提高原材料和能源的利用效率，结合技术改造预防污染是实现清洁生产的一条重要途径。

③ 设备。设备的适用性、能耗水平及维护、保养情况等均会影响到企业的能源和水的消耗、物料的使用及污染物的产生。

④ 过程控制。反应参数是否处于受控状态并达到优化水平，对产品的得率和优质品的得率、能源和水的消耗量、物料使用量及污染物产生量具有直接影响。

⑤ 产品。产品的要求决定了生产过程，产品性能、种类和结构等条件的变化往往要求生产过程作出相应的改变和调整，也会影响到能源和水的消耗、物料使用及污染物的产生。产品的包装、体积等也会对生产过程及其废弃物的产生造成影响。

⑥ 废弃物。废弃物本身所具有的特性和所处的状态直接关系到它是否可现场回用和循环使用，影响到末端治理的难度和处理成本。“废弃物”只有当其离开生产过程时才称其为废弃物，否则仍为生产过程中的有用材料和物质。

⑦ 管理。任何管理上的松懈均会严重影响到能源和水的消耗、物料使用及污染物的产生。

⑧ 员工。员工素质的提高及对其积极性的激励也是有效控制生产过程和能源及水的消耗、物料使用及污染物产生的重要因素。

(3) 如何解决这种问题?

针对每一个问题产生原因,设计相应的清洁生产方案,包括投入较低甚至没有投入的方案(无/低费清洁生产方案)和投入较高的方案(中/高费清洁生产方案)。解决问题的清洁生产方案可以是一个、几个甚至几十个,通过实施这些清洁生产方案来消除这些问题,从而达到从根本上解决问题的目的。

2. 清洁生产审核的程序

根据清洁生产审核的思路,审核过程可分解为 7 个阶段。

阶段 1:筹划和组织(审核准备)。进行宣传、发动和准备工作。

阶段 2:预评估(预审核)。对企业进行全面调研分析,评价企业清洁生产潜力,确定审核重点并设置清洁生产目标。

阶段 3:评估(审核)。借助物料平衡、能量平衡等手段对重点的物质流、能量流等进行审核分析,发现生产过程中能源效率低、物料流失严重的环节,进行原因分析。

阶段 4:方案产生和筛选(方案的产生和筛选)。主要是针对问题产生原因,制定相应的方案并对方案进行筛选。

阶段 5:可行性分析(方案的确定)。主要是对阶段 4 筛选出的中/高费清洁生产方案进行可行性分析,从而确定出可推荐实施的中/高费清洁生产方案。

阶段 6:方案实施。实施方案并分析、跟踪验证方案的实施效果。

阶段 7:持续清洁生产。制订计划、措施,在企业中持续推行清洁生产,最后编制企业清洁生产审核报告。

清洁生产审核过程具有以下特点:

① 具备鲜明的目的性。清洁生产审核特别强调节能、降耗、减污、增效,并与现代企业的管理要求相一致,具有鲜明的目的性。

② 具有系统性。清洁生产审核以生产过程为主体,考虑对其产生影响的各个方面,从原材料投入到产品改进,从技术革新到加强管理等,设计了一套发现问题、解决问题、持续实施的系统而完整的方法学。

③ 突出预防性。清洁生产审核的目标就是减少废弃物的产生,从源头削减污染,从而达到预防污染的目的,这个思想贯穿于整个审核过程的始终。

④ 符合经济性。清洁生产审核倡导在污染物产生之前就予以削减,不仅可减轻末端处理的负担,同时污染物在其成为污染物之前就是有用的原材料,减少了产生就相当于增加了产品的产量和生产效率。

⑤ 强调持续性。清洁生产审核十分强调持续性,无论是审核重点的选择还是方案的持续实施均体现了从点到面、逐步改善的持续性原则。

⑥ 注重可操作性。清洁生产审核的每一个步骤均能与企业的实际情况相结合,在审核

程序上是规范的，在方案实施上则是灵活的，可先实施一些无/低费方案，逐步实施中/高费方案。

4.3 清洁生产审核过程

4.3.1 筹划和组织

筹划和组织是企业进行清洁生产审核工作的第一个阶段，目的是通过宣传教育使企业的领导和职工对清洁生产有一个初步的、比较正确的认识，消除思想上和观念上的障碍；了解企业清洁生产审核的工作内容、要求及工作程序；做好充分准备。本阶段工作的重点是：取得企业高层领导的支持和参与，组建清洁生产审核小组，制订审核工作计划和开展宣传教育与培训。

(1) 取得领导支持和参与

企业高层领导的支持与参与是企业顺利开展清洁生产审核工作的基础，由高层领导动员并协调企业各个部门和全体职工积极参与，审核工作才能顺利进行。高层领导的支持和参与是审核过程中提出的可行的清洁生产方案得以实施进而切实获得环境、经济和社会效益的关键。高层领导必须对清洁生产思想和概念有正确的认识，充分了解清洁生产审核工作相关的投入及效益，并对国家清洁生产的政策法规要求和激励政策有初步了解。

(2) 组建审核小组

企业可根据自身规模和管理要求，成立一个清洁生产审核小组，或同时成立清洁生产审核领导小组和清洁生产审核工作小组。

审核小组组长是审核小组的核心，一般最好由企业高层领导兼任组长，或由高层领导任命具有相应条件的人员担任，并授权。审核小组成员数目一般由3～5个全日制成员组成。成员组成尽可能全面，可从企业生产、管理、环保、技术、设备与动力、安全、采购、销售和财务等有关部门和重点生产车间选取。清洁生产审核小组成立后要明确任务，包括：制订工作计划；开展宣传教育；组织开展预评估有关工作；确定审核重点和目标；组织开展评估有关工作；筛选与论证清洁生产方案；汇总清洁生产方案实施情况并核定实施效果；编写审核报告；总结经验，并提出持续清洁生产的建议。

(3) 制订审核工作计划

审核小组成立后，要及时编制审核工作计划表，该表应包括审核过程的所有主要工作，包括工作阶段、工作内容、完成时间、责任部门及负责人、监督考核部门及人员、产出等。

(4) 开展宣传教育与培训

清洁生产思想与审核工作的宣传和培训可采用例会、文件、内部广播、电视、录像、网络沟通、信息平台、电视会议、黑板报等方式进行。宣传教育内容包括：清洁生产以及清洁生产审核的基本概念与内容；行业清洁生产现状、清洁生产技术及管理要求；国内外企业清洁生产审核的成功实例；本企业鼓励清洁生产审核的各种措施；本企业开展清洁生产审核工作的内容与要求；本企业的清洁生产潜力分析；本企业各部门已取得的审核效果与具体做法等。

除了对全体员工的宣传培训外，还需对企业各职能部门和生产车间的主要管理和技术人员尤其是清洁生产审核小组成员进行清洁生产审核的专业技术培训。此类培训需要 2～3 天时间，应聘请清洁生产理论扎实、清洁生产审核实践经验丰富的清洁生产审核方法学专家授课。

清洁实施一般有 4 种类型的障碍，即思想观念障碍、技术障碍、资金和物资障碍以及政策法规障碍。其中思想观念障碍最常遇到，也是最主要的障碍。审核小组在审核过程中要自始至终地及时发现不利于清洁生产审核的思想观念障碍，并尽早解决。

4.3.2　预评估

（1）现状调研

预评估是审核第二阶段，目的是对企业全貌进行调查分析，摸清企业能耗高、物耗高的环节和产污重点，分析和发现清洁生产潜力和机会，确定本轮审核重点和目标。本阶段工作重点是对企业进行全面现状调研和现场考察，分析评价企业清洁生产潜力，明确审核方向，确定审核重点并设置目标。收集的资料是全厂的和宏观的，主要内容包括企业概况、企业生产状况、企业环境保护状况、企业管理状况。收集资料清单见表 4-1。

表 4-1　资料收集清单

序号	内容	可否获得	来源	获取方法
1	平面布置图			
2	组织机构图			
3	工艺流程图			
4	物料平衡资料			
5	水平衡资料			
6	能源衡算资料			
7	产品质量记录			
8	原辅材料消耗及其成本			
9	水、燃料、电力消耗及其成本			
10	企业环境方面资料			
11	企业设备及管线资料			
12	生产管理资料			

企业概况：企业发展简史、规模、产值、利税、组织结构人员状况和发展规划等；企业各功能区的平面布置图，能源和水的计量网络图等。

企业生产状况：企业主要原辅料、主要产品、能源及用水情况；企业主要工艺流程；企业设备水平及维护状况；产业政策合规性文件资料等。

企业环境保护状况：污染源及其污染物产生和排放情况，包括状态、数量、毒性等；主要污染源的治理现状，包括处理方法、效果、问题及单位废弃物的年处理费等；主要产排污节点图;“三废”的循环/综合利用情况,包括方法、效果、效益以及存在的问题;企业涉及的有关环保法规与标准要求的合规情况文件资料等。

企业管理状况:包括从原料采购和库存、生产及操作直到产品出厂的全面管理制度,如质量管理制度、环境管理制度、能源管理制度、现场操作管理制度等。

(2) 现场考察

现场考察的目的是对前期现状调研中所获取的资料信息进行现场验证和补充完善。实际生产操作和工艺参数控制等往往和原始设计及规程不同。需要进行现场考察,以便对现状调研的结果加以核实和修正,并发现生产中的问题。通过现场考察,在全厂范围内发现明显的清洁生产方案。

现场考察内容:按照工艺流程的顺序,对整个生产过程进行实际考察,从原料开始,逐一考察原料库、生产车间、成品库直到动力设施和“三废”处理设施以及实际生产管理状况。重点考察各产污排污环节、水耗和(或)能耗大的环节,设备事故多发的环节或部位。

现场考察方法:① 核查分析有关设计资料和图纸,工艺流程图及其说明,计量网络图及计量用具配置,物料衡算、能(热)量衡算的情况,设备与管线的选型与布置和运行状况等;② 查阅岗位记录、生产报表(月平均及年平均统计报表)、原料及成品库存记录、废弃物报表、监测报表等;③ 与工人和工程技术人员交流或座谈,了解并核查实际的生产与排污情况,听取意见和建议,发现关键问题和部位,寻找问题原因,同时征集显而易见的方案。

(3) 分析评价企业清洁生产潜力并明确审核方向

依据本行业清洁生产标准、评价指标体系或对比分析国内外同类企业物耗、能耗和产污排污等状况,对本企业的清洁生产潜力进行全面分析与评价,明确企业清洁生产审核方向。企业清洁生产审核方向主要从企业清洁生产现状、企业清洁生产水平和清洁生产潜力三个方面来审核主线。

全面了解并掌握企业清洁生产现状。通过汇总、分析现状调研和现场考察期间收集整理的企业相关资料和数据,从生产工艺与装备状况、资源能源利用状况、污染物产生和排放状况、废弃物回收利用状况、产品原辅料构成、产品质量管理状况和环境管理与能源管理状况六个方面了解掌握企业清洁生产现状。

分析评价企业清洁生产水平。在资料调研、现场考察及专家咨询的基础上,结合企业涉及的能源、水资源及环境标准,并参照本行业清洁生产评价指标体系,与本企业清洁生产水平各项指标相对照,进行对标分析及评估。

作出清洁生产潜力分析结论。对企业在技术工艺与装备、资源能源利用效率、产污排污水平、废弃物回收与综合利用、产品、人员素质与管理等方面的清洁生产潜力作出分析结论。

根据企业现状评估结果及清洁生产潜力分析结果,结合国家法规政策要求,企业发展、生存需求,厘清并掌握企业清洁生产机会与潜力的总体状况,明确全厂本轮审核的总体方向、思路和审核主线,提出企业本次审核拟解决的主要问题。本轮审核需遵循所确定的审核方向与主线,围绕拟解决的主要问题开展后续工作。

(4) 确定审核重点

通过前面工作，已基本探明企业现存的问题及薄弱环节，可从中确定出本轮审核的重点。

首先根据所获信息，列出企业主要清洁生产潜力点，从中选出若干问题或环节作为备选审核重点。备选审核重点应符合企业实际，可以是某一分厂、某一车间、某个工段、某个操作单元，也可以是某一种物质、某一种资源、某一种能源等。在方法上，将所收集的数据，进行整理、汇总和换算，并列表说明，以便为后续步骤“确定审核重点”服务。表 4-2 所示为某厂的备选审核重点情况的汇总。

表 4-2　某厂备选审核重点情况汇总表

序号	备选审核名称	废弃物量/(t/a)		主要消耗							环保费/(万元/t)					
				原料消耗		水耗		能耗		小计(万元/a)	厂内末端治理费	厂外处理处置费	排污费	罚款	其他	小计
		废水	固废	总量/(t/a)	费用/(万元/a)	总量/(万 t/a)	费用/(万元/a)	标煤总量/(t/a)	费用/(万元/a)							
1	一车间	1 000	6	1 000	30	10	20	500	60	110	40	20	60	15	5	140
2	二车间	600	2	2 000	50	25	50	1 500	180	280	20	0	40	0	0	60
3	三车间	400	0.2	800	40	20	40	750	90	170	5	0	10	0	0	15

注：本表假设工业用水以 2 元/t，标煤换算后以 1 200 元/t 计算。

采用一定方法，把备选审核重点排序，从中确定本轮审核的重点。本轮审核重点的数量取决于企业的实际情况，一般一次选择一个审核重点，必要时也可以选取两个以上的审核重点。采用方法包括简单比较法和权重总和计分排序法。

简单比较法根据各备选重点的废弃物排放量和毒性及资源能源消耗等情况，进行对比、分析和讨论。通常将污染最严重、消耗最大、清洁生产机会最明显的部位定为第一轮审核重点。

对于工艺复杂、产品品种和原材料多样的企业，往往难以通过定性比较确定出重点。简单比较一般只能提供本轮审核的重点，难以为今后的清洁生产提供足够依据。为提高决策科学性和客观性，采用半定量方法进行分析，即权重总和计分排序法。

在筛选审核重点时，通常考虑废弃物量、主要消耗、环保费用、废弃物毒性、市场发展潜力、车间积极性等因素，各因素的重要程度，即权重值(W)，可参照以下数值：废弃物量 $W=10$；主要消耗 $W=7\sim9$；环保费用 $W=7\sim9$；废弃物毒性 $W=7\sim9$；市场发展潜力 $W=4\sim6$；车间积极性 $W=1\sim3$。

统计废弃物量时，应选取企业最主要的污染物形式，而不是把废水、废气、固体废物累计起来。除了原料消耗、水耗和能耗三种污染消耗形式外，可根据实际增补如 COD、SO_2 浓度或总量等项目。

审核小组或有关专家，根据收集的信息，结合节能环保要求及企业发展规划，对每个备选重点，就上述各因素，按备选审核重点情况汇总提供的数据或信息打分，分值从 1 至 10，最高者为满分(10 分)。将打分与权重值相乘($R\times W$)，并求所有乘积之和[$\sum(R\times W)$]，即为该备选重点总得分，再按总分排序，最高者即为本轮审核重点。

如某厂有三个车间为备选重点(表 4-3)。厂方认为废水为其最主要污染形式，其数量依次为一车间 1 000 t/a，二车间 600 t/a，三车间 400 t/a。因此，废弃物量一车间最大，定为满分(10 分)，乘权重后为 100，二车间废弃物量是一车间的 6/10，得分即为 60，三车间则为 40，其余各项得分依次类推，把得分相加即为该车间的总分。

表 4-3 某厂权重总和计分排序法确定审核重点表

因素	权重值 W (1～10)	备选审核重点得分					
		一车间		二车间		三车间	
		R(1～10)	$R\times W$	R(1～10)	$R\times W$	R(1～10)	$R\times W$
废弃物量	10	10	100	6	60	4	40
主要消耗	9	5	45	10	90	8	72
环保费用	8	10	80	4	32	1	8
废弃物毒性	7	4	28	10	70	5	35
市场发展潜力	5	6	30	10	50	8	40
车间积极性	2	5	10	10	20	7	14
总分 $\sum(R\times W)$			293		322		209
排序			2		1		3

(5) 设置清洁生产目标

依据清洁生产潜力分析，预测清洁生产机会与改进程度，设置定量化的硬性指标，才能使清洁生产真正落实，并能据此检验与考核，达到通过清洁生产预防污染的目的。

设置清洁生产目标一般遵循以下原则：清洁生产目标既包括针对全厂的总体清洁生产目标，也包括在确定审核重点后针对审核重点的具体清洁生产目标；清洁生产目标应是可定量化、可操作并有激励作用的指标。

清洁生产目标不仅有减污、降耗或节能的绝对量，还要有相对量指标，并与现状对照，同时具有时限性，要分近期和中远期，近期一般指到本轮审核基本结束并完成审核报告时为止，中远期目标的时限根据行业特点及国家政策要求设置。

清洁生产具体目标一般依据以下情况进行设置：外部的环境管理要求，如达标排放，限期治理、能耗要求等；本企业历史最高水平；行业清洁生产评价指标体系相关指标或参照国内外同行业，类似规模、工艺或技术装备的厂家的水平等。例如某制药行业审核重点清洁生产目标如表 4-4 所示。

(6) 提出备选方案并实施显而易行的方案

预评估中，通过资料调研分析、现场考察和座谈，产生许多方案，可迅速采取显而易行的方案加以解决。

清洁生产方案通常按照方案实施费用分为无/低费方案和中/高费方案。两类方案的费用划分没有统一标准，可根据行业和企业的实际情况自行划定。

表 4-4　某制药行业审核重点清洁生产目标一览表

指标		现状	近期目标		中远期目标	
			绝对量	相对量	绝对量	相对量
能源	水消耗量/t	2.461 0	2.214 9	10.0%	1.845 8	25.0%
	燃油消耗量/kg	33.3	32.5	2.5%	31.6	5.0%
原辅料	中药材消耗量/kg	10.773	10.665 3	1.0%	10.611 4	1.5%
	乙醇消耗量/kg	10.939 6	9.845 6	10.0%	8.751 7	20.0%
废弃物	废醇产生量/kg	0.911 7	0.838 8	8.0%	0.018 2	98.0%
	废药渣产生量/kg	11.838 6	10.062 8	15.0%	9.470 9	20.0%

一些清洁生产备选方案例如优化工艺过程参数，虽然为低费方案，但涉及生产工艺、设备等多种复杂因素，需要经过细致、严谨的论证和充分筹划才能实施。而另一些方案例如需要淘汰落后设备，虽然是中高费方案，但属于显而易见且易行的方案，其可行性不需要进一步评估论证，企业可以直接实施。一般常见的备选方案包括以下几个方面：

① 原辅料及能源：采购量与需求相匹配；加强原料质量（如纯度、水分等）的控制；根据生产操作调整包装的大小及形式等。

② 技术工艺：改进备料方法；增加捕集装置，减少物料或成品损失；改用易于处理处置的清洗剂等。

③ 过程控制：选择在最佳配料比下进行生产；增加检测计量仪表；校准监测计量仪表；完善过程控制及在线监控；调整优化反应的参数，如温度、压力等。

④ 设备：改进并加强设备定期检查和维护、减少跑冒滴漏；及时修补完善输热、输气管线的隔热保温等。

⑤ 产品：改进包装及其标志或说明；加强库存管理等。

⑥ 管理：清扫地面时改用干扫法或拖地法，以取代水冲洗法；减少物料溅落并及时收集；严格岗位责任制及操作规程等。

⑦ 废弃物：冷凝液的循环利用；现场分类收集可回收的物料与废弃物；余热利用；清污分流等。

⑧ 员工：加强员工技术与环保意识的培训；采用各种形式的精神与物质激励措施等。

4.3.3　评估

评估是企业清洁生产审核工作的第三阶段。本阶段的目的是借助物料平衡或能量平衡等工具，对审核重点的物质流和/或能量流进行全面分析，发现生产过程中物料或能源利用效率低即物料流失、能源损失及废弃物产生的环节，找出问题形成的原因，为清洁生产方案的产生提供依据。

以审核重点物质流分析为例，详细介绍评估及后续审核工作内容。如果根据企业预评估阶段得出的结论，需要对企业能量流、水等进行分析，则可参考相关专业资料进行能量流分析。

本阶段的工作重点是实测输入输出物流，建立物料平衡，进行物质流分析，发现问题并分析问题产生原因。

1. 准备审核重点资料

准备审核重点资料主要包括收集资料，编制审核重点物料输入输出工艺流程图，编制单元操作工艺流程图和功能说明表，编制工艺设备流程图。

（1）编制审核重点物料输入输出工艺流程图

为了充分和全面地对审核重点进行实测和分析，首先应掌握审核重点的工艺过程和输入、输出物流情况。工艺流程图以图解的方式整理、标示工艺过程及进入和排出系统的物料、能源以及废弃物流的情况。图 4-3 是审核重点工艺流程示意图。

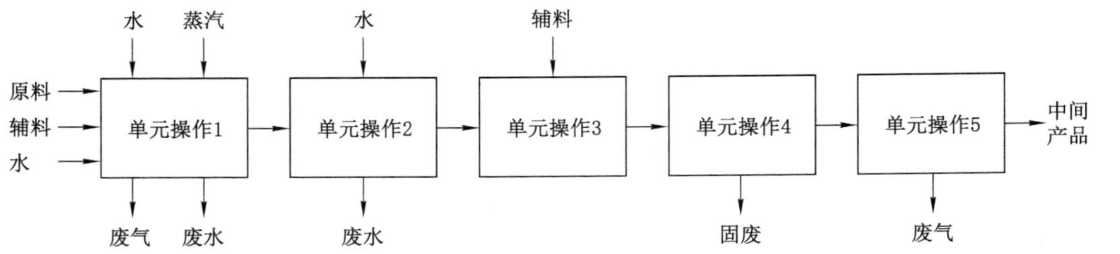

图 4-3　审核重点工艺流程示意图

（2）编制单元操作工艺流程图和功能说明表

当审核重点包含较多的单元操作，而在审核重点工艺流程图上难以反映各单元操作的具体情况时，应在审核重点工艺流程图的基础上，分别编制各单元操作的工艺流程图（标明进出单元操作各过程的输入、输出物流）和功能说明表。图 4-4 为对应图 4-3 单元操作 1 的工艺流程示意图。表 4-5 为某啤酒厂审核重点（酿造车间）各单元操作功能说明表。

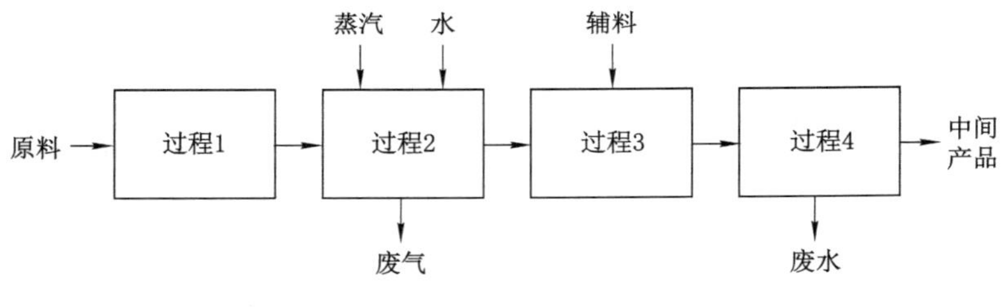

图 4-4　单元操作 1 的工艺流程示意图

表 4-5　单元操作功能说明表

单元操作名称	功能简介
粉碎	将原辅料粉碎成粉粒，以利于糖化过程物质分解
糖化	利用麦芽所含酶，将原料中高分子物质分解制成麦汁
麦汁过滤	将糖化醪液中原料溶出物质与麦糖分开，得到澄清麦汁
麦汁煮沸	灭菌、灭酶、蒸出多余水分，使麦汁浓缩至要求浓度

表 4-5(续)

单元操作名称	功能简介
旋流澄清	使麦汁静置,分离出热凝固物
冷却	析出冷凝固物,使麦汁吸氧,降到发酵所需温度
麦汁发酵	添加酵母,发酵麦汁成酒液
过滤	去除残存酵母及杂质,得到清亮透明的酒液

(3) 编制工艺设备流程图

工艺设备流程图主要是为实测和分析服务的。与工艺流程图主要强调工艺过程不同,它强调的是设备和进出设备的物流。设备流程图要求按工艺流程,分别标明重点设备输入、输出物流及监测点。图 4-5 所示为一套催化裂化装置工艺设备流程图示例。

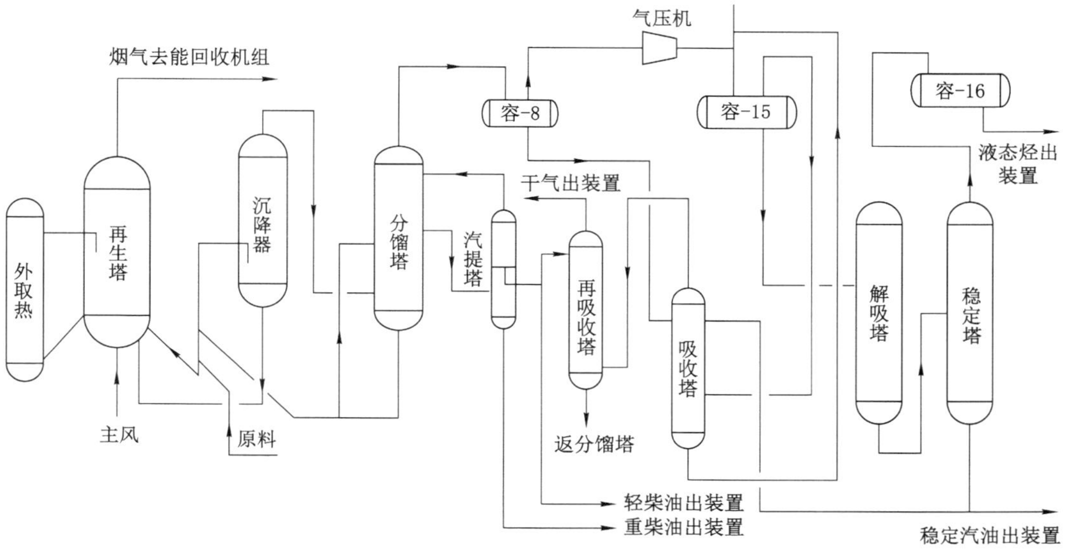

图 4-5　催化裂化装置工艺设备流程图

2. 实测输入输出物流

为在评估阶段对审核重点做更深入细致的物料平衡和问题产生原因分析,在现有生产数据的基础上,还需要通过实测全面获得审核重点的输入、输出物流数据。

(1) 准备工作

制订现场实测计划,确定监测项目、监测点,确定实测时间和周期;校验监测仪器和计量器具。

(2) 监测要求

应对审核重点全部的输入、输出物流进行实测,包括原料、辅料、水、产品、中间产品及废弃物等。物流中组分的测定根据实际工艺情况而定,有些工艺应测(例如电镀液中的 Cu、Cr 等),有些工艺则不一定都测(例如炼油过程中各类烃的具体含量),原则是监测项目应满足对物质流的分析;监测点的设置须满足物料衡算的要求,即主要的物流进出口要监测,但对因工艺条件所限无法监测的某些中间过程,可用理论计算数值代替;对周期性(间歇)生产的企业,按正常一个生产周期进行逐个工序的实测,而且至少实测三个周期;对于连续生产的企业,应连续(跟班)监测 72 小时。输入输出物流的实测注意同步性,即在同一生产周期内完成相应的输入和输出物流的同步实测;边实测边记录,及时记录原始数据,并标出测定时的工艺条件(温度、压力等)。

(3) 数据单位

数据收集的单位要统一。并注意与生产报表及年、月统计表的可比性。间歇操作的产品,采用单位产品进行统计,连续生产的产品,可用单位时间产量进行统计。

(4) 实测

实测输入物流。输入物流指所有投入生产的输入物,包括原料、辅料、水、汽以及中间产品、循环利用物等。实测输出物流。输出物流指所有排出单元操作或某台设备、某一管线的排出物,包括产品、中间产品、副产品、循环利用物以及废弃物。

(5) 汇总数据

汇总各单元操作数据。将现场实测的数据经过整理、换算,汇总在一张或几张表上;汇总审核重点数据。在单元操作数据的基础上,将审核重点的输入和输出数据汇总成表,使其更加清楚明了。对于输入、输出物料,其汇总并不是简单的加和,可根据组分的特点自行编制类似表格。

3. 建立物料平衡关系

进行物料平衡的目的是量化分析物料的输入输出,准确判断审核重点的物质流,包括物质流和废弃物流,定量地确定各类物料、废弃物的数量、成分及去向,分析排查并明确无组织排放、物质流失的环节及利用效率低、产生废物的原因,为产生和确定清洁生产方案提供科学依据。物料平衡可分为总质量平衡、元素平衡、成分平衡(如水平衡)等。总质量平衡针对全部物料的输入输出进行平衡和量化分析;元素平衡针对生产过程中某一重要元素例如重金属等的输入输出进行平衡和量化分析;成分平衡针对生产过程物料中某一特定的有效成分进行平衡和量化分析,其中水平衡则是针对生产过程水的输入输出进行平衡和量化分析。

企业应根据不同的审核重点、审核目的、生产工艺特点等,编制有针对性的物料平衡。此处以总质量平衡为例进行介绍。

(1) 进行预平衡测算

物料平衡应满足:输入=输出。根据物料平衡原理和实测结果,考察输入、输出物流的总量和主要组分达到的平衡情况。一般来说,如果输入总量与输出总量之间的偏差在 5% 以内,则可以用物料平衡的结果进行随后的有关评估与分析。

但对于贵重原料、有毒成分等的平衡偏差应更小或应满足行业要求;反之则须检查造成较大偏差的原因,可能是实测数据不准或存在无组织物料排放等情况,可返回物质流程图快速找到产生较大偏差的部位,通过重新实测或其他手段完善工艺流程物料平衡图,为后期分析废弃物产生的原因提供基础数据。

(2) 编制工艺流程物料平衡图

通过实测、统计或各台账等方式获取审核重点全部输入输出物料信息后,在审核重点的工艺流程图上清晰标注各单元操作的实际输入输出,包括物料名称和数量,建立工艺流程物料平衡图,了解并掌握审核重点生产过程中全部物料的流向、数量和存在形式,进行初步的物质流分析。

工艺流程物料平衡图以单元操作为基本单位,各单元操作用方框图表示,输入画在左边,主要的产品、副产品和中间产品按流程标示,而其他输出则画在右边,如某啤酒厂审核重点(酿造车间)工艺流程物料平衡图如图 4-6 所示。

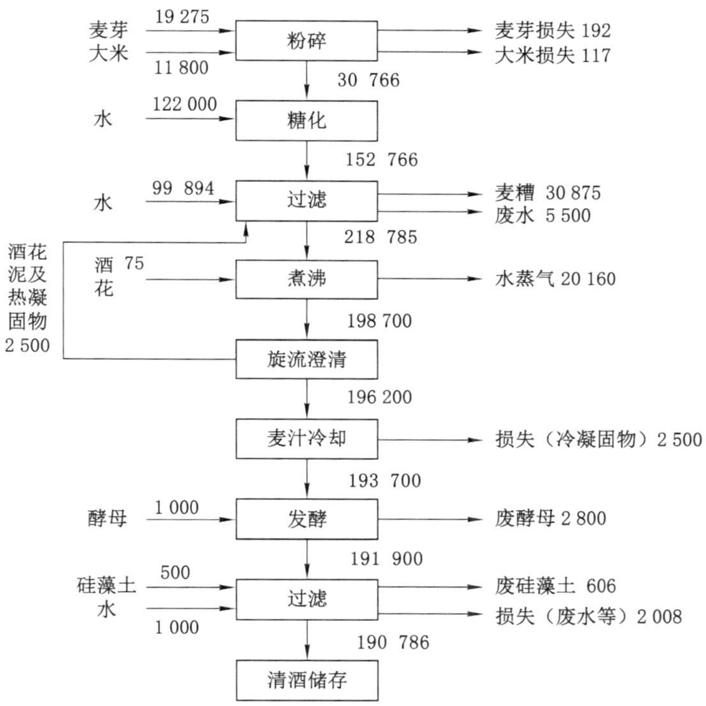

图 4-6　某啤酒厂审核重点(酿造车间)工艺流程物料平衡图(单位:kg/d)

(3) 编制物料平衡图

在工艺流程物料平衡图的基础上,如果输入输出数据符合预平衡偏差原则,则可以建立并编制物料平衡(总)图。通过物料平衡(总)图,全面、宏观地计算评估整个审核重点生产过程物料损失的部位与数量、物料平衡偏差、实际原料利用率、废弃物(包括流失的物料)的种类、数量和所占比例以及对生产和环境的影响部位。

物料平衡图是针对审核重点编制的,即用图解的方式将预平衡测算结果标示出来。当审核重点涉及贵重原料和有毒成分时,物料平衡图要标明其成分和数量,或每一成分单独编制物料平衡图。

物料平衡图以审核重点的整体为单位,输入画在左边,主要的产品、副产品、中间产品和其他输出标在右边，气体排放物标在上边，循环和回用物料标在左下角，如图 4-7 所示。

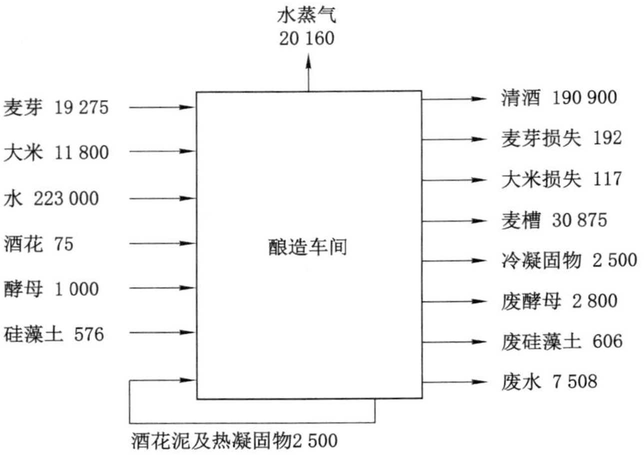

图 4-7　审核重点(酿酒车间)物料平衡总图(单位:kg/d)

从严格意义上说，水平衡是物料平衡的一部分。水若参与反应，则它是作为物料的一部分参与其中，但在许多情况下，它并不直接参与反应，而是作为清洗和冷却之用。在这种情况下，且当审核重点的耗水量较大时，为了了解耗水过程，寻找减少水耗的方法，应另外编制水平衡图。

有些情况下，审核重点的水平衡并不能全面反映问题，或水耗在全厂占有重要地位，可考虑就全厂编制一个水平衡图。审核重点如涉及有毒有害物质，可建立有毒有害物质平衡甚至元素平衡，进行有毒有害物质的物质流分析；如涉及能耗高问题，可建立能量平衡，进一步进行能源效率评估与分析。

4. 进行物质流分析

在实测输入、输出物流及物料平衡的基础上，根据物料平衡结果，对物质流进行量化分析，寻找物料流失和废弃物产生部位，对审核重点的生产过程作出评估。主要内容如下：

① 分析输入物料，可采用输入物料利用率、转化率等来衡量；

② 分析产品性输出物料，可采用产品合格率、得率等来衡量；

③ 确定物料流失部位(无组织排放)及其他废弃物产生环节和产生部位；

④ 分析非产品性输出种类、数量和所占比例以及对生产和环境的影响部位。

5. 分析问题产生原因

在物质流分析的基础上，针对每一个物料流失和废弃物产生部位进行分析，找出问题产生的原因。分析可从影响生产过程的 8 个方面进行。

(1) 原辅料和能源

原辅料指生产中的主要原料和辅助用料(包括添加剂、催化剂、水等)；能源指维持正常生产所用的动力源(包括电、煤、蒸汽、油等)。因原辅料及能源而导致产生废弃物的原因主要有以下几个方面：原辅料不纯或(和)未净化；原辅料储存、发放、运输过程中的流失；原辅料的投入量和(或)配比的不合理；原辅料及能源的超定额消耗；有毒有害原辅料的使用；未利用清洁能源和二次资源。

（2）工艺技术

产生废弃物的原因主要有以下几个方面：技术工艺落后，原料转化率低；设备布置不合理，无效传输线路过长；反应及转化步骤过长；连续生产能力差；工艺条件要求过严；生产稳定性差；使用对环境有害的物料。

（3）设备

产生废弃物的原因主要有以下几个方面：设备破旧、漏损；设备自动化控制水平低；有关设备之间配置不合理；主体设备和公用设施不匹配；设备缺乏有效维护和保养；设备的功能不能满足工艺要求。

（4）过程控制

产生废弃物的原因主要有以下几个方面：计量检测、分析仪表不齐全或监测精度达不到要求；某些工艺参数（例如温度、压力、流量、浓度等）未能得到有效控制；过程控制水平不能满足技术工艺要求。

（5）产品

产品包括审核重点内生产的产品、中间产品、副产品和循环利用物。产生废弃物的原因主要有以下几个方面：产品储存和搬运中的破损、漏失；产品的转化率低于国内外先进水平；不利于环境的产品规格和包装。

（6）废弃物

产生废弃物的原因主要有以下几个方面：对可利用废弃物未进行再利用和循环使用；废弃物的物理化学性状不利于后续的处理和处置；单位产品废弃物产生量高于国内外先进水平。

（7）管理

产生废弃物的原因主要有以下几个方面：有利于清洁生产的管理条例、岗位操作规程等未能得到有效执行；现行的管理制度不能满足清洁生产的需要；岗位操作规程不够严格；生产记录（包括原料、产品和废弃物）不完整；信息交换不畅；缺乏有效的奖惩办法。

（8）员工

产生废弃物的原因主要有以下几个方面：员工的素质不能满足生产需求；缺乏优秀管理人员；缺乏专业技术人员；缺乏熟练操作人员；员工的技能不能满足本岗位的要求；缺乏对员工主动参与清洁生产的激励措施。

6. 提出备选方案并实施显而易行的方案

评估阶段主要针对审核重点，结合物料平衡、水平衡或能量平衡结果，根据问题产生原因，有针对性地提出审核重点显而易见的方案，并实施显而易行的方案。

4.3.4　方案产生和筛选

方案产生和筛选是企业进行清洁生产审核工作的第四个阶段：一是针对问题形成原因的分析结果提出解决方案，二是对清洁生产审核过程中产生的方案进行全面系统的汇总、梳理和筛选，为下一阶段的可行性分析提供初步可行的中/高费清洁生产方案。本阶段的工作重点是通过评估阶段的分析结果，产生审核重点的清洁生产方案；并在分类汇总前期全部清洁生产方案的基础上，筛选确定出两个（含）以上中/高费方案供下一阶段进行可行性分析。

（1）产生方案

产生方案贯穿于整个清洁生产审核各个阶段。方案的数量、质量和可实施性直接关系到审核的成效，是审核过程的一个关键环节，应广泛发动群众征集、产生各类方案。属于强制性清洁生产审核的企业，应针对纳入强制性审核的原因，重点征集清洁生产方案；对于污染物超标企业，通过本轮清洁生产审核，首先要实现达标排放，在产生方案过程中，除了常规清洁生产方案外，可结合末端治理技术，确保达标。产生方案的原则是要全面系统地产生方案，针对产生问题的原因，提出相应的清洁生产方案，系统解决每一个问题的方案可以是一个或者多个，包括无/低费方案和中/高费方案。方案广泛采集，创新思路，可通过全厂范围内采集方案、根据物料平衡和物质流分析结果产生方案、组织行业专家进行技术咨询等来实现。

（2）汇总方案

汇总方案主要是为了在方案数量较多的情况下便于统计分析，对所有的清洁生产方案，不论是已实施的还是未实施的，不论是属于审核重点的还是不属于审核重点的，均按原辅材料和能源替代、技术工艺改造、设备维护和更新、过程优化控制、产品更换或改进、废弃物回收利用和循环使用、加强管理、员工素质的提高及积极性的激励等八个方面列表简述其内容、原理和实施后的预期效果，对提出的方案进行列表分类汇总，并注明方案费用类型。

（3）筛选方案

① 确定初步筛选因素：考虑技术可行性、环境效果、经济效果、实施难易程度及对生产和产品的影响等方面。技术可行性考虑该方案的成熟程度；环境效果考虑该方案是否可以减少废弃物的数量和毒性；经济效果考虑投资和运行费用能否承受得起，是否有经济效益；实施难易程度考虑是否在现有条件下可实施或稍作改进即可实施，实施时间长短等；对生产和产品的影响考虑方案实施过程中对企业正常生产的影响程度及方案实施后对产量、质量的影响。

② 进行初步筛选：可采用简易筛选方法，即组织企业领导和工程技术人员进行讨论来决策。

③ 权重总和计分排序：适合于处理方案数量或指标较多、相互比较困难的情况，一般仅用于中/高费方案的筛选和排序。基本同审核重点的权重总和计分排序法，只是权重因素和权重值有些不同。权重因素和权重值选取可参照以下建议：环境效果，权重值 $W=8\sim10$。对于强制性审核企业可加大环境效果的权重值，筛选结果应保留至少一项解决涉及强制清洁生产审核问题的清洁生产方案；经济可行性，权重值 $W=7\sim10$，考虑费用效益比是否合理；技术可行性，权重值 $W=6\sim8$，考虑技术是否成熟、先进，国内外同行业是否有成功先例，是否易于操作、维护等；可实施性，权重值 $W=4\sim6$，考虑实施过程中对生产影响大小、难度、施工周期、工人是否易于接受等。

（4）汇总筛选结果

根据上述筛选方法，按可行的方案、初步可行的方案和不可行方案列表汇总全部方案的筛选结果。可行的方案可根据企业资金、技术力量等实际情况安排实施；初步可行的方案需要进一步研制、论证、筛选加以确定，其中初步可行的中/高费方案需要进行可行性分析予以确定；不可行方案则搁置或否定。

(5) 继续实施显而易行的方案

继续实施经筛选确定的显而易行的清洁生产方案。

(6) 清洁生产审核阶段性总结

阶段性总结在方案产生和筛选工作完成之后进行，是对前面重点工作进行梳理，尤其是对企业清洁生产潜力分析、审核总体方向、审核重点、清洁生产目标设置、产生问题的原因分析等方面进行梳理，及时总结经验和发现问题，为后续审核工作奠定基础。

4.3.5 可行性分析

1. 初步研制方案

筛选得出的初步可行的中/高费清洁生产方案，因为投资额较大，一般对生产工艺过程有一定程度影响，还需要进一步研制，主要是进行一些工程化分析，从而提供两个(含)以上方案进行可行性分析。方案研制内容包括方案的工艺流程详图、方案的主要设备清单、方案的费用、效益估算和编写方案说明等方面。对每一个初步可行的中/高费清洁生产方案均应编写方案说明，主要包括技术原理、主要设备、主要技术经济指标、可能的环境影响等。

一般说来，筛选出来的每一个中/高费方案进行研制和细化时应考虑以下几个原则：

系统性：考察每个单元操作在一个新的生产工艺流程中所处的层次、地位和作用，以及与其他单元操作的关系，确定新方案对其他生产过程的影响，综合考虑经济效益和环境效果。

闭合性：尽量使工艺流程对生产过程中载体实现闭路循环。

无害性：清洁生产工艺应该是无害(至少是少害)的生态工艺。

合理性：旨在合理利用原料，优化产品的设计和结构，降低能耗和物耗，减少劳动量和劳动强度等。

2. 市场调查和预测

方案涉及拟对产品结构进行调整或变更、有新的产品或副产品产生、会得到需要销售给其他用户用于生产的原辅材料等情况时，需进行市场调查和预测。绝大多数中/高费方案并不涉及上述情形，可跳过市场调查和预测，直接调研并进一步确定中/高费方案基本内容。

3. 确定方案基本内容

通过市场调查和需求预测，对原方案的技术途径和生产规模可能会作相应调整。进行技术、环境、财务评估之前，要最终确定方案基本内容。每一方案中可包括 2～3 种不同技术途径，以供选择。内容应包括方案技术工艺流程详图、方案实施途径及要点、主要设备清单及配套设施要求、方案所达到的技术经济指标、可产生的环境和经济效益预测、方案的投资总费用等方面。

通过调研分析与比较，进一步确定中/高费方案的基本内容，包括技术方案/工艺方案、设备方案、建构筑物工程方案（需要时）；项目实施后新的物料平衡关系，主要原材料、辅助材料、水、电、气等指标消耗水平的预期值；在调查相关设备制造、供应以及运行状况等基础上，对拟选用的主要设备做分析比较，提出推荐的设备方案并给出主要设备清单。

建（构）筑物工程方案是中/高费方案的可能涉及内容之一，需要时给出中/高费方案所需建（构）筑物清单，以便估算建（构）筑物建设工程的建筑安装工程量，作为投资估算依据之一。

4. 技术评估

技术评估是评估研究项目在预定条件下，为达到投资（清洁生产）的目的所采用的工程技术是否可行。着重评价以下几方面：方案设计中采用的工艺路线、技术设备在经济合理的条件下的先进性和适用性；与国家有关的技术政策和能源政策的相符性；技术引进或设备进口是否符合我国国情，引进技术后能否消化吸收；资源的利用率和技术途径是否合理；技术设备操作上是否安全、可靠；技术是否成熟（例如国内有实施的先例）。

5. 环境评估

任何一个清洁生产方案都应有显著的环境效益（包括资源能源效益）。环境评估是方案可行性分析的核心。应包括以下内容：资源、能源的消耗与资源可持续利用要求的关系；污染物产生量和排放量的变化；污染物组分的毒性及降解情况；污染物的二次污染；操作环境对人员健康的影响；废弃物的重复利用、循环利用和再生回收。

6. 财务评估

财务评估是从企业的角度，计算方案所产生的财务效益和费用，考察和分析方案的盈利能力，评价方案在财务上的可行性，并通过分析比较，选择效益最佳的方案，为投资决策提供依据。

（1）清洁生产经济效益的统计方法

清洁生产既有直接经济效益也有间接经济效益，既有可记账部分，也有不可记账部分，要尽可能完善清洁生产经济效益的统计方法，独立建账，明细分类。清洁生产的经济效益包括图 4-8 所示几方面收益。

中/高费方案清洁生产经济效益中的可记账科目应全部纳入财务评估指标的计算之中，不可记账部分则应给予恰如其分的定性描述。

（2）财务评估方法

财务评估应在项目财务效益与费用估算的基础上进行。财务评估主要采用项目折现现金流量分析（财务动态获利性分析）方法，以清洁生产方案实施前后现金流量变化的估算为基础，考察整个项目计算期内现金流入和现金流出的变化情况，利用资金时间价值的原理进行折现，计算项目净现值（NPV）和投资内部收益率（IRR）等指标。同时也可计算静态投资回收期（P_t）指标。主要评估指标如图 4-9 所示。

（3）财务评估基础数据

财务评估基础数据包括总投资费用（I）、新增折旧费（D）、年新增利润（P）、年净现金流量（F）、净现值（NPV）、内部收益率（IRR）、静态投资回收期（P_t）。

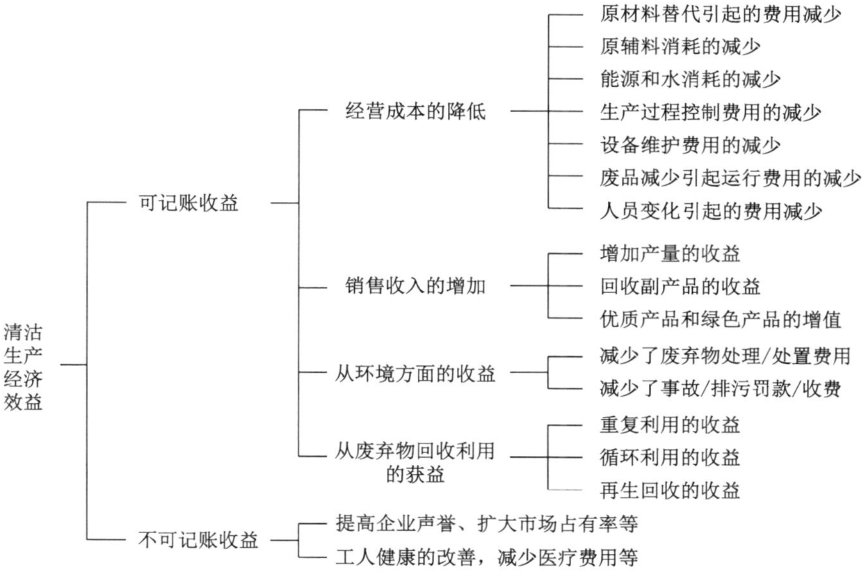

图 4-8　清洁生产经济效益汇总图

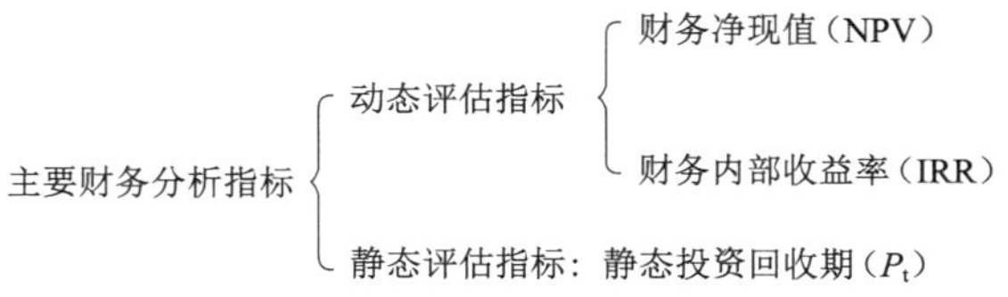

图 4-9　财务评估指标

① 总投资费用(I)

总投资费用(I)＝总投资－补贴，投资估算框架图见图 4-10。

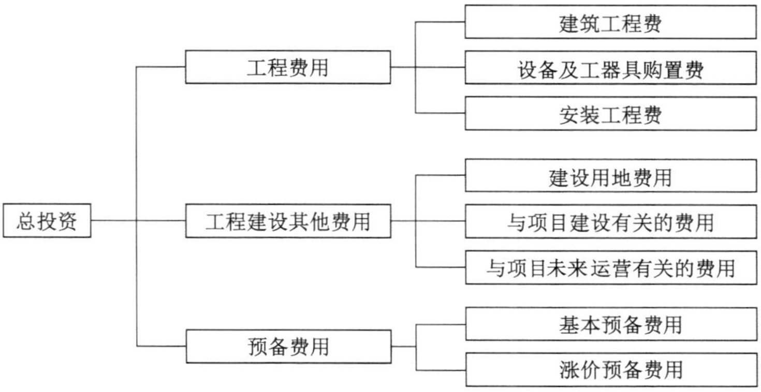

图 4-10　中/高费方案的投资估算框架图

其中,工程费用和工程建设其他费用形成固定资产。为简化计算,预备费用和建设期利息在可行性分析中一并计入固定资产原值。总投资费用统计参见表 4-6。

表 4-6　总投资费用统计表

总投资费用(I)=建设投资+建设期利息+流动资金-补贴
1. 建设投资 (1) 工程费用:建筑工程费、设备及工器具购置费、安装工程费; (2) 工程建设其他费用:建设用地费用、与项目建设有关的费用、与项目未来运营有关的费用; (3) 预备费用:基本预备费用(不可预见费)、涨价预备费用(价差预备费用)
2. 建设期利息
3. 流动资金 (1) 存货(原材料、燃料、在制品、产成品)占用资金的增加 (2) 现用资金的增加 (3) 应收账款的增加 (4) 应付账款的增加
4. 补贴

② 新增折旧费(D)

原则上应按照国家税务总局颁布的有关税务准则编制固定资产分类折旧费的估算表。清洁生产方案项目的年新增折旧费可按下列简单折旧公式(4-1)计算:

$$D = \frac{I}{n} \tag{4-1}$$

式中　D——项目新增折旧费,万元/a;

I——总投资费用中固定资产原值,万元;

n——项目寿命期(即折旧期),a。

③ 年新增利润(P)

实施清洁生产方案产生的年新增利润主要来源于销售收入增加额与总成本费用、销售税金及附加等项增加额之间的差额(即销售利润增加额)。当销售收入变化不可忽略时,由企业财务人员负责核算年新增利润。

绝大多数清洁生产中/高费方案对销售收入变化的影响通常可以忽略。对于此类项目新增利润全部来源于项目经营成本减少的中/高费方案,项目投产运行期各年份的新增利润可按以下方法计算:

年新增利润(P)=项目年经营成本减少额

=项目前年经营成本(可比部分)-项目后年经营成本(可比部分)

④ 年净现金流量(F)

净现金流量是现金流入和现金流出之差额,年净现金流量就是一年内现金流入和现金流出的代数和。

年净现金流量(F)=年新增利润+年新增折旧费

如果项目新增利润全部源于项目经营成本的减少额,项目增量固定资产的最后残值、项目流动资产增量、项目财务费用(如利息)增量等项均为零,只考虑所得税,且项目总投资仅发生于投资初始年,此时,项目寿命期内各年份的净现金流量可按以下方法计算,得到一个相对固定不变的项目新增净现金流量(F)。

$$F = P - (P - D) \times R \tag{4-2}$$

式中　F——年净现金流量,万元;

P——年新增利润,万元;

D——年新增折旧费,万元;

R——所得税率,%。

年净现金流量计算表参见表 4-7。

表 4-7　年净现金流量计算表

1. 年新增利润(P)=经营成本的减少额
① 原材料消耗的减少
② 动力和燃料费用的减少
③ 工资和维修费用的减少
④ 废弃物处理/处置费用的减少
⑤ 经营成本其他费用的减少
2. 新增折旧费(D):$D=I/n$
3. 所得税率(R)
4. 年净现金流量(F):$F=P-(P-D)\times R$

⑤ 净现值(NPV)

净现值是指按设定的折现率(通常采用行业基准收益率 i_c)计算的整个项目计算期内各年净现金流量的现值之和。在投资初年便完成项目全部投资(I),且在项目投产运行期($1\leqslant t\leqslant n$)内各年净现金流量为一个固定位(F)时,净现值(NPV)可按式(4-3)计算:

$$\mathrm{NPV} = \sum_{i=1}^{n} \frac{F}{(1+i_c)^t} - I = F \times \sum_{i=1}^{n} \frac{1}{(1+i_c)^t} - I \tag{4-3}$$

式中　NPV——净现值,万元;

F——年净现金流量,万元;

I——总投资费用,万元;

n——项目寿命期,a;

i_c——设定的折现率(行业基准收益率),%;

$\sum_{i=1}^{n} \frac{1}{(1+i_c)^t}$——等额分付(年金)现值系数。

⑥ 内部收益率(IRR)

内部收益率是指项目在整个计算期内各年净现金流量现值累计等于零时的折现率,它是评价项目盈利能力的动态指标。内部收益率可采用适用的财务电算化软件或微软软件 Excel 工具计算。

在投资初年便完成项目全部投资(I),且在项目投产运行期($1\leqslant t\leqslant n$)内各年净现金流

量为一个固定值(F)时,IRR 表达式可简化为式(4-4):

$$\mathrm{IRR}=i_1+\frac{\mathrm{NPV}_1(i_2-i_1)}{\mathrm{NPV}_1+|\mathrm{NPV}_2|} \tag{4-4}$$

式中 i_1——当净现值 NPV_1 为接近于零的正值时所对应的折现率;

i_2——当净现值 NPV_2 为接近于零的负值时所对应的折现率。

NPV_1,NPV_2——试算折现率 i_1 和 i_2 时对应的净现值。

计算内部收益率(IRR)的简易方法可用试算插值法。

i_1、i_2 可查表获得,i_1 与 i_2 的差值不应当超过 1%~2%。

⑦ 静态投资回收期(P_t)

静态投资回收期(P_t)是指以项目的净现金流量回收项目全部投资所需要的时间,一般以年为单位表示,并从项目投资初年(建设起始年)算起。在投资初年便完成项目全部投资(I),且在项目投产运行期($1\leqslant t\leqslant n$)内各年净现金流量为一个固定值(F)时,静态投资回收期可按式(4-5)计算:

$$P_t=\frac{I}{F} \tag{4-5}$$

式中 P_t——投资回收期,年;

I——总投资费用,万元;

F——年净现金流量,万元。

(4) 财务评估准则

单个方案判别准则:净现值 NPV≥0。按照设定的折现率计算的净现值大于或等于零时表明项目的盈利能力超过或者达到预期盈利水平,则认为此项目在财务上可接受。

内部收益率(IRR)、行业基准收益率 i_c:当内部收益率 IRR 大于或等于所设定的判别基准即行业基准收益率 i_c 时,也表明项目的盈利能力超过或达到预期盈利水平,项目方案在财务上可接受。

静态投资回收期 P_t<基准投资回收期 P_0。投资回收期越短,表明项目投资回收越快,抗风险能力越好。投资回收期应小于基准投资回收期,表明项目投资方案可接受。

互斥方案比选准则:对项目寿命期相同的两个以上互斥方案进行比较选择时,在选用相同的基准折现率计算的基础上,应选择净现值最大的方案。

7. 确定最佳可行方案

汇总并列表比较各个推荐的中/高费方案的技术、环境、财务评估结果,确定最佳可行的实施方案。

4.3.6 方案实施

方案实施是清洁生产审核的第六个阶段。本阶段目的是通过推荐方案(经分析可行的中/高费最佳可行方案)的实施,提高企业的清洁生产水平,并获得显著的经济和环境效益,同时通过评估已实施的清洁生产方案效益,激励企业推行清洁生产。

本阶段的工作重点是组织方案实施、汇总已实施方案效益、评价已实施中/高费方案的效果、整体评价已实施方案对企业的影响。

(1) 组织方案实施

组织方案实施包括统筹规划、筹措资金和实施方案三个步骤。

统筹规划包括:筹措资金;设计;征地、现场开发;申请施工许可证;兴建厂房;设备选型、调研、设计、加工或订货;落实配套公共设施;设备安装;组织操作、维修、管理班子;制定各项规程;人员培训;原辅料准备;应急计划(突发情况或障碍);施工与企业正常生产的协调;试运行与验收和正常运行与生产。

筹措资金包括资金的来源和合理安排资金。资金来源有两个渠道,企业内部自筹资金和企业外部资金。

若同时有数个方案需要投资实施时,要考虑如何合理有效地利用有限资金。在方案可分别实施,且不影响生产的条件下,可以对方案实施顺序进行优化,先实施某个或某几个方案,然后利用方案实施收益作为其他方案启动资金,使方案滚动实施。

实施方案包括方案的立项、设计、施工、验收等,按照国家、地方或部门的有关规定执行;无/低费方案的实施过程也要符合企业的管理、项目的组织和实施程序。

(2) 跟踪统计并汇总已实施方案效益

已实施方案的效益有两个主要方面:环境效益和经济效益。

通过调研、实测和计算等方法,依据企业财务数据、计算数据和成本核算数据,对方案的实施效果进行跟踪、统计。分别统计、汇总并对比各项环境指标,包括物耗、水耗、电耗等资源消耗指标以及废水量、废气量、固废量等废弃物产生指标在方案实施前后的变化,获得方案实施后的环境效果;分别对比产值、原材料费用、能源费用、公共设施费用、水费、污染控制费用、维修费、税金以及净利润等经济指标在方案实施前后的变化,获得方案实施后的经济效益。清洁生产方案实施产生的经济效益,尽可能按照企业现行的财务统计与核算体系进行量化。对于部分管理类无/低费方案的经济效益如果无法单独量化统计,可综合考虑并进行定性描述。

(3) 评价已实施中/高费方案

对已实施的中/高费方案,要对其实施效果进行技术、环境、经济(财务)和综合评价。

技术评价主要评价各项技术指标是否达到原设计要求,若没有达到要求,如何改进等;环境评价主要对方案实施前后各项环境指标进行追踪并与方案的设计值相比较,考察方案的环境效果以及企业环境形象的改善,同时结合清洁生产目标中相关的环境目标进行方案环境评价;财务评价分别对比产值、原材料费用、能源费用、公共设施费用、水费、污染控制费用、维修费、税金以及净利润等经济指标在方案实施前后的变化以及实际值与设计值的差距,获得方案实施后的经济效益情况;综合评价主要通过对每一个中/高费清洁生产方案进行技术、环境、经济(财务)三方面的分别评价,可以对已实施的各个方案成功与否做出综合、全面的评价结论。

(4) 分析总结清洁生产审核的影响

① 汇总环境效益和经济效益:将已实施的无/低费和中/高费清洁生产方案成果汇总成表,内容包括实施附件、投资、运行费、经济效益和环境效果。

② 对比分析清洁生产目标:与预评估阶段制定的本轮清洁生产审核的全厂总体目标和

审核重点清洁生产目标分别进行比对，分析设定目标的完成情况及存在的差距，包括目标设定的合理性和改进方向。

③ 综合对比评价清洁生产水平：结合预评估阶段对企业在技术工艺与装备、资源能源利用效率、产污排污水平、废弃物综合回收与利用和产品、环境管理等方面的生产潜力分析结论，综合评价企业生产水平变化情况，全面反映本轮清洁生产审核的综合影响。特别要采用定量分析方法，对比评估审核前后企业各项单位产品指标的变化情况。

(5) 清洁生产成果宣传

在总结已实施的无/低费和中/高费方案清洁生产成果的基础上，组织宣传材料广为宣传，为继续推行清洁生产打好基础。

4.3.7 持续清洁生产

持续清洁生产是企业清洁生产审核的第七个阶段，也是本轮审核的最后一个阶段，目的是使清洁生产工作在企业内长期、持续地推行下去。本阶段工作重点是建立推行和管理清洁生产工作的组织机构、加强和完善促进实施清洁生产的管理制度、制订持续清洁生产计划以及编写清洁生产审核报告。

(1) 建立和完善清洁生产组织

清洁生产是一个动态的、相对的概念，是一个连续的过程，因而需要有一个固定的机构、稳定的工作人员来组织和协调这方面工作，以巩固已取得的清洁生产成果，并使清洁生产工作持续地开展下去。建立和完善清洁生产组织，明确任务、落实归属和确定专人负责。

(2) 加强和完善清洁生产管理

清洁生产管理包括把审核成果纳入企业的日常管理轨道、建立激励机制、保证稳定的清洁生产资金来源和建立企业清洁生产指标管理考核制度等。

(3) 制订持续清洁生产计划

应制订持续清洁生产计划，使清洁生产有组织、有计划地在企业中进行下去。持续清洁生产计划包括以下几个方面。

清洁生产方案的实施计划：针对经本轮审核提出却未实施的中/高费方案制订具体的实施计划。

清洁生产审核工作计划：指下一轮的清洁生产审核工作计划。新一轮清洁生产审核的启动并非一定要等到本轮审核的所有方案都实施以后才进行，只要大部分可行的无/低费方案得到实施，取得初步的清洁生产成效，并在总结已取得的清洁生产经验的基础上，即可开始新的一轮审核，根据国家和地方的清洁生产重点领域与方向，提出企业新的审核方向和审核重点。

清洁生产新技术的研究与开发计划：根据本轮审核发现的问题，研究与开发新的防治生产技术。

企业职工的清洁生产培训计划：采取有效宣传、培训手段，在企业推广普及清洁生产知识和方法，提高清洁生产意识。

4.4　清洁生产审核评估与验收

4.4.1　概述

为科学规范推进清洁生产审核工作，保障清洁生产审核质量，指导清洁生产审核评估与验收工作，根据《清洁生产促进法》和《清洁生产审核办法》(国家发展和改革委员会、原环境保护部令第 38 号)，制定《清洁生产审核评估与验收指南》。

清洁生产审核评估是指企业基本完成清洁生产无/低费方案，在清洁生产中/高费方案可行性分析后和中/高费方案实施前的时间节点，对企业清洁生产审核报告的规范性、清洁生产审核过程的真实性、清洁生产中/高费方案及实施计划的合理性和可行性进行技术审查的过程。

清洁生产审核验收是指按照一定程序，在企业实施完成清洁生产中/高费方案后，对已实施清洁生产方案的绩效、清洁生产目标的实现情况及企业清洁生产水平进行综合性评定，并做出结论性意见的过程。

4.4.2　清洁生产审核评估与验收过程

清洁生产审核评估应包括但不限于以下内容：

① 清洁生产审核过程是否真实，方法是否合理；清洁生产审核报告是否能如实客观反映企业开展清洁生产审核的基本情况等。

② 对企业污染物产生水平、排放浓度和总量，能耗、物耗水平，有毒有害物质的使用和排放情况是否进行客观、科学的评价；清洁生产审核重点的选择是否反映了能源、资源消耗及废物产生和污染物排放方面存在的主要问题；清洁生产目标设置是否合理、科学、规范；企业清洁生产管理水平是否得到改善。

③ 提出的清洁生产中/高费方案是否科学、有效，可行性是否论证全面，选定的清洁生产方案是否能支撑清洁生产目标的实现。

对“双超”和“高耗能”企业通过实施清洁生产方案的效果进行论证，说明能否使企业在规定的期限内实现污染物减排目标和节能目标；对“双有”企业实施清洁生产方案的效果进行论证，说明其能否替代或削减其有毒有害原辅材料的使用和有毒有害污染物的排放。

本地具有管辖权限的环境保护主管部门或节能主管部门组织专家或委托相关单位成立评估专家组，各专家可采取电话函件征询、现场考察、质询等方式审阅企业提交的有关材料，最后专家组召开集体会议，参照清洁生产审核评估评分表(表 4-8)打分界定评估结果并出具技术审查意见。

清洁生产审核评估结果实施分级管理，总分低于 70 分的企业视为审核技术质量不符合要求，应重新开展清洁生产审核工作；总分为 70～90 分的企业，需按专家意见补充审核工作，完善审核报告，上报主管部门审查后，方可继续实施中/高费方案；总分高于 90 分的企业，可依据方案实施计划推进中/高费方案的实施。技术审查意见参照清洁生产审核评估技术审查意见样表(表 4-9)内容进行评述，提出清洁生产审核中尚存的问题，对清洁生产中/高费方案的可行性给出意见。

表 4-8　清洁生产审核评估评分表

企业名称：　　　　　　　　　　年　　　月　　　日

序号	指标内容	要　求	分值	得分
一、清洁生产审核报告规范性评估				
1	报告内容框架符合性	清洁生产审核报告符合《清洁生产审核指南 制订技术导则》中附录E的规定	3	
2	报告编写逻辑性	体现了清洁生产审核发现问题、分析问题、解决问题的思路和逻辑性	7	
二、清洁生产审核过程真实性评估				
1	审核准备	企业高层领导支持并参与	2	
		建立了清洁生产审核小组，制订了审核计划	1	
		广泛宣传教育，实现全员参与	1	
2	现状调查情况	企业概况、生产状况、工艺设备、资源能源、环境保护状况、管理状况等情况内容齐全，数据详实	4	
		工艺流程图能够体现主要原辅物料、水、能源及废物的流入、流出和去向，并进行了全面合理的介绍和分析	3	
		对主要原辅材料、水和能源的总耗和单耗进行了分析，并根据清洁生产评价指标体系或同行业水平进行客观评价	4	
3	企业问题分析情况	能够从原辅材料(含能源)、技术工艺、设备、过程控制、管理、员工、产品、废物等八个方面全面合理地分析和评价企业的产排污现状、水平和存在的问题	3	
		客观说明纳入强制性审核的原因，污染物超标或超总量情况，有毒有害物质的使用和排放情况	2	
		能够分析并发现企业现存的主要问题和清洁生产潜力	3	
4	审核重点设置情况	能够将污染物超标、能耗超标或有毒有害物质使用或排放环节作为必要考虑因素	4	
		能够着重考虑消耗大、公众压力大和有明显清洁生产潜力的环节	2	
5	清洁生产目标设置情况	能够针对审核重点，具有定量化、可操作性，时限明确	4	
		如是“双超”企业，其清洁生产目标设置能使企业在规定的期限内达到国家或地方污染物排放标准、核定的主要污染物总量控制指标、污染物减排指标；如是“高耗能”企业，其清洁生产目标设置能使企业在规定的期限内达到单位产品能源消耗限额标准；如是“双有”企业，其清洁生产目标设置能体现企业有毒有害物质减量或减排要求	4	
		对于生产工艺与装备、资源能源利用指标、产品指标、污染物产生指标、废物回收利用指标及环境管理要求指标设置至少达到行业清洁生产评价指标三级基准值的目标	3	
6	审核重点资料的准备情况	能涵盖审核重点的工艺资料、原材料和产品及生产管理资料、废弃物资料、同行业资料和现场调查数据等	3	
		审核重点的详细工艺流程图或工艺设备流程图符合实际流程	3	

表 4-8(续)

序号	指标内容	要　求	分值	得分
7	审核重点输入输出物流实测情况	准备工作完善,监测项目、监测点、监测时间和周期等明确,监测方法符合相关要求,监测数据详实可信	4	
8	审核重点物料平衡分析情况	准确建立了重点物料、能源、水和污染因子等平衡图,针对平衡结果进行了系统的追踪分析,阐述清晰	6	
9	审核重点废弃物产生原因分析情况	结合企业的实际情况,能从影响生产过程的八个方面深入分析,找出审核重点物料流失或资源能源浪费、污染物产生的环节,分析物料流失和资源浪费原因,提出解决方案	6	
三、清洁生产方案可行性的评估				
1	无/低费方案的实施	无/低费方案能够遵循边审核边产生边实施原则基本完成,并能够现场举证,如落实措施、制度、照片、资金使用账目等可查证资料	3	
		对实施的无/低费方案进行了全面、有效的经济和环境效益的统计	3	
2	中/高费方案的产生	中/高费方案针对性强,与清洁生产目标一致,能解决企业清洁生产审核的关键问题	6	
3	中/高费方案的可行性分析	中/高费方案具备详实的环境、技术、经济分析	6	
		所有量化数据有统计依据和计算过程,数据真实可靠	6	
4	中/高费方案的实施计划	有详细合理的统筹规划,实施进度明确,落实到部门	2	
		具有切实的资金筹措计划,并能确保资金到位	2	
总　分			100	

专家签名：　　　　　　　　　　　　时间：　　　　　　　年　　月　　日

表 4-9　清洁生产审核评估技术审查意见样表

企业名称			
企业联系人		联系电话	
评估时间			
组织单位			
清洁生产咨询服务机构			

一、总体评价

1. 企业概况(企业领导重视程度、培训教育工作机制、企业合规性及清洁生产潜力分析是否到位)

2. 对审核重点、目标确定结果及审核重点物料平衡分析的技术评估结果

3. 对无/低费方案质量、数量、实施情况及绩效的核查结果

4. 从方案的科学合理和针对性角度对拟实施中/高费方案进行评估("双超"企业达标性方案、"高耗能"企业节能方案和"双有"企业的减量或替代方案)

5. 对本次审核过程的规范性、针对性、有效性给出技术评估结果

二、对企业规范审核过程,不断深化审核,完善清洁生产审核报告以及进行整改的技术意见

专家组(签名)：

年　　月　　日

需开展清洁生产审核验收的企业应将验收材料提交至负责验收的环境保护主管部门或节能主管部门，主要包括：

①《清洁生产审核评估技术审查意见》；

②《清洁生产审核验收报告》；

③ 清洁生产方案实施前、后企业自行监测或委托有相关资质的监测机构提供的污染物排放、能源消耗等监测报告。

《清洁生产审核验收报告》应由企业或委托咨询服务机构完成，其内容应当包括但不限于以下方面：

① 企业基本情况；

②《清洁生产审核评估技术审查意见》的落实情况；

③ 清洁生产中/高费方案完成情况及环境、经济效益汇总；

④ 清洁生产目标实现情况及所达到的清洁生产水平；

⑤ 持续开展清洁生产工作机制建设及运行情况。

负责清洁生产审核验收的环境保护主管部门或节能主管部门组织专家或委托相关单位成立验收专家组，开展现场验收。现场验收程序包括听取汇报、材料审查、现场核实、质询交流、形成验收意见等。

清洁生产审核验收内容包括但不限于以下内容：

① 核实清洁生产绩效：企业实施清洁生产方案后，对是否实现清洁生产审核时设定的预期污染物减排目标和节能目标，是否落实有毒有害物质减量、减排指标进行评估；查证清洁生产中/高费方案的实际运行效果及对企业实施清洁生产方案前后的环境、经济效益进行评估。

② 确定清洁生产水平：已经发布清洁生产评价指标体系的行业，利用评价指标体系评定企业在行业内的清洁生产水平；未发布清洁生产评价指标体系的行业，可以参照行业统计数据评定企业在行业内的清洁生产水平定位或根据企业近三年历史数据进行纵向对比说明企业清洁生产水平改进情况。

清洁生产审核验收结果分为“合格”和“不合格”两种。依据清洁生产审核验收评分表(表 4-10)综合得分达到 60 分及以上的企业，其验收结果为“合格”。存在但不限于下列情况之一的，清洁生产审核验收不合格：

① 企业在方案实施过程中存在弄虚作假行为；

② 企业污染物排放未达标或污染物排放总量、单位产品能耗超过规定限额的；

③ 企业不符合国家或地方制定的生产工艺、设备以及产品的产业政策要求；

④ 达不到相关行业清洁生产评价指标体系三级水平(国内清洁生产一般水平)或同行业基本水平的；

⑤ 企业在清洁生产审核开始至验收期间，发生节能环保违法违规行为或未完成限期整改任务；

⑥ 其他地方规定的相关否定内容。

由省级主管部门以文件形式或在其官方网站向社会公布，对于验收“不合格”的企业，要求其重新开展清洁生产审核。清洁生产审核验收评分表见表 4-10，清洁生产审核验收意见样表见表 4-11。

表 4-10　清洁生产审核验收评分表

企业名称：　　　　　　　　　　　年　　　月　　　日

清洁生产审核验收关键指标			
序号	内　　容	是	否
1	企业在方案实施过程中无弄虚作假行为		
2	企业稳定达到国家或地方要求的污染物排放标准，实现核定的主要污染物总量控制指标或污染物减排指标要求		
3	企业单位产品能源消耗符合限额标准要求		
4	已达到相关行业清洁生产评价指标体系三级水平(国内清洁生产一般水平)或同行业基本水平		
5	符合国家或地方制定的生产工艺、设备以及产品的产业政策要求		
6	清洁生产审核开始至验收期间，未发生节能环保违法违规行为或已完成违法违规的限期整改任务		
7	无其他地方规定的相关否定内容		
清洁生产审核与实施方案评价		分值	得分
清洁生产验收报告	提交的验收资料齐全、真实	3	
	报告编制规范，内容全面，附件齐全	3	
	如实反映审核评估后企业推进清洁生产和中/高费方案实施情况	4	
方案实施及相关证明材料	本轮清洁生产方案基本实施	5	
	清洁生产无/低费方案已纳入企业正常的生产过程和管理过程	4	
	中/高费方案实施绩效达到预期目标	4	
	中/高费方案未达到预期目标时，进行了原因分析，并采取了相应对策	4	
	未实施的中/高费方案理由充足，或有相应的替代方案	5	
	方案实施前后企业物料消耗、能源消耗变化等资料符合企业生产实际	4	
	方案实施后特征污染物环境监测数据或能耗监测数据达标	4	
	设备购销合同、财务台账或设备领用单等信息与企业实施方案一致	4	
	生产记录、财务数据、环境监测结果支持方案实施的绩效结果	5	
	经济和环境绩效进行了详实统计和测算，绩效的统计有可靠充足的依据	8	
企业清洁生产水平评估	方案实施后能耗、物耗、污染因子等指标认定和等级定位(与国内外同行业先进指标对比)，以及企业清洁生产水平评估正确	6	
清洁生产绩效	按照行业清洁生产评价指标要求对生产工艺与装备、资源能源利用、产品、污染物产生、废物回收利用、环境管理等指标进行清洁生产审核前后的测算、对比，评估绩效	10	

表 4-10(续)

清洁生产审核与实施方案评价		分值	得分
现场考察	企业生产现场不存在明显的跑冒滴漏现象	3	
	中/高费方案实施现场与提供资料内容相符合	6	
	中/高费方案运行正常	6	
	无/低费方案持续运行	6	
持续清洁生产情况	企业审核临时工作机构转化为企业长期持续推进清洁生产的常设机构，并有企业相关文件给予证明	2	
	健全了企业清洁生产管理制度，相关方案落实到管理规程、操作规程、作业文件、工艺卡片中，融入企业现有管理体系	2	
	制订了持续清洁生产计划，有针对性，并切实可行	2	
总　分		100	
验收结论：合格(　　)　　　不合格(　　)			

注：关键指标 7 条否决指标中任何 1 条为“否”时，则验收不合格。
专家签名：　　　　　　　　　　　时间：　　　　　　　年　　月　　日

表 4-11　清洁生产审核验收意见样表

企业名称			
企业联系人		联系电话	
验收时间			
组织单位			
验收意见			

一、清洁生产审核验收总体评价
1. 对企业提交审核验收资料规范性评价
2. 对审核评估后进行的清洁生产完善工作的核查结果
3. 现场核查情况
4. 无/低费方案是否纳入正常生产管理
5. 中/高费方案实施情况及绩效(已实施的方案数，企业投入以及产生环境效益、经济效益以及其他方面的成效等)
6. 对照清洁生产评价指标体系评价企业达到清洁生产的等级和水平
7. 对企业本次审核的验收结论
二、强化企业清洁生产监督，持续清洁生产的管理意见

专家组组长(签名)：
年　　月　　日

4.5 清洁生产水平评价

4.5.1 清洁生产评价指标体系

国家发展和改革委员会、原环境保护部(现生态环境部)会同工业和信息化部等有关部门于 2013 年对已发布的清洁生产评价指标体系、清洁生产标准、清洁生产技术水平评价体

系进行整合修编。为统一规范、强化指导，国家发展和改革委员会、环境保护部、工业和信息化部组织编制了《清洁生产评价指标体系编制通则》(试行稿)(国家发展改革委公告 2013 年 第 33 号)。

行业清洁生产评价指标体系由一级指标和二级指标组成。其中，一级指标包括生产工艺及装备指标、资源能源消耗指标、资源综合利用指标、污染物产生指标、产品特征指标和清洁生产管理指标等六类指标，每类指标又由若干个二级指标组成。应标示出二级指标中的限定性指标。行业清洁生产评价指标体系框架见表 4-12。

表 4-12 行业清洁生产评价指标体系框架

序号	一级指标	一级指标权重	二级指标	单位	二级指标权重	Ⅰ级基准值	Ⅱ级基准值	Ⅲ级基准值
1	生产工艺及装备指标		工艺类型					
2			装备设备					
3			……					
4	资源能源消耗指标		* 单位产品综合能耗	tce/单位产品				
5			* 单位产品取水定额	t/单位产品				
6			单位产品原辅料消耗	kg/单位产品				
7			……					
8	资源综合利用指标		余热余压利用率	%				
9			工业用水重复利用率	%				
10			工业固废综合利用率	%				
11			……					
12	污染物产生指标		* 单位产品废水产生量	t/单位产品				
13			* 单位产品化学需氧量产生量	t/单位产品				
14			* 单位产品二氧化硫产生量	t/单位产品				
15			* 单位产品氨氮产生量	kg/单位产品				
16			* 单位产品氮氧化物产生量	kg/单位产品				
17			……					
18	产品特征指标		* 有毒有害物质限量					
19			易于回收、拆解的产品设计					
20			……					

限定性指标选取：限定性指标为对节能减排有重大影响的指标，或者法律法规明确规定严格执行的指标。原则上，限定性指标主要包括但不限于单位产品能耗限额、单位产品取水定额、有毒有害物质限量，行业特征污染物，行业准入性指标，以及二氧化硫、氮氧化物、化学需氧量、氨氮、放射性、噪声等污染物的产生量，因行业性质不同根据具体情况可作适当调整。

指标基准值分级：根据当前各行业清洁生产技术、装备和管理水平，宜将二级指标的基准值分为三个等级：Ⅰ级为国际清洁生产领先水平；Ⅱ级为国内清洁生产先进水平；Ⅲ级为国内清洁生产一般水平。

指标基准值取值原则：应根据当前行业清洁生产情况，合理确定Ⅰ级、Ⅱ级和Ⅲ级基准值。确定Ⅰ级基准值时，应参考国际清洁生产指标领先水平，以当前国内5%的企业达到该基准值要求为取值原则；确定Ⅱ级基准值时，应以当前国内20%的企业达到该基准值要求为取值原则；确定Ⅲ级基准值时，以当前国内50%的企业达到该基准值要求为取值原则。

4.5.2 清洁生产综合评价

清洁生产综合评价采用限定性指标评价和指标分级加权评价相结合的方法。在限定性指标全部达到Ⅲ级水平的基础上，采用指标分级加权评价方法，计算行业清洁生产综合评价指数。根据综合评价指数，确定清洁生产等级。

（1）指标无量纲化

不同清洁生产指标由于量纲不同，不能直接比较，需要建立原始指标的隶属函数，具体见式(4-6)。

$$Y_{g_k}(x_{ij})=\begin{cases}100, & x_{ij}\ 属于\ g_k\\ 0, & x_{ij}\ 不属于\ g_k\end{cases} \tag{4-6}$$

式中，x_{ij}表示第i个一级指标下的第j个二级指标；g_k表示二级指标基准值，其中g_1为Ⅰ级水平，g_2为Ⅱ级水平，g_3为Ⅲ级水平；$Y_{g_k}(x_{ij})$为二级指标x_{ij}对于级别g_k的隶属函数，若指标x_{ij}属于级别g_k，则隶属函数的值为100，否则为0。

（2）综合评价指数计算

通过加权平均、逐层收敛可得到评价对象在不同级别g_k的得分Y_{g_k}，如式(4-7)所示。

$$Y_{g_k}=\sum_{i=1}^{m}\left(w_i\sum_{j=1}^{n_j}\omega_{ij}Y_{g_k}(x_{ij})\right) \tag{4-7}$$

式中，w_i为第i个一级指标的权重，w_{ij}为第i个一级指标下的第j个二级指标的权重，其中，m为一级指标的个数；n_j为第j个一级指标下二级指标的个数。另外，Y_{g1}等同于$Y_{\text{Ⅰ}}$，Y_{g2}等同于$Y_{\text{Ⅱ}}$，Y_{g3}等同于$Y_{\text{Ⅲ}}$。

（3）等级条件

Ⅰ级清洁生产水平（国际清洁生产领先水平）应同时满足以下条件：

① $Y_{\text{Ⅰ}}\geqslant 85$；

② 限定性指标全部满足Ⅰ级基准值要求。

Ⅱ级清洁生产水平（国内清洁生产先进水平）应同时满足以下条件：

① $Y_{\text{Ⅱ}}\geqslant 85$；

② 限定性指标全部满足Ⅱ级基准值要求及以上。

Ⅲ级清洁生产水平（国内清洁生产一般水平）应满足以下条件：

$Y_{\text{Ⅲ}}\geqslant 100$。

截至2024年，国家发布实施钢铁、火电等50多个行业清洁生产评价指标体系和35个重点行业清洁生产技术推行方案。具体见表 4-13。

表 4-13 已发布的行业清洁生产评价指标体系

序号	名 称	时间
1	钢铁行业清洁生产评价指标体系	2014
2	水泥行业清洁生产评价指标体系	2014
3	电力行业(燃煤发电企业)清洁生产评价指标体系	2015
4	制浆造纸行业清洁生产评价指标体系	2015
5	稀土冶炼行业清洁生产评价指标体系	2015
6	平板玻璃行业清洁生产评价指标体系	2015
7	电镀行业清洁生产评价指标体系	2015
8	铅锌采选业清洁生产评价指标体系	2015
9	黄磷工业清洁生产评价指标体系	2015
10	生物药品制造业(血液制品)清洁生产评价指标体系	2015
11	电池行业清洁生产评价指标体系	2015
12	镍钴行业清洁生产评价指标体系	2016
13	锑行业清洁生产评价指标体系	2016
14	再生铅行业清洁生产评价指标体系	2016
15	电解锰行业清洁生产评价指标体系	2016
16	涂装行业清洁生产评价指标体系	2016
17	合成革行业清洁生产评价指标体系	2016
18	光伏电池行业清洁生产评价指标体系	2016
19	黄金行业清洁生产评价指标体系	2016
20	制革行业清洁生产评价指标体系	2017
21	环氧树脂行业清洁生产评价指标体系	2017
22	1,4-丁二醇行业清洁生产评价指标体系	2017
23	有机硅行业清洁生产评价指标体系	2017
24	活性染料行业清洁生产评价指标体系	2017
25	钢铁行业(烧结、球团)清洁生产评价指标体系	2018
26	钢铁行业(高炉炼铁)清洁生产评价指标体系	2018
27	钢铁行业(炼钢)清洁生产评价指标体系	2018
28	钢铁行业(钢延压加工)清洁生产评价指标体系	2018
29	钢铁行业(铁合金)清洁生产评价指标体系	2018
30	再生铜行业清洁生产评价指标体系	2018
31	电子器件(半导体芯片)制造业清洁生产评价指标体系	2018
32	合成纤维制造业(氨纶)清洁生产评价指标体系	2018
33	合成纤维制造业(锦纶 6)清洁评价指标体系	2018
34	合成纤维制造业(聚酯涤纶)清洁生产评价指标体系	2018

表 4-14(续)

序号	名　　称	时间
35	合成纤维制造业(维纶)清洁生产评价指标体系	2018
36	合成纤维制造业(再生涤纶)清洁生产评价指标体系	2018
37	合成纤维制造业(再生涤纶)清洁生产评价指标体系	2018
38	印刷业清洁生产评价指标体系	2018
39	煤炭采选行业清洁生产评价指标体系	2019
40	硫酸行业清洁生产评价指标体系	2019
41	锌冶炼行业清洁生产评价指标体系	2019
42	污水处理及其再生利用行业清洁生产评价指标体系	2019
43	肥料制造业(磷肥)清洁生产评价指标体系	2019
44	化学原料药制造业 清洁生产评价指标体系	2021
45	硫酸行业清洁生产评价指标体系	2021
46	再生橡胶行业 清洁生产评价指标体系	2021
47	锗行业清洁生产评价指标体系	2021
48	住宿餐饮业清洁生产评价指标体系	2021
49	淡水养殖行业(池塘) 清洁生产评价指标体系	2021
50	电解锰行业清洁生产评价指标体系	2023
51	烧碱、聚氯乙烯行业清洁生产 评价指标体系	2023
52	铜冶炼行业清洁生产评价指标体系	2024
53	铅冶炼行业清洁生产评价指标体系	2024

第 5 章　可再生能源与节能评估

5.1　能源及其分类

能源亦称能量资源或能源资源。《中华人民共和国节约能源法》中所称能源，是指煤炭、石油、天然气、生物质能和电力、热力以及其他直接或者通过加工、转换而取得有用能的各种资源。

根据不同的划分方式，能源可分为不同类型。

根据产生方式分类，能源分为一次能源和二次能源。前者即天然能源，指在自然界现成存在的能源，如煤炭、石油、天然气、水能等。后者指由一次能源加工转换而成的能源产品，如电力、煤气、蒸汽及各种石油制品等。一次能源又分为可再生能源（水能、风能及生物质能）和非再生能源（煤炭、石油、天然气等），其中煤炭、石油和天然气三种能源是一次能源的核心，它们成为全球能源的基础；除此以外，太阳能、风能、地热能、海洋能、生物质能等可再生能源也被包括在一次能源的范围内；二次能源则是指由一次能源直接或间接转换成其他种类和形式的能量资源，例如：电力、煤气、汽油、柴油、焦炭、洁净煤、激光和沼气等能源都属于二次能源。

根据使用类型分类：能源又可分为常规能源和新型能源。

利用技术上成熟，使用比较普遍的能源叫作常规能源，包括一次能源中的可再生的水力资源和不可再生的煤炭、石油、天然气等资源。新近利用或正在着手开发的能源叫作新型能源。新型能源是相对于常规能源而言的，包括太阳能、风能、地热能、海洋能、生物质能、氢能以及用于核能发电的核燃料等能源。由于新型能源的能量密度较小，或品位较低，或有间歇性，按已有的技术条件转换利用的经济性尚差，还处于研究、发展阶段，只能因地制宜地开发和利用，但新型能源大多数是再生能源。能源分类见表 5-1。

由于气候变化的影响，可再生能源替代化石能源在世界范围内得到广泛认可。2015 年的巴黎联合国气候变化大会成为可再生能源发展的分水岭，再次强调了可再生能源发展的重要性，大会指出，通过到 2030 年将可再生能源比例增加一倍，即可再生能源占最终能源消耗总量的比例达到 36%，来控制气候变化、实现可持续发展目标。面对资源约束趋紧、环境污染严重、生态系统退化的严峻形势，我国也大力发展可再生能源，并提出了《中国可再生能源发展路线图 2050》，指出到 2050 年，一次能源供应量为 34 亿 t 标准煤，可再生能源占比达到 62%，逐步摆脱对化石能源的依赖，实现能源结构的调整是不可逆转的前进方向。

表 5-1 能源分类

能源分类		
一次能源		二次能源(经转换或提炼)
可再生能源	非再生能源	
风能、水能、太阳能、地热、海洋能、生物能	化石燃料(煤、石油、天然气)、铀	电能、氢能、汽油、柴油等

5.2 可再生能源

5.2.1 太阳能

太阳能一般指太阳光的辐射能量。在太阳内部进行的由"氢"聚变成"氦"的原子核反应，不停地释放出巨大的能量，并不断向宇宙空间辐射能量，这种能量就是太阳能。太阳内部的这种核聚变反应，可以维持几十亿至上百亿年的时间。

太阳向宇宙空间发射的辐射功率为 3.8×10^{23} kW 的辐射值，其中 20 亿分之一到达地球大气层。到达地球大气层的太阳能，30%被大气层反射，23%被大气层吸收，其余的到达地球表面，其功率为 800 000 亿 kW，也就是说太阳每秒钟照射到地球上的能量就相当于燃烧 500 万 t 煤释放的热量。在大气外在每平方米面积每分钟接受的能量大约为 1 367 W。

广义上的太阳能是地球上许多能量的来源，如风能、生物质能、水能等。狭义的太阳能则限于太阳辐射能的光热、光电和光化学的直接转换。具体如图 5-1 所示。

通常根据所能达到的温度和用途的不同，而把太阳能光热利用分为低温利用(<200 ℃)、中温利用(200～800 ℃)和高温利用(>800 ℃)。目前低温利用主要有太阳能热水器、太阳能干燥器、太阳能蒸馏器、太阳能采暖(太阳房)、太阳能温室、太阳能空调制冷系统等，中温利用主要有太阳灶、太阳能热发电聚光集热装置等；高温利用主要有高温太阳炉等。

与其他能源相比，太阳能具有很多优点：地球上一年接受的太阳能总量远远大于人类对能源的需求量；分布广泛，不需要开采和运输；不存在枯竭问题，可以长期使用；对环境无污染等。因此，太阳能必将在未来的能源结构中占有重要的地位，目前其开发利用已经受到人们高度重视，并取得较大的进展。

在太阳能利用方面主要采用的技术有：光电转换和光热转换。在这些技术中起关键作用的是光电转换材料和光热转换材料。主要的光电转换材料是硅和锗半导体材料，新近开发的 GaAs 和 CdS 材料可实现低成本制造大面积太阳能电池，主要产品为太阳能电池板。在欧美等发达国家已有硅太阳能电池板的定型产品，我国由中国科学院等单位研制的硅太阳能电池板也在使用和测试中，但目前转换效率较低(10%～40%)，制造成本较高，大面积

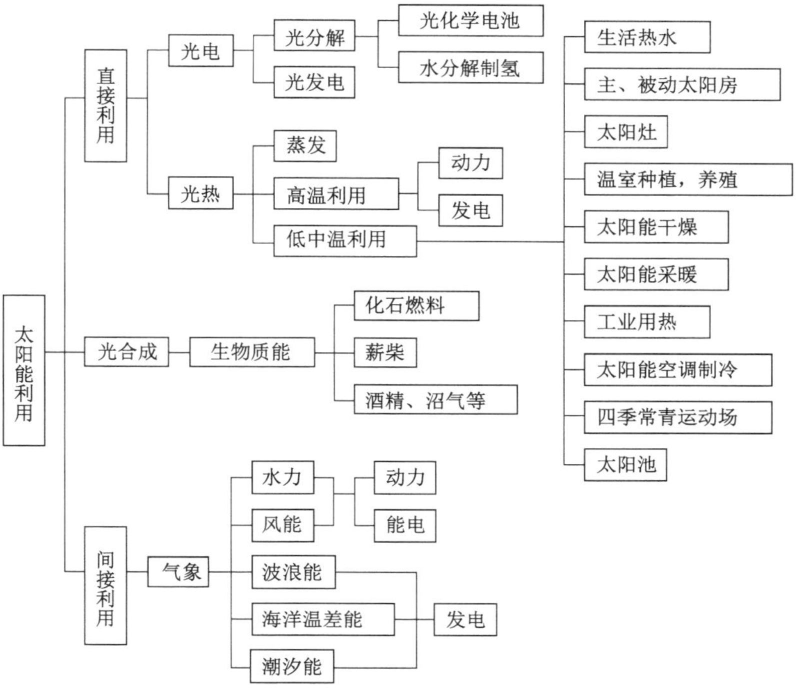

图 5-1 太阳能利用方式

使用还有许多工作要做。主要的光热转换材料是光吸收材料和相变储能材料，如表面涂黑的金属板，多层光吸收和减反射膜等吸光材料，无机水合盐、氟石和金属合金；有机石蜡、多元醇和聚乙烯等固-液和固-固相变储能材料。

(1) 太阳能光伏发电

光伏发电主要是指利用半导体的光伏效应将太阳能转化为电能的技术。所谓光伏效应，是指半导体在阳光的照射下会产生电动势的现象。典型的晶体硅太阳能电池的结构如图 5-2 所示。硅原子有 4 个外层电子，具有较稳定的结构，倘若在纯硅中加入一些带 5 个外层电子的原子，如 P 原子，两者通过共用电子的作用会达到 8 个电子的稳定结构，会多出 1 个电子，从而形成电子较多的 N 型半导体结构。同理，如果在纯硅中加入一些带 3 个外层电子的原子，如 B 原子，通过共用电子的作用，达到电子的稳定结构会缺少 1 个电子，形成空穴较多的 P 型半导体，当 P 型半导体和 N 型半导体相结合时，由于扩散作用会在中间部分形成一个内电场的空间电荷区，即 PN 结。当太阳

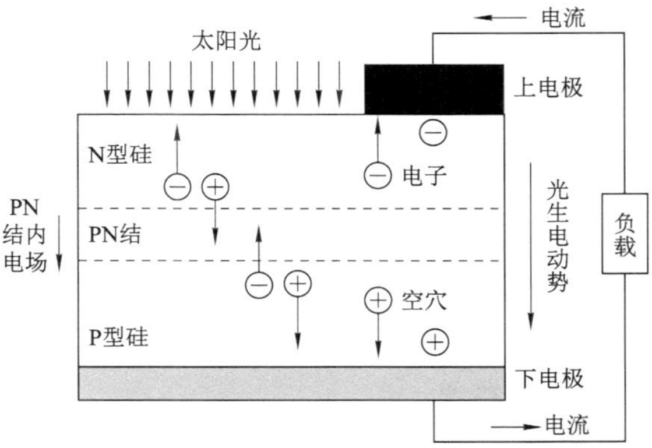

图 5-2 典型的晶体硅太阳能电池结构

光照在太阳能电池上时，电子会获得能量，从 N 极区向 P 极区运动，与此同时，空穴会从 P 极区向 N 极区运动，从而形成电流，起到发电效果。

近年来，太阳能光伏在我国的应用范围迅速扩大，从家庭用户太阳能电源到通信及石油、海洋、气象等众多领域。根据相关数据显示，我国太阳能光伏发电累计装机容量在 2013 年以后迎来快速发展期。截至 2021 年上半年，全国太阳能光伏发电累计装机容量达到 267.0 GW。图 5-3 为 2013—2020 年中国光伏发电量变化情况。

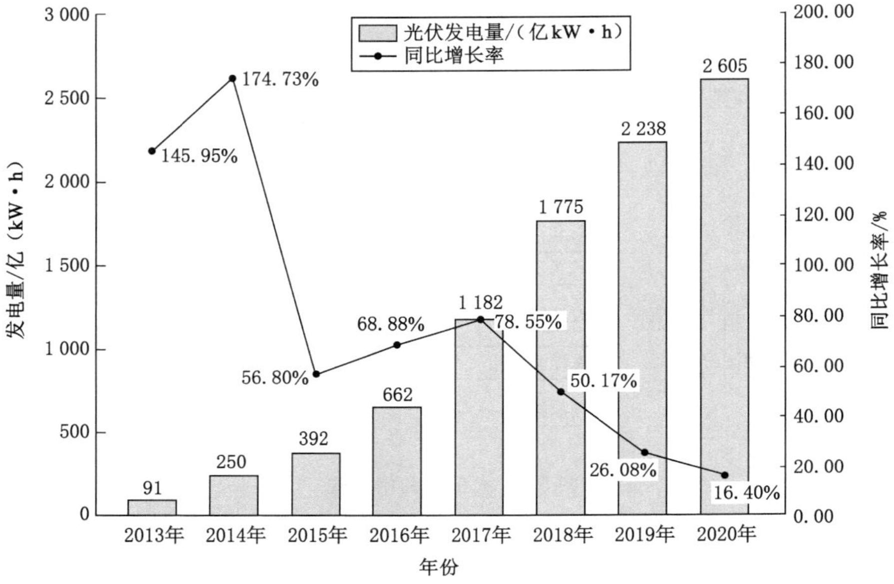

图 5-3　2013—2020 年中国光伏发电量变化情况

在政策推动和光伏发电成本下降的利好之下，光伏装机容量将持续攀升，根据中国光伏行业协会的预测，在“十四五”期间，我国光伏年均新增光伏装机容量或将为 70～90 GW，为了实现“双碳”目标，光伏行业将成为长期处于高速发展的新能源行业之一，据此预测 2060 年，我国光伏发电行业累计装机容量可能达 673～793 GW。

（2）太阳能光热发电

太阳能光热发电原理为利用反射镜将太阳辐射热能聚集在吸热器上，加热吸热介质，将光能转化为热能，吸热介质再通过蒸汽发生系统产生高温、高压蒸汽，推动汽轮机发电机组发电。

5.2.2　地热能

地热能是由地壳抽取的天然热能，这种能量来自地球内部的熔岩，并以热力形式存在，是引致火山爆发及地震的能量。按国家标准《地热能术语》的规定：赋存于地球内部岩土体、流体和岩浆体中，能够为人类开发和利用的热能称为地热能。

地球内部的温度高达 7 000 ℃，而在 80～100 km 的深度处，温度会降至 650～1 200 ℃。透过地下水的流动和熔岩涌至离地面 1～5 km 的地壳，热力得以被转送至较接近地面的地方。高温的熔岩将附近的地下水加热，这些加热了的水最终会渗出地面。运用地热能最简单和最合乎成本效益的方法，就是直接取用这些热源，并抽取其能量。

作为蕴藏在地球内部的天然热能是一种极具竞争力的清洁可再生能源，地热能具有储量大、分布广、绿色低碳、适用性强、稳定性好等优势。高温地热资源，将成为未来能源结构调整、发展清洁能源的主力之一。其中距地表 2 000 m 内储藏的地热能为 2 500 亿 t 标准煤。全国地热可开采资源量为每年 68 亿 m^3，所含地热量为 973 万亿 kJ。在地热利用规模上，我国近些年来一直位居世界首位，并以每年近 10%的速度稳步增长。

在我国的地热资源开发中，经过多年的技术积累，地热发电效益显著提升。除地热发电外，直接利用地热水进行建筑供暖、发展温室农业和温泉旅游等利用途径也得到较快发展。全国已经基本形成以西藏羊八井为代表的地热发电、以天津和西安为代表的地热供暖、以东南沿海为代表的疗养与旅游和以华北平原为代表的种植和养殖的开发利用格局。

地热能通常根据埋藏深度、储存介质等有几种不同的分类方法，按深度分为浅层地热能（从地表至地下 200 m 深度范围内）、中深层地热能（地下 200～3 000 m）、深层地热能（地下深度大于 3 000 m）；按赋存介质可以分为水热型地热能（赋存于天然地下水及其蒸汽中的地热资源）、岩热型地热能（赋存于固体岩石中的地热资源）等。对于一个具体的地方，有可能几种地热资源同时存在，既有水热也有岩热，埋藏在不同深度处。相比较而言，岩热型资源更普遍，任何地方只要向地下钻井，总能够达到热岩层，但要考虑经济性因素。

根据地热资源品质和赋存特点，地热资源的开发利用分为发电和直接利用两个方面。浅层地热、中深层地岩热、水热等中温和低温地热资源可直接利用，用于供暖、生活热水、洗浴、设施农业等。干热岩作为高温地热资源主要用于发电，目前还处于资源勘探和开采技术研究阶段。图 5-4 至图 5-7 为地热资源利用的几种方式。

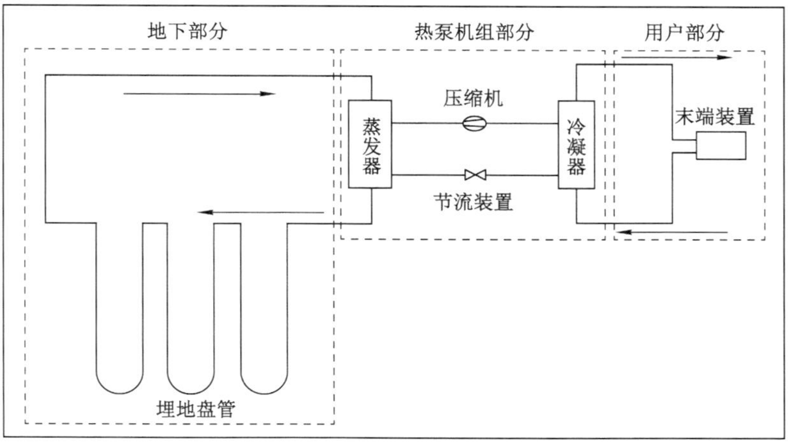

图 5-4　浅层土壤源热泵工作原理示意图

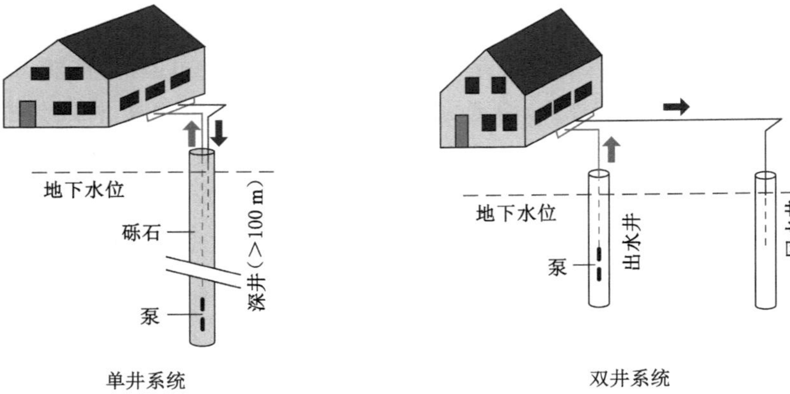

图 5-5　利用地下热水的水源热泵系统原理

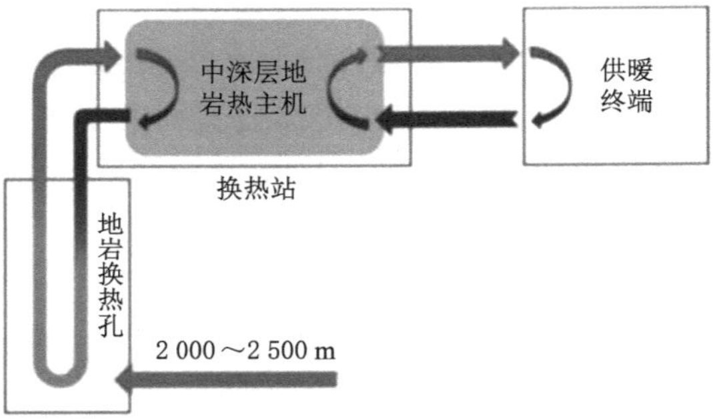

图 5-6　中深层地岩供热原理

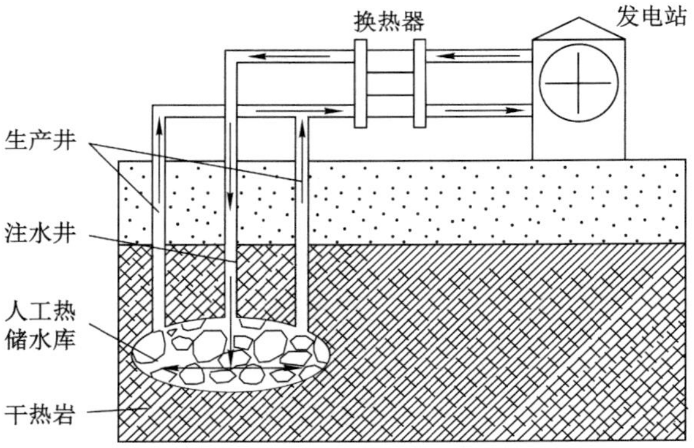

图 5-7　利用干热岩发电系统原理

地热发电是地热利用的最重要方式。高温地热流体应首先应用于发电。地热发电和火力发电的原理是一样的，都是利用蒸汽的热能在汽轮机中转变为机械能，然后带动发电机发电。所不同的是，地热发电不像火力发电那样要装备庞大的锅炉，也不需要消耗燃料，它所用的能源就是地热能。地热发电的过程，就是把地下热能首先转变为机械能，然后再把机械能转变为电能的过程。要利用地下热能，首先需要有“载热体”把地下的热能带到地面上来。能够被地热电站利用的载热体，主要是地下的天然蒸汽和热水。按照载热体类型、温度、压力和其他特性的不同，可把地热发电的方式划分为蒸汽型地热发电和热水型地热发电两大类。

(1) 蒸汽型地热发电

蒸汽型地热发电是把蒸汽田中的干蒸汽直接引入汽轮发电机组发电，但在引入发电机组前应把蒸汽中所含的岩屑和水滴分离出去。这种发电方式最为简单，但干蒸汽地热资源十分有限，且多存于较深的地层，开采技术难度大，故发展受到限制。其主要有背压式和凝汽式两种发电系统。

(2) 热水型地热发电

热水型地热发电是地热发电的主要方式。热水型地热电站有两种循环系统：

① 闪蒸系统

当高压热水从热水井中抽至地面，由于压力降低部分热水会沸腾并“闪蒸”成蒸汽，蒸汽送至汽轮机做功；而分离后的热水可继续利用后排出，当然最好是再回注入地层。

② 双流循环系统

地热水首先流经热交换器，将地热能传给另一种低沸点的工作流体，使之沸腾而产生蒸汽。蒸汽进入汽轮机做功后进入凝汽器，再通过热交换器而完成发电循环。双流循环系统如图 5-8 所示。地热水则从热交换器回注入地层。

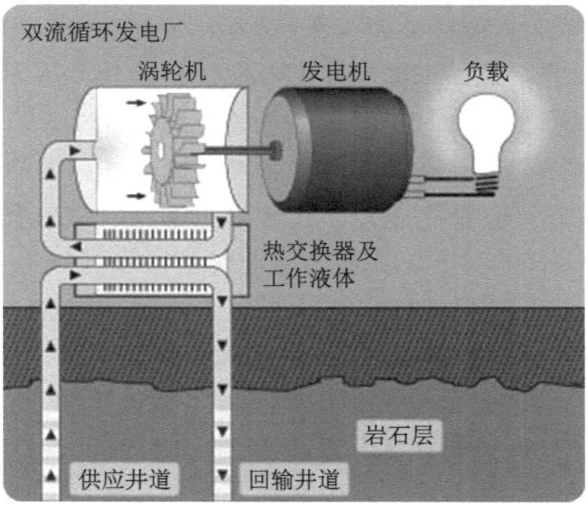

图 5-8　双流循环系统

（2）地热供暖

将地热能直接用于采暖、供热和供热水是仅次于地热发电的地热利用方式。因为这种利用方式简单、经济性好，备受各国重视，特别是位于高寒地区的西方国家，其中冰岛开发利用得最好。该国早在1928年就在首都雷克雅未克建成了世界上第一个地热供热系统，现今这一供热系统已发展得非常完善，每小时可从地下抽取7 740 t 80 ℃的热水，供全市11万居民使用。由于没有高耸的烟囱，冰岛首都已被誉为“世界上最清洁无烟的城市”。此外利用地热给工厂供热，如用作干燥谷物和食品的热源，用作硅藻土、木材、造纸、制革、纺织、酿酒、制糖等生产过程的热源也是大有前途的。目前世界上最大两家地热应用工厂就是冰岛的硅藻土厂和新西兰的纸浆加工厂。我国利用地热供暖和供热水发展也非常迅速，此方式在京津地区已成为地热利用中最普遍的方式。

（3）地热务农

地热在农业中的应用范围十分广阔。如利用温度适宜的地热水灌溉农田，可使农作物早熟增产；利用地热水养鱼，在28 ℃水温下可加速鱼的育肥，提高鱼的出产率；利用地热建造温室，育秧、种菜和养花；利用地热给沼气池加温，提高沼气的产量等。将地热能直接用于农业的方式在我国日益广泛，北京、天津、西藏和云南等地都建有面积大小不等的地热温室。各地还利用地热大力发展养殖业，如培养菌种，养殖非洲鲫鱼、鳗鱼、罗非鱼、罗氏沼虾等。

5.2.3 氢能

氢能是氢和氧进行化学反应释放出的化学能，是一种二次清洁能源，被誉为“21世纪终极能源”，也是在碳达峰、碳中和的大背景下，加速开发利用的一种清洁能源。

氢能的主要优点是燃烧热值高，燃烧同等质量的氢产生的热量，约为汽油的3倍，酒精的3.9倍，焦炭的4.5倍。氢能燃烧的产物是水，是世界上最干净的能源。氢能资源丰富，氢气可以由水制取，而水是地球上最为丰富的资源，演绎了自然物质循环利用、持续发展的经典过程。构建一个理想低碳氢能能源体系，成为国际上能源转型的风向标。

我国是世界上最大的制氢国，2022年我国氢气产能约为4 100万t/a，产量为3 781万t/a。预测在2030年碳达峰愿景下，我国氢气的产量将超过5 000万t/a。

我国氢源以煤炭为主，可再生能源电解水制氢受成本过高的制约，占比很小。当前，我国的氢源结构与世界氢源结构差距较大。从全球的氢源结构来看，氢气有48%来自天然气、30%来自副产氢、18%来自煤炭。而我国目前仍是以煤制氢为主，占比达62%，天然气制氢占比19%，石油制氢、工业副产气制氢占比18%，而电解水制氢仅占1%。我国的氢源结构与“富煤、缺油、少气”的资源禀赋有关，但可再生能源电解水制氢占比小，主要限制因素是成本过高，其中电价占总成本的60%～70%。虽然近年来，我国风光发电成本出现了较大幅度的下降，部分地区已经实现了平价上网，但是目前可再生能源电解水制氢的综合成本仍然约是煤制氢的三倍，是煤制氢＋碳捕捉及封存技术（CCS）综合成本的二倍，因此，短期内，电解水制氢仍无法完全替代化石燃料制氢。

1. 制氢技术路线

氢按照制取过程及碳排放可以分为“灰氢”“蓝氢”和“绿氢”。“灰氢”指采用化石燃料制取的氢气，如石油、天然气、煤炭制氢等，制氢过程中有大量的碳排放。“蓝氢”指采用化石燃料制取，但过程中采用了碳捕捉及封存技术（CCS）的氢气。“绿氢”指采用可再生能源（如风电、水电、太阳能等）通过电解制氢，制氢过程完全没有碳排放。

目前，氢的制取主要有以下三种较为成熟的技术路线：一是以煤炭、天然气为代表的化石能源制氢；二是以焦炉煤气、氯碱尾气、丙烷脱氢为代表的工业副产气制氢；三是以碱性电解水、酸性质子交换膜电解水为代表的电解水制氢。其他制氢方式，例如微生物直接制氢和太阳能光催化分解水制氢等，仍处于实验和开发阶段，尚未达到工业规模制氢要求。常用的制氢方法如图 5-9 所示。

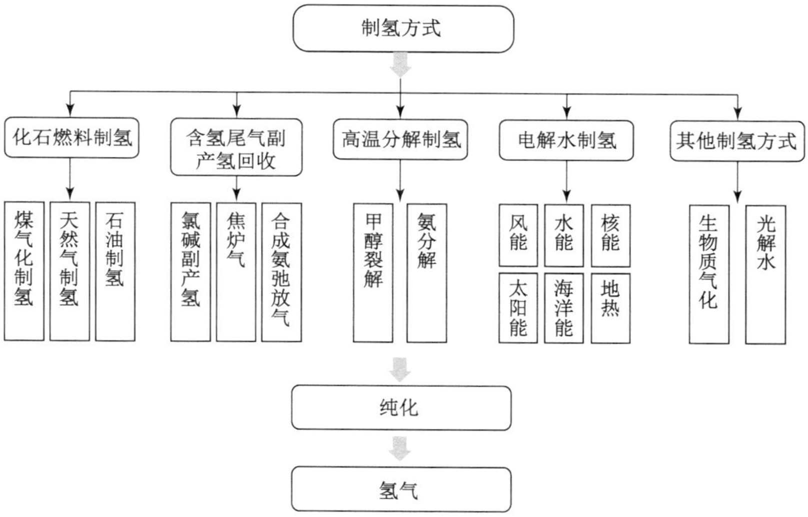

图 5-9　制氢方法

(1) 化石燃料制氢

化石燃料中含有丰富的 C、H、O 等元素，在特定条件下，利用化石燃料跟 H_2O、O_2 等原料反应，将其转化为 H_2、CO_2 等气态物质，然后进行提纯，可得到 H_2。化石燃料制氢依赖化石燃料，会排放二氧化碳等温室气体。通常用于制氢的化石燃料是天然气和煤。

① 天然气制氢

天然气制氢是通过 CH_4 和水蒸气、氧气介质在高温下反应，生成合成气，再经过化学转化与分离，制备氢气。天然气制氢的工艺流程图见图 5-10。

其总反应方程式为：

$$CH_4 + 2H_2O \longrightarrow 4H_2 + CO_2$$

$$2CH_4 + O_2 + 2H_2O \longrightarrow 6H_2 + 2CO_2$$

$$CH_4 + CO_2 + 2H_2O \longrightarrow 4H_2 + 2CO_2$$

蒸汽重整制氢（SMR）在天然气制氢技术中发展较为成熟、应用较为广泛。其生产过程需要将原料气的硫含量降至 1×10^{-6} 以下，因此制得氢气的杂质浓度相对较低。我国天然

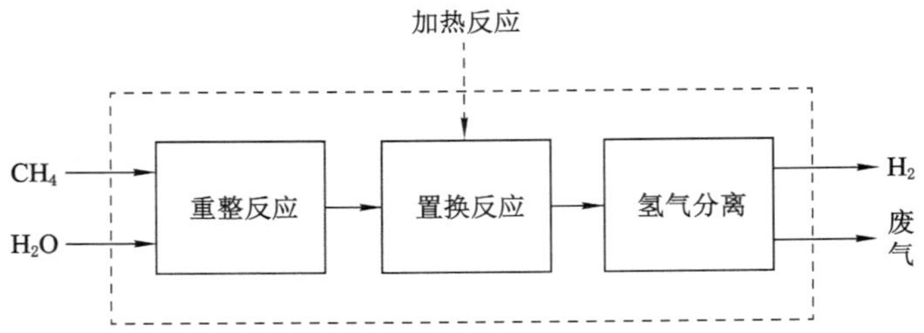

$$CH_4+H_2O \rightleftharpoons CO+3H_2$$
$$CO+H_2O \rightleftharpoons CO_2+H_2$$

图 5-10　天然气制氢工艺流程

气资源供给有限且含硫量较高，预处理工艺复杂，导致国内天然气制氢的经济性远低于国外。

② 煤制氢

以煤为原料制取 H_2 的方法主要有两种：一是煤的焦化（或称高温干馏），二是煤的气化。煤的焦化是指煤在隔绝空气条件下，在 900～1 000 ℃制取焦炭，副产品为焦炉煤气。焦炉煤气组成中含 H_2 55%～60%（体积分数）、甲烷 23%～27%、一氧化碳 6%～8%等。每吨煤可得煤气 300～350 m^3，该煤气可作为城市煤气，亦是制取 H_2 的原料。煤的气化是指煤在高温常压或加压下，与气化剂反应转化成气体产物。气化剂为水蒸气或氧气（空气），气体产物中含有 H_2 等组分，其含量随不同气化方法而异。气化的目的是制取化工原料或城市煤气。煤制氢需要大型的气化设备，装置投资成本较高，只有规模化生产才具有经济效益，因此，煤制氢不适合分布式制氢，适合于中央工厂集中制氢。图 5-11 为煤气化制氢工艺流程。除此之外，还可以重油为原料制取 H_2。图 5-12 为重油热解制氢工艺流程图。

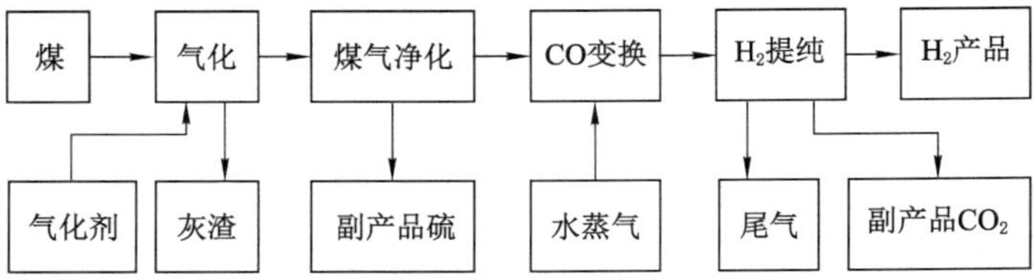

图 5-11　煤气化制氢工艺流程

（2）甲醇制氢法

甲醇蒸气重整制氢法是 20 世纪 80 年代国外发展起来的一种制氢技术，其投资成本低，建成快，无排放无污染，原料可获得性高。至今为止国内外的甲醇制氢工艺非常成熟，高度集成的技术和燃料电池发电技术，在新能源汽车、通信站等领域成功应用，应用前景非常好。

我国是全球最大的甲醇生产国，拥有全球甲醇产能的 60%。由于甲醇来源丰富、成本低廉，而且在常温常压下作为液体便于储存和运输，相比于工业制氢等其他制氢方式，甲醇

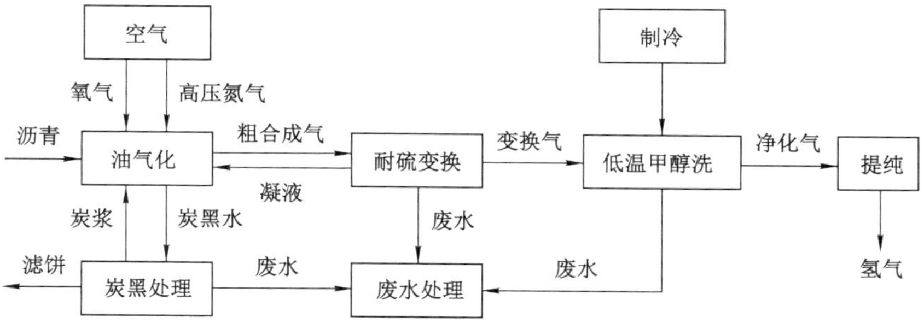

$$C_nH_m+\frac{n}{2}O_2 \rightleftharpoons nCO_2+\frac{m}{2}H_2$$

$$C_nH_m+nH_2O \rightleftharpoons nCO+\left(n+\frac{m}{2}\right)H_2$$

$$H_2O+CO \rightleftharpoons CO_2+H_2$$

图 5-12　重油热解制氢工艺流程

制氢的能耗和成本都更低。2023 年 2 月，中国石化甲醇现场制氢项目投入使用，成为我国首个甲醇制氢加氢一体站。

甲醇与水蒸气在一定的温度、压力条件下，在催化剂的作用下，发生甲醇裂解反应和一氧化碳的变换反应，生成氢和二氧化碳，再经过变压吸附法(PSA)将 H_2 和 CO_2 分离，得到高纯氢气。这是一个多组分、多反应的气固催化反应系统。反应方程如下：

$$CH_3OH \longrightarrow CO+2H_2 \tag{1}$$

$$H_2O+CO \longrightarrow CO_2+H_2 \tag{2}$$

$$CH_3OH+H_2O \longrightarrow CO_2+3H_2 \tag{3}$$

甲醇裂解制氢工艺流程见图 5-13。

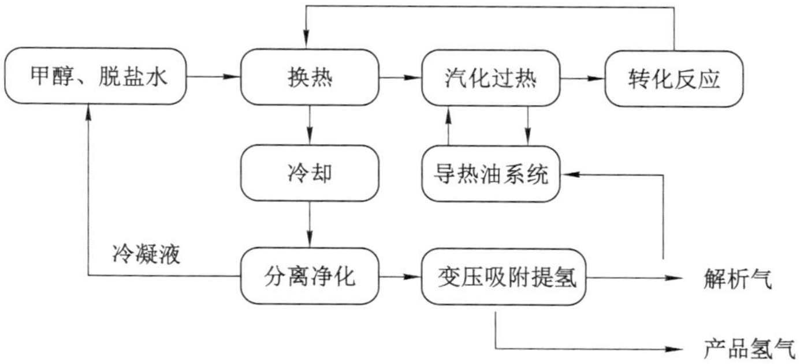

图 5-13　甲醇裂解制氢工艺流程图

(3) 工业副产制氢

工业副产制氢是指将富含氢气的工业尾气(如氯碱尾气、焦炉煤气等)作为原料，通过变压吸附等技术将其中的氢气分离提纯的制氢方式。焦炉煤气制氢是采用变压吸附工艺制氢的工艺，从焦化工业副产物焦炉煤气中提取纯氢气，其基本原理是利用固体吸附剂对气体进行选择性吸附,加压条件下,吸附剂捕获杂质,氢气流出、降压条件下,杂质吸附排出,吸附剂恢复活性。

① 焦炉煤气(COG)是炼焦工业中的副产品,主要成分为氢气(含量介于55%～60%)、甲烷(含量介于23%～27%)和少量CO、CO_2等。通常每吨干煤可生产300～350 m^3焦炉煤气,是副产氢的重要来源之一。当前焦炉煤气制氢技术已具有相当的规模,可产氢1 000 m^3/h。我国副产焦炉煤气可提供811×10^4 t/a的氢产能,氢源占比为20.0%。焦炉煤气直接分离氢气成本相对较低,利用焦炉煤气转化的甲烷制氢亦能实现有效利用,焦炉煤气副产氢比天然气和煤炭制氢等方式更具经济优势。焦炉煤气制氢应用发展的关键在于氢气提纯技术的发展和炼焦行业下游综合配套设施的健全。

② 氯碱工业中,通过电解饱和NaCl溶液的方法制取烧碱和氯气,同时得到副产品氢气,可通过变压吸附(PSA)技术进行纯化分离。每制取1 t烧碱便会产生大约280 m^3(质量约为25 kg)的副产氢气。其反应式如下:

$$2NaCl+2H_2O \longrightarrow 2NaOH+Cl_2+H_2$$

氯碱产氢反应的化学原理和生产过程与电解水制氢类似,氢气纯度可达98.5%,其中主要杂质为反应过程中混入的氯气、氧气、氯化氢、氮气以及水蒸气等,一般通过变压吸附技术进行纯化分离获得高纯度氢气。氯碱副产氢具有产品纯度高、原料丰富、技术成熟、减排效益高以及开发空间大等优势。

变压吸附工作原理如下:提纯氢气的原料气中主要组分是H_2,其他杂质组分是CO、CO_2和H_2O等,采用变压吸附技术从原料气中分离除去杂质组分获得提纯的氢气产品。变压吸附技术以吸附剂(多孔固体物质)内部表面对气体分子的物理吸附为基础,利用吸附剂在相同压力下易吸附高沸点组分、不易吸附低沸点组分和高压下吸附量增加(吸附组分)、低压下吸附量减小(解析组分)的特性,将原料气在一定压力下通过吸附剂床层,相对于氢的高沸点杂质组分被选择性吸附,低沸点组分的氢不易吸附而通过吸附剂床层(作为产品输出),达到氢和杂质组分的分离。然后在减压下解析被吸附的杂质组分使吸附剂获得再生,以利于下一次再次进行吸附分离杂质。这种压力下吸附杂质提纯氢气、减压下解析杂质使吸附剂再生的循环便是变压吸附过程。

③ 轻烃利用的副产氢主要来源于丙烷脱氢、乙烷裂解两类。丙烷催化脱氢生产丙烯(PDH)是指在高温催化条件下,丙烷分子上相邻两个C原子的C—H键发生断裂,脱除一个氢气分子得到丙烯的过程。该过程原料来源广泛、反应选择性高、产物易分离,副产气体中的氢气占比高、杂质含量少。

目前国内乙烷裂解项目基本处于在建或在规划的状态,暂未释放氢气供应的潜力。乙烷裂解制乙烯工艺以项目投资成本低、原料价廉,乙烯收率高、纯度高等优势引起国内炼化企业的关注。用乙烷裂解方法生产乙烯,每生产1 t乙烯大约产生107.25 kg氢气,乙烷裂解产生的氢气纯度为95%以上,采用PSA提纯后可满足燃料电池用氢标准的要求。

④ 合成氨与合成甲醇是传统煤化工产品。用于合成氨、合成甲醇的氢气消耗量在中国氢气消耗结构中占比可达50%以上,煤、天然气与焦炉煤气是生产氢气的主要原料。合成氨和合成甲醇生产过程会有合成气排出,其中氢气含量在18%～55%之间。合成

氨、合成甲醇企业可通过回收利用现有合成气、调整下游产品结构等途径实现氢气的外供。

（4）电解水制氢

电解水制氢是在直流电作用下将水进行分解进而产生氢气和氧气的一项技术，该技术可采用可再生能源电力，不会产生 CO_2 和其他有毒有害物质的排放，从而获得真正意义上的“绿氢”。电解水理论转化效率高、获得的氢气纯度高。

根据电解质系统的差别，可将电解水制氢分为碱性电解水制氢、质子交换膜（PEM）电解水制氢和固体氧化物电解水制氢 3 种。三者的基本原理是一致的，即在氧化还原反应过程中，阻止电子的自由交换，而将电荷转移过程分解为外电路的电子传递和内电路的离子传递，从而实现氢气的产生和利用。但三者的电极材料和电解反应条件不同，其技术比较如表 5-2 所示。

表 5-2　三种电解水制氢技术比较

比较项目	碱性电解水制氢	质子交换膜电解水制氢	固体氧化物电解水制氢
电解质/隔膜	30%氧化钾/多孔膜	纯水/质子交换膜	固体氧化物
电耗/（kW·h/m^3）	4.5～5.5	3.8～5.0	2.6～3.6
能源效率/%	62～82	67～82	85～95
工作温度/℃	70～90	70～80	800～1 000
产品纯度/%	≥99.8	≥99.99	
电能质量要求	稳定电源	稳定或波动	稳定电源
操作特征	需控制压差，需脱碱	快速启停	启停不便
可维护性	腐蚀性，运维复杂	运堆简单	处于实验阶段
环保性	石棉膜有危害	无污染	—
设备成本/（元/kW）	2 000	8 000	—
技术成熟度	充分产业化	初步商业化	初期示范

固体氧化物电解水制氢需在 800 ℃以上进行，高温反应需要热源以维持反应的进行，并且材料的耐受性仍需进一步探索，因此目前仍处于研究阶段。碱性电解水制氢和质子交换膜电解水制氢工艺的操作温度较低，但质子膜电解水工艺采用的膜成本较高且需要贵金属催化剂，因而制氢成本较高，碱性电解水制氢可采用非贵金属催化剂从而降低制氢成本。综合来看，碱性电解水制氢的操作条件易实现、投资费用低、使用寿命长、维护费用也更低，因此，碱性电解水制氢也是目前工业应用化最多的一种技术。但同时碱性电解水制氢也存在电解效率低，需要使用具有强腐蚀性的碱液等缺点，也亟须进一步优化解决。

① 碱性电解水制氢

碱性液体电解水制氢技术以 KOH、NaOH 水溶液作为电解质，采用石棉布等作为隔膜，在直流电的作用下将水电解，生成氢气和氧气，反应温度较低(60～80 ℃)。产出的氢气纯度约为 99%，需要进行脱碱雾处理。碱性电解槽主要结构特征为液态电解质和多孔隔板，如图 5-14 所示。碱性电解槽的最大工作电流密度小于 400 mA/cm^2，效率通常在 60% 左右。

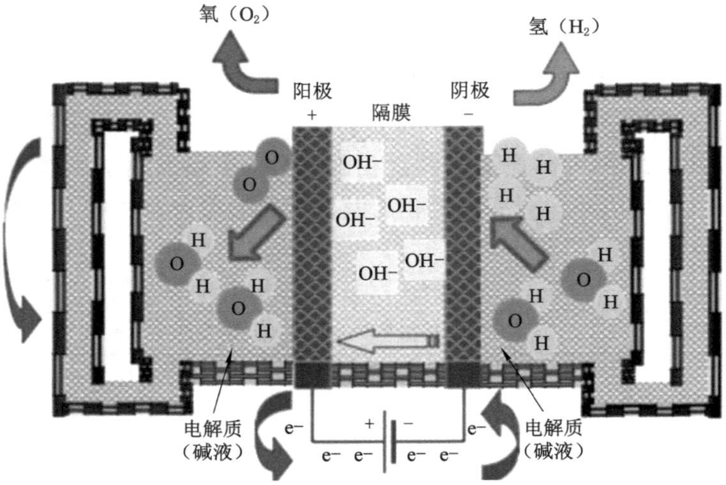

图 5-14　碱性电解水制氢结构原理图

碱性液体电解水制氢于 20 世纪中期就实现了工业化，该技术较成熟，设备运行寿命可达 15 年。主要缺陷如下：

a. 在液体电解质体系中，所用的碱性电解液(如 KOH)会与空气中的 CO_2 反应，形成在碱性条件下不溶的碳酸盐，导致多孔的催化层发生阻塞，从而阻碍产物和反应物的传递，大大降低电解槽的性能。

b. 碱性液体电解质电解槽启动准备时间长，负荷响应慢，还必须时刻保持电解池的阳极和阴极两侧上的压力均衡，防止氢氧气体穿过多孔的石棉膜混合，进而引起爆炸。因此，碱性液体电解质电解槽较难以与具有快速波动特性的可再生能源配合。

② 质子交换膜电解水制氢

PEM 电解水制氢又称为固体聚合物电解质(solid polymer electrolyte，SPE)电解水制氢，工作原理如图 5-15 所示。水在阳极上发生水解反应，在电场和催化剂作用下，分裂成质子($4H^+$)、电子($4e^-$)和气态氧；$4H^+$ 质子在电势差的作用下，通过质子交换膜到达阴极；$4e^-$ 电子通过外部电路传导，在阴极上发生 $4H^+ + 4e^-$ 反应，析出氢气($2H_2$)，实现氢气和氧气的分离；在阴极腔体内，随着产氢量的增加，压力逐渐增大，直至达到预定压力。

PEM 电解槽的运行电流密度通常高于 1 A/cm^2，至少是碱性电解槽的 4 倍，具有效率高、气体纯度高、电流密度可调、能耗低、体积小、无碱液、绿色环保、安全可靠，以及可实现更高的产气压力等优点，被公认为是制氢领域极具发展前景的电解制氢技术之一。

典型的 PEM 电解池主要包括阴阳极端板、阴阳极气体扩散层、阴阳极催化层和质子交换

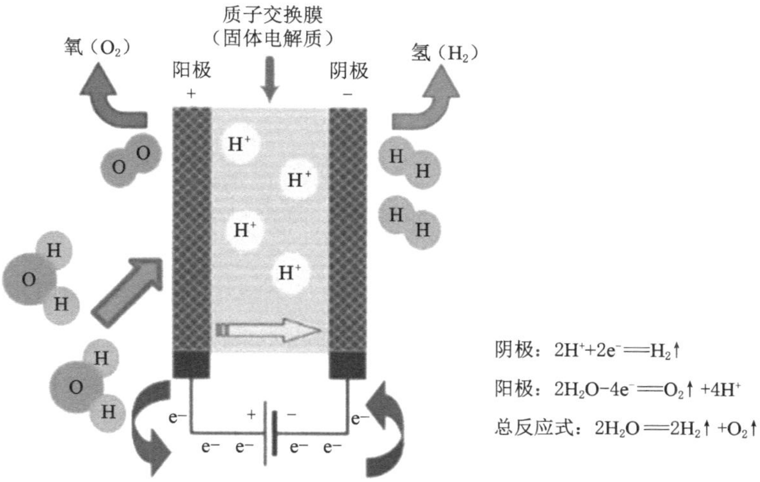

图 5-15　PEM 电解水制氢工作原理图

膜等。其中，阴阳极端板起固定电解池组件，引导电的传递与水、气分配等作用；阴阳极气体扩散层起集流和促进气液的传递等作用；阴阳极催化层的核心是由催化剂、电子传导介质、质子传导介质构成的三相界面，是电化学反应发生的核心场所；质子交换膜作为固体电解质，一般使用全氟磺酸膜，起到隔绝阴阳极生成气、阻止电子传递的同时传递质子的作用。

PEM 电解水制氢对催化剂载体要求较高。理想的催化剂应具备高的比表面积与孔隙率、高的电子传导率、良好的电催化性能、长期的机械与电化学稳定性、小的气泡效应、高选择性、价廉与无毒性等条件。满足上述条件的催化剂主要是 Ir、Ru 等贵金属/氧化物以及以它们为基的二元、三元合金/混合氧化物。因为 Ir、Ru 价格昂贵且资源稀缺，而目前的 PEM 电解槽的 Ir 载量往往超过 2 mg/cm^2，迫切需要减少 IrO_2 在 PEM 水电解池中的用量。商业化的 Pt 基催化剂可直接用于 PEM 电解水阴极的析氢反应，现阶段 PEM 电解水阴极的 Pt 载量为 0.4～0.6 mg/cm^2。

尽管 PEM 电解水制氢技术与可再生能源耦合方面优势明显，但若要更好地满足可再生能源应用的需求，也需要在以下方面进一步发展：

a. 提高 PEM 电解水制氢的功率，与大规模可再生能源消纳的需求相匹配；

b. 提高电流密度和宽负荷变化工作能力，降低系统成本，实现可再生能源的高效消纳，同时也便于辅助电网调峰，减轻电网负担，提高能源使用效率；

c. 提高气体输出压力，便于气体储存和输送使用，减少后续的增压设备需求，降低整体的能耗。

③ 固体氧化物电解水制氢

高温固体氧化物电解池（solid oxide electrolysis cell，SOEC）即固体氧化物燃料电池（solid oxide fuel cell，SOFC）的逆反应。阴极材料一般采用 Ni/YSZ 多孔金属陶瓷，阳极材料主要采用钙钛矿氧化物材料，中间的电解质采用 YSZ 氧离子导体。混有少量氢气的水蒸气从阴极进入(混氢的目的是保证阴极的还原气氛,防止阴极材料 Ni 被氧化),在阴极发生电解反应,分解成 H_2 和 O^{2-},O^{2-} 在高温环境下通过电解质层到达阳极,在阳极失去电子,生成 O_2。由于固体氧化物具有良好的热稳定性和化学稳定性,整个系统在高温下电解的电压较低,致使能量消耗较少,系统制氢效率可以高达 90%。

然而,目前在技术方面,阳极与阴极材料在高温高湿条件下的稳定性和电堆系统在长时间运行下衰减过快等问题仍亟待解决。因此,SOEC 技术目前仍处于技术研发阶段。

(5) 各种制氢工艺的优缺点

从各制氢路径的特点来看,传统制氢工业中以煤、天然气等化石能源为原料,制氢过程产生 CO_2 排放,制得氢气中普遍含有硫、磷等危害燃料电池的杂质,对提纯及碳捕获有着较高的要求。焦炉煤气、氯碱尾气等工业副产提纯制氢,能够避免尾气中的氢气浪费,实现氢气的高效利用,但从长远看无法作为大规模集中化的氢能供应来源;电解水制氢纯度等级高,杂质气体少,易与可再生能源结合,被认为是未来最有发展潜力的绿色氢能供应方式。

2. 氢能的储存和运输

要利用氢作为能源,必须解决氢的储存和运输问题,用高压气瓶储氢或以液态、固态储存都不经济也不安全。据报道,美国能源部在全部氢能研究经费中约有 50%用于氢的储存研究。

(1) 氢能的储存

氢的储存是一个至关重要的技术,已经成为氢能利用走向规模化的瓶颈。储氢问题涉及氢生产、运输、最终应用等所有环节,储氢问题不解决,氢能的应用则难以推广。氢是气体,它的输送和储存比固体煤、液体石油更困难。一般而论,氢气可以气体、液体、化合物等形态储存。氢的储存方式主要有高压气态储氢、低温液态储氢和储氢材料储氢等。

高压气态储氢是最常用的氢气储存方式,也是最成熟的储氢技术,氢气被压缩后在钢瓶里以气体形式储存。应用较广泛的是灌装压力为 15.2 MPa 的储氢钢瓶,它是一种应用广泛、简便易行的储氢方式,成本低,充放气速度快,且在常温下就可以进行。但是,它最大的弱点是单位质量的储氢密度只有 1%(质量分数)左右,无法满足更高应用的要求。因此,需在满足安全性的前提下,通过材料和结构的改进来提高容器的储氢压力以增大储氢密度,同时降低储氢的成本,满足商业应用。

低温液态储氢是指在 101 kPa 下,将氢气冷冻到 −253 ℃以下使其变为液态氢。液化氢气具有存储效率高、能量密度大(12~34 MJ/kg)、成本高的特点。氢的液化需要消耗大量的能源。理论上,氢的液化消耗 28.9 kJ/mol 能量,实际过程消耗的能量大约是理论值的 2.5 倍,每千克液态氢耗能在 11.8 MJ 以上,因为液化温度与室温之间有 200 ℃以上的温差,加之液态氢的蒸发潜热较小,所以不能忽略从容器渗进来的侵入热量引起的液态氢的汽化。罐的表面积与半径的二次方成正比,而液态氢的体积则与半径的三次方成正比,所以由渗透热量引起的大型罐的液态氢汽化比例要比小型罐的小。因此,液态储氢的适用条件是存储时间长、气体量大、电价低廉。

(2) 氢能的运输

氢能的运输主要包括压缩氢气的运输、液态氢的运输、利用储氢介质输送、利用管道输送和制造原料的输送。压缩氢气的运输是把氢气压缩成高压气体后进行的输送，适用于往离站制氢型加氢站输送的场合。该方法的特点是在输送、储存、消费过程中不发生相变，能量损失小，但一次输送的量也比较少，因此适合距离较近、输送量少的场合。如果是实验室用等小规模场合，一般可采用氢气瓶来输送压缩氢气，而加氢站的场合则需要大规模的输送方法，为此开发出了转载大型高压容器的牵引车。对牵引车输送来说，重要的是一次可输送的量，但是行驶在普通道路上的牵引车的大小要受到道路交通法的限制，尤其是对质量和大小的管制。由于钢制容器过重，无法提高装载量，正努力实现其轻型化及高压化，从而提高氢气装载量。

液态氢的运输原理和压缩氢气差不多，主要区别是储存罐装的是液态氢，对保温性能要求更高。因为液态氢制造时的液化效率低，会导致整体输送的能量效率降低。另外，将液态氢从液氢罐转移到加氢站储氢罐里时，不能忽略把配管冷却到液态氢温度时的蒸发损失。此外，防止水蒸气、氮气、氧气等可能聚集于液氢罐内也是很重要的。可以看出，当运输的规模较大时，液压氢气运输有利于提高能量效率，降低运输成本。

利用储氢介质输送是利用储氢技术把氢吸收于载体内进行输送的方法。但是上述的几种储氢载体的储氢质量百分比较低，意味着运输相同质量的氢，该种方法总质量更大。可知，运输过程中为了降低运输成本，质量的重要性要高于体积，所以这是该方法的主要缺点。以有机氢化物为例介绍该种方法。通过一定的条件将氢气与苯进行反应生成液态的环己烷，之后将环己烷储存在油罐中，然后利用油罐车将环己烷运送到目的地，再通过一定的化学反应将环己烷进行脱氢分离得到氢气。

管道输送无论在成本上还是在能量消耗上都是非常有利的方法。在大型工业联合企业，氢气的管道输送已被实用化。人们正在研究发挥管道特色的新组合，例如，利用现有的城市煤气管道输送天然气和氢气的混合物，在加氢站里根据需要抽取提纯氢气的设想正在探讨之中。如果把管道本身的压力提高，则在加氢站里不需要压缩机。由于氢气的储存输送有着或多或少技术问题或者经济问题，所以可以直接把制氢原料运送到加氢站，然后制备氢气直接进行使用或储存。常见原料有各种烃类物质、甲醇等，这些原料的运输技术成熟，成本较低。但是要求加氢站的规模较大，才有较好的效益。

5.2.4　生物质能

1. 生物质能的来源

生物质能主要是指植物通过叶绿素的光合作用将太阳能转化为化学能贮存在生物质内部的能量。生物质能一直是人类赖以生存的重要能源，目前它是仅次于煤炭、石油和天然气而居于世界能源消费总量第四位的能源，在整个能源系统中占有重要地位。据估计，地球上每年通过光合作用生成的生物质总量就达 1 440 亿 t～1 800 亿 t，其能量约相当于 20 世纪 90 年代初全世界每年总能耗的 3～8 倍。

生物质在地球上广泛存在，主要包括动物、植物和微生物，以及它们的派生、排泄和代谢的有关物质。生物质能发电是指利用生物质所具有的生物质能进行发电的过程，包括农林废弃物直接燃烧发电、农林废物气化发电、垃圾焚烧发电、沼气发电等。

依据来源的不同，可以将适合于能源利用的生物质分为林业生物质资源、农业生物质资源、生活污水和工业有机废水生物质资源、城市固体废物生物质资源、畜禽粪便生物质资源等。

(1) 林业生物质资源

林业生物质资源是指森林生长和林业生产过程提供的生物质能源，包括薪炭林、在森林抚育和间伐作业中的零散木材，残留的树枝、树叶和木屑等；木材采运和加工过程中的枝丫、锯末、木屑、梢头、板皮和截头等；林业副产品的废弃物，如果壳和果核等。

(2) 农业生物质资源

农业生物质能资源是指农业作物(包括能源作物)；农业生产过程中的废弃物，如农作物收获时残留在农田内的农作物秸秆(玉米秸、高粱秸、麦秸、稻草、豆秸和棉秆等)；农业加工业的废弃物，如农业生产过程中剩余的稻壳等。能源作物泛指各种用以提供能源的植物，通常包括草本能源作物、油料作物、制取碳氢化合物植物和水生植物等几类。

(3) 生活污水和工业有机废水生物质资源

生活污水主要由城镇居民生活、商业和服务业的各种排水组成，如冷却水、洗浴排水、盥洗排水、洗衣排水、厨房排水、粪便污水等。工业有机废水主要是酒精、酿酒、制糖、食品、制药、造纸及屠宰等行业生产过程中排出的废水等。两者都富含有机物。

(4) 城市固体废物生物质资源

城市固体废物主要由城镇居民生活垃圾，商业、服务业垃圾和少量建筑业垃圾等固体废物构成。其组成成分比较复杂，受当地居民的平均生活水平、能源消费结构、城镇建设、自然条件、传统习惯以及季节变化等因素影响。

(5) 畜禽粪便生物质资源

畜禽粪便是畜禽排泄物的总称，是其他形态生物质(主要是粮食、农作物秸秆和牧草等)的转化形式，包括畜禽排出的粪便、尿及其与垫草的混合物。

2. 生物质能利用的主要途径

(1) 直接燃烧

生物质的直接燃烧和固化成型技术的研究开发主要着重于专用燃烧设备的设计和生物质成型物的应用。目前，已成功开发的成型技术按成型物形状主要分为三大类：以日本为代表开发的螺旋挤压生产棒状成型技术，欧洲各国开发的活塞式挤压制的圆柱块状成型技术，以及美国开发的内压滚筒颗粒状成型技术。

(2) 热化学转换

生物质的热化学转换是指在一定的温度和条件下，使生物质气化、炭化、热解和催化液化，以生产气态燃料、液态燃料和化学物质的技术。例如，生物质气化技术是将固体生物质置于气化炉内加热，同时通入空气、氧气或水蒸气，来生产品位较高的可燃气体。其特点是气化率可达70%以上，热效率也可达85%。生物质气化生成的可燃气经过处理可用于合成、取暖、发电等不同用途，这对于生物质原料丰富的偏远山区意义重大，不仅能改善当地居民的生活质量，还能提高用能效率，节约能源。

(3) 生物化学转换

生物质的生物化学转换主要包括生物质-沼气转换和生物质-乙醇转换等。沼气转换是有机物质在厌氧环境中，通过微生物发酵产生一种以甲烷为主要成分的可燃性混合气体。沼气的主要成分甲烷类似于天然气，是一种理想的气体燃料，无色无味，与适量空气混合后即可燃烧。乙醇转换则利用糖质、淀粉和纤维素等原料经发酵制成乙醇。

3. 沼气的利用技术

(1) 传统利用与综合利用

我国是世界上开发沼气较多的国家。最初，农村的户用沼气池的建立主要用于解决秸秆焚烧和燃料供应不足的问题。大中型沼气工程始于1936年，此后，大中型废水、养殖业污水、村镇生物质废弃物、城市垃圾沼气工程的建设，进一步拓宽了沼气的生产和使用范围。

自20世纪80年代以来，我国建立了沼气发酵综合利用技术，以沼气为纽带，形成了物质多层次利用、能量合理流动的高效农业模式。这种模式已逐渐成为我国农村地区利用沼气技术促进可持续发展的有效方法。通过沼气发酵综合利用技术，沼气可用于农户生活用能和农副产品生产加工，沼液可用于饲料、生物农药、培养料液的生产，沼渣可用于肥料的生产。例如，我国北方推广的塑料大棚、沼气池、畜禽舍和厕所相结合的"四位一体"沼气生态农业模式，中部地区以沼气为纽带的生态果园模式，南方建立的"猪-果"模式，以及其他地区因地制宜建立的"养殖-沼气"、"猪-沼-鱼"和"草-牛-沼"等模式，都是以农业为龙头，以沼气为纽带，对沼气、沼液、沼渣进行多层次利用的生态农业模式。沼气发酵综合利用生态农业模式的建立，使农村沼气和农业生态紧密结合，成为改善农村环境卫生的有效措施，也是发展绿色种植业、养殖业的有效途径，已成为农村经济新的增长点。

(2) 沼气发电技术

沼气燃烧发电是随着大型沼气池建设和沼气综合利用的不断发展而出现的一项沼气利用技术。它将厌氧发酵处理产生的沼气用于发动机上，并装有综合发电装置，以产生电能和热能。沼气发电具有高效、节能、安全和环保等特点，是一种分布广泛且价廉的分布式能源。在发达国家，沼气发电已受到广泛重视和积极推广，生物质能发电并网电量在西欧一些国家占能源总量的10%左右。

(3) 沼气燃料电池技术

燃料电池是一种将储存在燃料和氧化剂中的化学能直接转化为电能的装置。当源源不断地从外部向燃料电池供给燃料和氧化剂时，它可以连续发电。依据电解质的不同，燃料电池分为碱性燃料电池(AFC)、质子交换膜燃料电池(PEMFC)、磷酸燃料电池(PAFC)、熔融碳酸盐燃料电池(MCFC)及固态氧化物燃料电池(SOFC)等。燃料电池能量转换效率高、洁净、无污染、噪声低，既可以集中供电，也适合分散供电，是21世纪最有竞争力的高效、清洁的发电方式之一。它在洁净煤炭燃料电站、电动汽车、移动电源、不间断电源、潜艇及空间电源等方面，有着广泛的应用前景和巨大的潜在市场。

4. 其他生物质能利用技术

生物质发电技术是将生物质能源转化为电能的一种技术，主要包括农林废物发电、垃圾发电和沼气发电等。作为一种可再生能源，生物质能发电在国际上越来越受到重视，在我国也越来越受到政府的关注。生物质发电将废弃的农林剩余物收集、加工整理，形成商品，既防止秸秆在田间焚烧造成环境污染，又改变了农村的村容村貌，是我国建设生态文明、实现可持续发展的能源战略选择之一。如果我国生物质能利用量达到5亿t标准煤，就可解决我国能源消费量的20%以上，每年可减少排放二氧化碳中的碳量近3.5亿t，二氧化硫、氮氧化物、烟尘减排量近2 500万t，将产生巨大的环境效益。尤为重要的是，我国的生物质能资源主要集中在农村，大力开发并利用农村丰富的生物质能资源，可促进农村生产发展，显著改善农村的村貌和居民生活条件，对建设社会主义新农村产生积极而深远的影响。

图5-16为2016—2020年中国生物质能发电量变化。

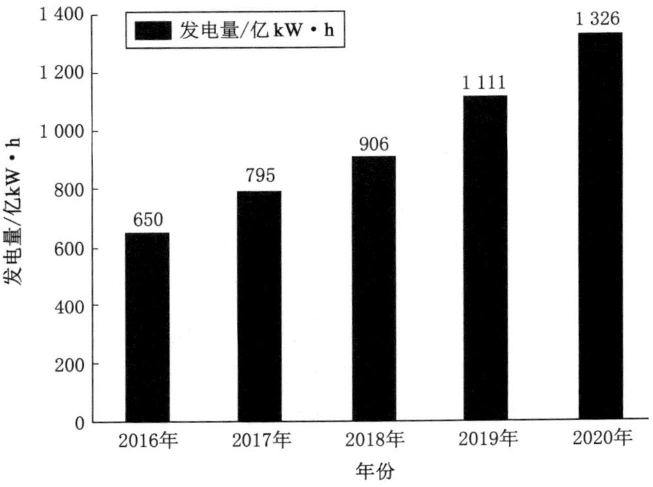

图5-16　2016—2020年中国生物质能发电量变化

5.2.5　风能

风能是由于空气流动所产生的动能。太阳辐射造成地球表面各部分受热不均匀，引起大气层中压力分布不平衡，在水平气压梯度的作用下，空气沿水平方向运动形成风。风能是太阳能的一种转化形式。风能存在于地球的任何地方，是可再生的清洁能源，储量大、分布广，但它的能量密度低（只有水能的1/800），并且不稳定。在一定的技术条件下，风能可作为一种重要的能源得到开发利用，通常是利用专门的装置（风力机）将风力转化为机械能、电能、热能等各种形式的能量，用于提水、助航、发电、制冷和致热等。

风力发电是目前主要的风能利用方式。根据全国风能资源普查最新统计，中国陆域离地面10 m高度的风能资源总储量为43.5亿kW，其中技术可开发量约为3亿kW，有广阔的开发前景。2019年我国风力发电新增装机容量是2 547万kW，在全球风电新增装机容量中占比约为42.62%。根据全球风能理事会（GWEC）相关数据，在2020年迎来装机热潮，图5-17为风力发电原理图。

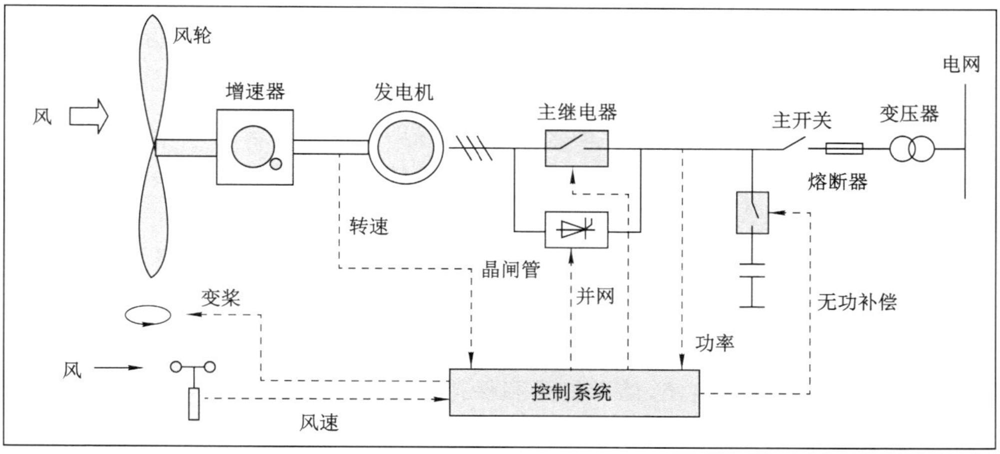

图 5-17　风力发电原理

5.3 储　　能

对新能源和可再生能源的研究和开发，寻求提高能源利用率的先进方法，已成为全球共同关注的首要问题。对中国这样一个能源生产和消费大国来说，既有节能减排的需求，也有能源增长以支撑经济发展的需要，这就需要大力发展储能产业。

储能是指通过介质或设备把能量存储起来，在需要时再释放的过程。储能又是石油油藏中的一个名词，代表储层储存油气的能力。储能本身不是新兴的技术，但从产业角度来说却是刚刚出现，正处在起步阶段。中国没有达到类似美国、日本将储能当作一个独立产业加以看待并出台专门扶持政策的程度，尤其在缺乏储能付费机制的前提下，储能产业的商业化模式尚未成形。

广义上讲，储能即是利用特定介质进行能源的存储。通过储能解决能源在不同时空内的工序不匹配的问题。从狭义上讲，储能即指电能储存。电能本身不易储存，在产生和应用之间一般有时间上的不同步和空间受限的问题，发电高峰时富裕的电能需要专门变成其他形式的能储存起来，在应用高峰时释放，这个过程就是储能。

按照能量储存方式，储能可分为物理储能、化学储能、电磁储能三类，其中物理储能主要包括抽水蓄能、压缩空气储能、飞轮储能等，化学储能主要包括铅酸电池、锂离子电池、钠硫电池、液流电池等，电磁储能主要包括超级电容器储能、超导储能。

电池储能：大功率场合一般采用铅酸蓄电池，主要用于应急电源、电瓶车、电厂富余能量的储存。小功率场合也可以采用可反复充电的干电池，如镍氢电池、锂离子电池等。

液流电池储能：全钒液流电池是一种通过钒离子价态变化，实现化学能到电能的往复转换，从而将风力或太阳能所产生的电力存储与释放的大型储能电池，业内形象地称之为“电力银行”。美国、日本等发达国家用于电站调峰和风力储能的钒电池产业发展迅速，技术已经基本成熟。相比锂电池，全钒液流电池最大的好处是不燃烧、不爆炸。

电感器储能：电感器本身就是一个储能元件，其储存的电能与自身的电感和流过它本身的电流的平方成正比。由于电感在常温下具有电阻，电阻要消耗能量，所以很多储能技术采用超导体。电感储能还不成熟，但也有应用的例子报道。

电容器储能：电容器也是一种储能元件，其储存的电能与自身的电容和端电压的平方成正比。电容储能容易保持，不需要超导体。电容储能很重要的一点就是能够提供瞬间大功率，非常适合于激光器、闪光灯等应用场合。

超级电容器储能：超级电容器，也称电化学电容器，是介于传统电容器和充电电池之间的一种新型储能装置，其结构和电池的结构类似，主要包括双电极、电解质、集流体和隔离物四个部分，具有功率密度高、循环寿命长、低温性能好、安全、可靠和环境友好等优点。但由于电介质耐压低，存在漏电流，储存能量和保持时间受到限制。超级电容器主要是基于多孔炭电极/电解液界面的双电层电容，或金属氧化物，或导电聚合物产生的准电容来实现能量的储存。

此外，还有其他的储能方式：比如机械储能等。表 5-3 为储能方式对比表。

表 5-3　储能方式对比表

储能类型		响应时间	放电时间	综合效率/%	优势	缺点	技术
物理机械储能	抽水储能	数分钟	数小时～数天	70～85	高效；技术成熟；大规模储能；成本低；寿命长	启动速度慢，受地理环境、土木工程技术制约；建设周期长	成熟
	压缩空气储能	数分钟	数小时	40～50	占地面积小；容量大；成本低	效率较低；响应慢；选址受限	成熟
	飞轮储能	数秒	数秒～数分钟	80～90	结构化程度高；场地要求低；运维成本低；能量密度大	能量释放时间短；成本高；自放电率高；噪声污染	商业化早期
电化学储能	铅蓄电池	数秒	数小时	60～70	性价比高；可靠性强；技术成熟	寿命短；比能量和比功率低；污染严重	商业化
	全钒液流电池	数毫秒	数小时	65～75	安全性高；循环寿命长；能量与功率分开控制	能量密度低；运维成本高；系统效率低	商业化早期
	钠硫电池	数毫秒	数小时	70～80	响应速度快；储能密度高；规模化应用	需要维持 300 ℃高温条件；价格高；存在安全隐患；运维成本高	商业化
	锂离子电池	数秒	数小时	70～80	比功率和比能量高；自放电率小；污染小；单体电压高	成本较高；一致性差；循环寿命较低	商业化
电磁储能	超级电容	数毫秒	数秒	90～95	极其稳定；超快充放电	比能量和比密度低	开发期
	超导储能	数毫秒	数秒	95%以上	瞬间响应；极低能量损耗	储能时间短；条件苛刻	开发期
光热储能	熔融盐储能		数小时	90～99	清洁；平均成本低；寿命长	高腐蚀性；质量鱼龙混杂；自然损耗	商业化

从应用上看，储能是电力系统中的关键一环，可以应用在“发、输、配、用”任意一个环节。电力即发即用，无法直接存储，配储则可以平滑电力波动性，减少资源浪费。按应用场景可分为用户侧（自发自用、峰谷价差套利）、发电侧（可再生能源并网、减少弃光弃风）、电网侧（电力调峰、调频）、输配侧以及辅助服务（5G 基站备用电源）等多种用途。

从装机上来看，以抽水蓄能为主，电化学储能发展最快。截至 2020 年年底，全球已投运储能项目中抽水蓄能的累计装机占比 90.3%，2000—2020 年全球储能累计装机分类占比见图 5-18。

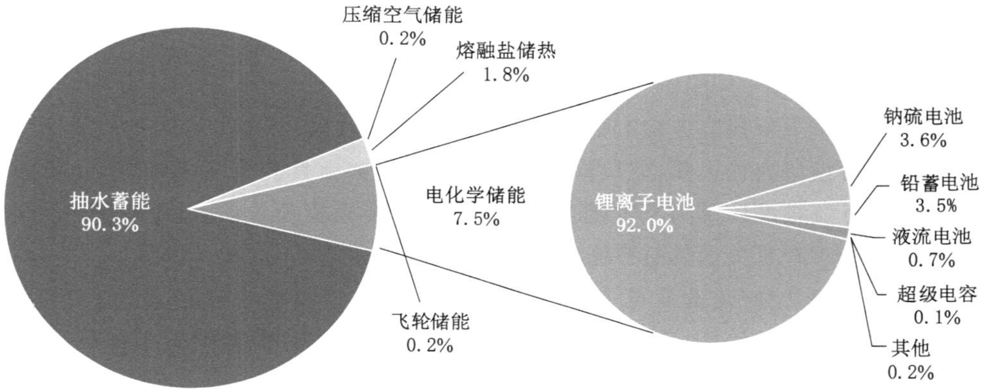

图 5-18　2000—2020 年全球储能累计装机分类占比

抽水蓄能，即利用水作为储能介质，通过电能与势能相互转化，实现电能的储存和管理。利用电力负荷低谷时的电能抽水至上水库，在电力负荷高峰期再放水至下水库发电，可将电网负荷低时的多余电能，转变为电网高峰时期的高价值电能，适用于调频、调相，稳定电力系统的周波和电压，还可提高系统中火电站和核电站的效率。抽水蓄能是技术最成熟、经济性最优、最具大规模开发条件的储能方式。在保障大电网安全、促进新能源消纳、提升全系统性能中发挥着基础作用，是能源互联网的重要组成部分。加快发展抽水蓄能，是构建新型电力系统的迫切要求，是保障电力系统安全稳定运行的重要支撑，是可再生能源大规模发展的重要保障。

“十三五”以来，国家电网公司已累计开工建设 23 座抽水蓄能电站，装机容量达 3 093 万 kW，总投资近 1 800 亿元；累计投产 7 座抽水蓄能电站，装机容量 765 万 kW。

5.4　节能评估

5.4.1　节能评估

为完善能源消耗总量和强度调控，促进固定资产投资项目科学合理利用能源，加强用能管理，推进能源节约，防止能源浪费，提高能源利用效率，推动实现碳达峰碳中和，根据《中华人民共和国节约能源法》《中华人民共和国行政许可法》《民用建筑节能条例》《公共机构节能条例》等有关法律法规，2023 年 3 月 28 日国家发展改革委令第 2 号公布了最新的《固定资产投资项目节能审查办法》。

该办法适用于各级人民政府投资主管部门管理的在我国境内建设的固定资产投资项目。办法所称节能审查，是指根据节能法律法规、政策标准等，对项目能源消费、能效水平及节能措施等情况进行审查并形成审查意见的行为。

固定资产投资项目节能审查意见是项目开工建设、竣工验收和运营管理的重要依据。政府投资项目，建设单位在报送项目可行性研究报告前，需取得节能审查机关出具的节能审查意见。企业投资项目，建设单位需在开工建设前取得节能审查机关出具的节能审查意见。未按该办法规定进行节能审查，或节能审查未通过的项目，建设单位不得开工建设，已经建成的不得投入生产、使用。

国家发展改革委核报国务院审批以及国家发展改革委审批的政府投资项目，建设单位在报送项目可行性研究报告前，需取得省级节能审查机关出具的节能审查意见。国家发展改革委核报国务院核准以及国家发展改革委核准的企业投资项目，建设单位需在开工建设前取得省级节能审查机关出具的节能审查意见。

年综合能源消费量(建设地点、主要生产工艺和设备未改变的改建项目按照建成投产后年综合能源消费增量计算，其他项目按照建成投产后年综合能源消费量计算，电力折算系数按当量值，下同)10 000 t 标准煤及以上的固定资产投资项目，其节能审查由省级节能审查机关负责。其他固定资产投资项目，其节能审查管理权限由省级节能审查机关依据实际情况自行决定。

年综合能源消费量不满 1 000 t 标准煤且年电力消费量不满 500 万 kW・h 的固定资产投资项目，涉及国家秘密的固定资产投资项目以及用能工艺简单、节能潜力小的行业(具体行业目录由国家发展改革委制定公布并适时更新)的固定资产投资项目，可不单独编制节能报告。项目应按照相关节能标准、规范建设，项目可行性研究报告或项目申请报告应对项目能源利用、节能措施和能效水平等进行分析。节能审查机关对项目不再单独进行节能审查，不再出具节能审查意见。

单个项目涉及两个及以上省级地区的，其节能审查工作由项目主体工程(或控制性工程)所在省(区、市)省级节能审查机关牵头商其他地区省级节能审查机关研究确定后实施。打捆项目涉及两个及以上省级地区的，其节能审查工作分别由子项目所在省(区、市)相关节能审查机关实施。

需进行节能审查的固定资产投资项目，建设单位应编制节能报告。项目节能报告应包括下列内容：

(1) 项目概况；

(2) 分析评价依据；

(3) 项目建设及运营方案节能分析和比选，包括总平面布置、生产工艺、用能工艺、用能设备和能源计量器具等方面；

(4) 节能措施及其技术、经济论证；

(5) 项目能效水平、能源消费情况，包括单位产品能耗、单位产品化石能源消耗、单位增加值(产值)能耗、单位增加值(产值)化石能源消耗、能源消费量、能源消费结构、化石能源消费量、可再生能源消费量和供给保障情况、原料用能消费量,有关数据与国家、地方、行业标准及国际、国内行业水平的全面比较;

(6) 项目实施对所在地完成节能目标任务的影响分析。

具备碳排放统计核算条件的项目,应在节能报告中核算碳排放量、碳排放强度指标,提出降碳措施,分析项目碳排放情况对所在地完成降碳目标任务的影响。

建设单位应出具书面承诺,对节能报告的真实性、合法性和完整性负责,不得以拆分或合并项目等不正当手段逃避节能审查。

通过节能审查的固定资产投资项目,建设地点、建设内容、建设规模、能效水平等发生重大变动的,或年实际综合能源消费量超过节能审查批复水平 10%及以上的,建设单位应向原节能审查机关提交变更申请。原节能审查机关依据实际情况,提出同意变更的意见或重新进行节能审查;项目节能审查权限发生变化的,应及时移交有权审查机关办理。

固定资产投资项目投入生产、使用前,应对项目节能报告中的生产工艺、用能设备、节能技术采用情况以及节能审查意见落实情况进行验收,并编制节能验收报告。实行告知承诺管理的项目,应对项目承诺内容以及区域节能审查意见落实情况进行验收。分期建设、投入生产使用的项目,应分期进行节能验收。未经节能验收或验收不合格的项目,不得投入生产、使用。

5.4.2 评估方法

(1) 政策导向判断法

根据国家及各地的能源发展政策及相关规划,结合项目所在地的自然条件及能源利用条件对项目的用能方案进行分析评价。

(2) 标准规范对照法

对照项目应执行的节能标准和规范进行分析与评价,特别是强制性标准、规范及条款应严格执行。适用于项目的用能方案、建筑热工设计方案、设备选型、节能措施等评价。项目的用能方案应满足相关标准规范的规定;项目的建筑设计、围护结构的热工指标、采暖及空调室内设计温度等应满足相关标准的规定;设备的选择应满足相关标准规范对性能系数及能效比的规定;是否按照相关标准规范的规定采取了适用的节能措施。

(3) 专家经验判断法

利用专家在专业方面的经验、知识和技能,通过直观经验分析进行判断。适用于项目用能方案、技术方案、能耗计算中经验数据的取值、节能措施的评价。根据项目所涉及的相关专业,组织相应的专家,对项目采取的用能方案是否合理可行、是否有利于提高能源利用效率进行分析评价;对能耗计算中经验数据的取值是否合理可靠进行分析判断;对项目拟选用节能措施是否适用及可行进行分析评价。

(4) 产品单耗对比法

根据项目能耗情况,通过项目单位产品的能耗指标与规定的项目能耗准入标准、国际国内同行业先进水平进行对比分析。适用于工业项目工艺方案的选择、节能措施的效果及能耗计算评价。如不能满足规定的能耗准入标准，应全面分析产品生产的用能过程，找出存在的主要问题并提出改进建议。

(5) 单位面积指标法

民用建筑项目可以根据不同使用功能分别计算单位面积的能耗指标，与类似项目的能耗指标进行对比。如差异较大，则说明拟建项目的方案设计或用能系统等存在问题，然后可根据分品种的单位面积能耗指标进行详细分析，找出用能系统存在的问题并提出改进建议。

(6) 能量平衡分析法

能量平衡是以拟建项目为对象的能量平衡，包括各种能量的收入与支出的平衡，消耗与有效利用及损失之间的数量平衡。能量平衡分析就是根据项目能量平衡的结果，对项目用能情况进行全面、系统地分析，以便明确项目能量利用效率，能量损失的大小、分布与损失发生的原因，以利于确定节能目标，寻找切实可行的节能措施。以上评估方法为节能评估通用的主要方法，可根据项目特点选择使用。在具体的用能方案评估、能耗数据确定、节能措施评价方面还可以根据需要选择使用其他评估方法。

5.4.3 综合能耗

综合能耗是指规定的耗能体系在一段时间内实际消耗的各种能源实物量，按规定的计算方法和单位，分别折算为一次能源后的总和。对生产企业，综合能耗是指统计报告期内，主要生产系统、辅助生产系统和附属生产系统的能耗总和。综合能耗的单位通常为：克标准煤(gce)、千克标准煤(kgce)和吨标准煤(tce)等。

《综合能耗计算通则》(GB/T 2589—2020)主要是用于计算用能单位在统计报告期内，对实际消耗的各种能源，进行综合计算所得的能源消耗量的一种计算方法。

(1) 能源种类

综合能耗计算的能源指用能单位实际消耗的各种能源，包括：

一次能源，主要包括原煤、原油、天然气、水力、风力、太阳能、生物质能等。

二次能源，主要包括洗精煤、其他洗煤、型煤、焦炭、焦炉煤气、其他煤气、汽油、煤油、柴油、燃料油、液化石油气、炼厂干气、其他石油制品、其他焦化产品、热力、电力等。

耗能工质消耗的能源也属于综合能耗计算种类。耗能工质主要包括新水、软化水、压缩空气、氧气、氮气、氦气、乙炔、电石等。

(2) 计算原则

① 合规性。综合能耗计算包括的能源种类等应符合国家能源统计等要求。

② 完整性。综合能耗计算应包括生产过程中实际消耗的全部能源和耗能工质，不得漏计、重计。

③ 准确性。综合能耗的计算应准确反映用能单位真实的、可计量和可核查的能源消耗量。

④ 一致性。在统计报告期内计算综合能耗时，边界划分、计算方法等应保持一致。

(3) 边界划分

① 应依据相关法律、法规和标准划定合适的计算边界。针对综合能耗计算的目的和实际情况，边界可以是用能单位的整体，或者是次级用能单位，也可以是其组成部分。

② 边界划分可采用不同形式，选择其中一种确定综合能耗计算的边界。边界一经确定，在综合能耗计算过程中不应改变。边界划分示意图见图 5-19。

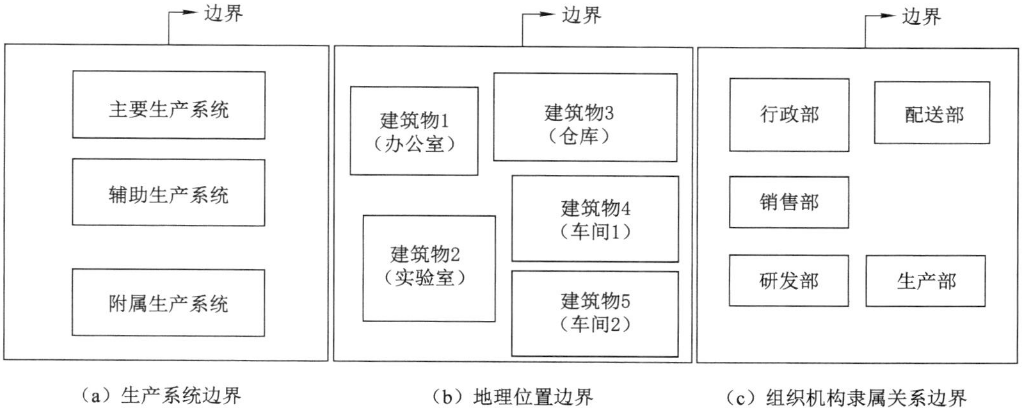

图 5-19　边界划分示意图

③ 以次级用能单位或用能单位的组成部分为边界时，应具有单独能源计量。

④ 用能单位为不同地理位置的两个或多个次级用能单位或其组成部分，可以根据需要划定多个边界，便于用能单位计算综合能耗。

(4) 计算范围

① 综合能耗计算范围包括实际消耗的一次能源和二次能源等各种能源，含用作原料的能源。实际消耗的各种能源可按照 GB/T 3484、GB/T 28749、GB/T 28751 等计算。

② 耗能工质消耗的能源应纳入综合能耗计算。耗能工质主要包括新水、软化水、压缩空气、氧气和氮气等。

③ 能源及耗能工质在用能单位内部储存、转换及分配供应(包括外销)过程中的损耗，应计入综合能耗。

④ 计算综合能耗可采用的原始数据包括能源计量器具读数记录、能耗在线监测系统数据记录、能源统计报表、发货单、能源费用账单等。能源计量器具配备应符合 GB 17167 的要求。

(5) 计算方法

综合能耗按式(5-1)计算：

$$E = \sum_{i=1}^{n} (E_i \times k_i) \tag{5-1}$$

式中　E——综合能耗；

n——消耗的能源种类数；

E_i——生产和/或服务活动中实际消耗的第 i 种能源量(含耗能工质消耗的能源量)；

k_i——第 i 种能源的折标准煤系数。

注:综合能耗主要用于考察用能单位的能源消耗总量。

单位产值综合能耗按式(5-2)计算:

$$e_g = \frac{E}{G} \tag{5-2}$$

式中 e_g——单位产值综合能耗;

G——统计报告期内产出的总产值或增加值(可比价)。

单位产值综合能耗主要用于考察用能单位的能源效率或能源强度。

单位产品综合能耗按式(5-3)计算:

$$e_j = \frac{E_j}{M_j} \tag{5-3}$$

式中 e_j——第 j 种产品的单位产品综合能耗;

E_j——第 j 种产品的综合能耗;

M_j——第 j 种产品的合格产品产量。

单位产品综合能耗主要用于考察用能单位的能源效率或能源强度。对同时生产多种产品的情况,应按每种产品实际消耗的能源分别计算。在无法分别对每种产品进行计量、计算时,可折算成标准产品统一计算,或按产量与能耗量的比例分摊计算。

单位产品可比综合能耗适用于同行业内部对产品能耗的相互比较之用,计算方法可参照相关标准规范及技术文献。单位产品可比综合能耗主要用于考察用能单位的能源效率或能源强度。

(6) 折标要求

计算综合能耗时,各种能源应折算为标准煤。实际消耗的燃料能源应以其收到基低位发热量为计算依据折算为标准煤量。按照 GB/T 3102.4—1993,国际蒸汽表卡换算,低位发热量等于 29 307.6 千焦(kJ)[7 000 千卡(kcal)]的燃料,称为 1 千克标准煤(1 kgce)。按照 20 ℃卡换算,1 千克标准煤(1 kgce)其低位发热量等于 29 271.2 千焦(kJ);按照 15 ℃卡换算,1 千克标准煤(1 kgce)其低位发热量等于 29 298.5 千焦(kJ)。

能源的低位发热量和耗能工质耗能量,应按实测值或供应单位提供的数据折标准煤。无法获得实测值的,其折标准煤系数可参照国家统计局公布的数据或参考表 5-4 至表 5-6。自产的二次能源,其折标准煤系数应根据实际投入产出计算确定。

表 5-4 各种能源折标准煤系数(参考值)

能源名称	平均低位发热量	折标准煤系数
原煤	20 934 kJ/kg (5 000 kcal/kg)	0.714 3 kgce/kg
洗精煤	26 377 kJ/kg (6 300 kcal/kg)	0.900 0 kgce/kg
洗中煤	8 374 kJ/kg (2 000 kcal/kg)	0.285 7 kgce/kg
煤泥	8 374 kJ/kg～12 560 kJ/kg (2 000 kcal/kg～3 000 kcal/kg)	0.285 7 kgce/kg～0.428 6 kgce/kg

表 5-4(续)

能源名称	平均低位发热量	折标准煤系数
煤矸石(用作能源)	837 4 kJ/kg (2 000 kcal/kg)	0.285 7 kgce/kg
焦炭(干全焦)	28 470 kJ/kg (6 800 kcal/kg)	0.971 4 kgce/kg
煤焦油	33 494 kJ/kg (8 000 kcal/kg)	1.142 9 kgce/kg
原油	41 868 kJ/kg (10 000 kcal/kg)	1.428 6 kgce/kg
燃料油	41 868 kJ/kg (10 000 kcal/kg)	1.428 6 kgce/kg
汽油	43 124 kJ/kg (10 300 kcal/kg)	1.471 4 kgce/kg
煤油	43 124 kJ/kg (10 300 kcal/kg)	0.285 7 kgce/kg
柴油	42 705 kJ/kg (10 200 kcal/kg)	1.457 1 kgce/kg
天然气	32 238 kJ/m^3～38 979 kJ/m^3 (7 700 kcal/m^3～9 310 kcal/m^3)	1.100 0 kgce/m^3～ 1.330 0 kgce/m^3
液化天然气	51 489 kJ/kg (12 300 kcal/kg)	1.752 7 kgce/kg
液化石油气	50 242 kJ/kg (12 000 kcal/kg)	1.714 3 kgce/kg
炼厂干气	46 055 kJ/kg (11 000 kcal/kg)	1.571 4 kgce/kg
焦炉煤气	16 747 kJ/m^3～18 003 kJ/m^3 (4 000 kcal/m^3～4 300 kcal/m^3)	0.571 4 kgce/m^3～ 0.614 3 kgce/m^3
高炉煤气	3 768 kJ/m^3(900 kcal/m^3)	0.128 6 kgce/m^3
发生炉煤气	5 234 kJ/m^3(1 250 kcal/m^3)	0.178 6 kgce/m^3
重油催化裂解煤气	19 259 kJ/m^3(4 600 kcal/m^3)	0.657 1 kgce/m^3
重油热裂解煤气	35 588 kJ/m^3(8 500 kcal/m^3)	1.214 3 kgce/m^3
焦炭制气	16 329 kJ/m^3(3 900 kcal/m^3)	0.557 1 kgce/m^3
压力气化煤气	15 072 kJ/m^3(3 600 kcal/m^3)	0.514 3 kgce/m^3
水煤气	10 467 kJ/m^3(2 500 kcal/m^3)	0.357 1 kgce/m^3
粗苯	41 868 kJ/kg (10 000 kcal/kg)	1.428 6 kgce/kg
甲醇(用作燃料)	19 913 kJ/kg (4 756 kcal/kg)	0.679 4 kgce/kg
乙醇(用作燃料)	26 800 kJ/kg (6 401 kcal/kg)	0.914 4 kgce/kg
氢气(用作燃料,密度为 0.082 kg/m^3)	9 756 kJ/m^3(2 330 kcal/m^3)	0.332 9 kgce/m^3
沼气	20 934 kJ/m^3～24 283 kJ/m^3 (5 000 kcal/m^3～5 800 kcal/m^3)	0.714 3 kgce/m^3～ 0.828 6 kgce/m^3

表 5-5　电力和热力折标准煤系数(参考值)

能源名称	折标准煤系数
电力(当量值)	0.122 9 kgce/(kW・h)
电力(等价值)	按上年电厂发电标准煤耗计算
热力(当量值)	0.034 12 kgce/MJ
热力(等价值)	按供热煤耗计算

表 5-6 主要耗能工质折标准煤系数(按能源等价值计)(参考值)

耗能工质名称	单位耗能工质耗能量	折标准煤系数
新水	7.54 MJ/t(1 800 kcal/t)	0.257 1 kgce/t
软化水	14.24 MJ/t(3 400 kcal/t)	0.485 7 kgce/t
除氧水	28.47 MJ/t(6 800 kcal/t)	0.971 4 kgce/t
压缩空气	1.17 MJ/m^3(280 $kcal/m^3$)	0.040 0 $kgce/m^3$
氧气	11.72 MJ/m^3(2 800 $kcal/m^3$)	0.400 0 $kgce/m^3$
氮气(做副产品时)	11.72 MJ/m^3(2 800 $kcal/m^3$)	0.400 0 $kgce/m^3$
氮气(做主产品时)	19.68 MJ/m^3(4 700 $kcal/m^3$)	0.671 4 $kgce/m^3$
二氧化碳气	6.28 MJ/m^3(1 500 $kcal/m^3$)	0.214 3 $kgce/m^3$
乙炔	243.76 MJ/m^3(58 220 $kcal/m^3$)	8.314 3 $kgce/m^3$
电石	60.92 MJ/kg(14 550 kcal/kg)	2.078 6 kgce/kg

注:单位耗能工质耗能量和折标准煤系数是按照电厂发电标准煤耗为 0.404 kgce/(kW · h)计算的折标准煤系数。实际计算时,推荐考虑上年电厂发电标准煤耗和制备耗能工质设备效率等影响因素,对折标准煤系数进行修正。

参考文献

[1] 鲍建国,张莉君,周发武.清洁生产实用教程[M].北京:中国环境出版集团,2018.
[2] 国家发改委资源节约和环境保护司,国家节能中心.固定资产投资项目节能审查系列工作指南(2018年本)[M].北京:中国市场出版社,2018.
[3] 环境保护部清洁生产中心.清洁生产审核手册[M].北京:中国环境出版社,2015.
[4] 李洪兵,张吉军.中国能源消费结构及天然气需求预测[J].生态经济,2021,37(8):71-78.
[5] 梁玲,孙静,岳脉健,等.全球能源消费结构近十年数据对比分析[J].世界石油工业,2020,27(3):41-47.
[6] 全国环境管理标准化技术委员会.绿色工厂评价通则:GB/T 36132—2018[S].北京:中国标准出版社,2018.
[7] 全国能源基础与管理标准化技术委员会.综合能耗计算通则:GB/T2589—2020[S].北京:中国标准出版社,2020.
[8] 全国碳排放管理标准化技术委员会.工业企业温室气体排放核算和报告通则:GB/T32150—2015[S].北京:中国标准出版社,2016.
[9] 全国碳排放管理标准化技术委员会.温室气体排放核算与报告要求 第11部分:煤炭生产企业:GB/T32151.11-2018[S].北京:中国标准出版社,2018.
[10] 田斌守.地热能开发应用技术[J].甘肃科技,2021,37(7):36-39.
[11] 王松霈.生态经济建设大辞典·下册[M].南昌:江西科学技术出版社,2013:1408.
[12] 奚旦立,徐淑红,高春梅.清洁生产与循环经济[M].北京:化学工业出版社,2014.
[13] 徐东,刘岩,李志勇,等.氢能开发利用经济性研究综述[J].油气与新能源,2021,33(2):50-56.
[14] 朱邦辉,钟琼,谢武.清洁生产审核[M].北京:化学工业出版社,2017.